Cornelia Mack

Das große Weihnachtsbuch

Cornelia Mack

Das große Weihnachtsbuch

hänssler

Inhalt

Advent

ADVENT IST STILLEWERDEN,
IN TIEFSTER SEELE STILL WERDEN,
UND MIT DEM HERZEN HÖREN,
WAS GOTT UNS SAGEN WILL.
M. Rode

Bedeutung und Ursprung der Adventszeit

Die Adventszeit gehört zu den spannendsten und geheimnisvollsten Zeiten des Jahres. Sie ist eine Zeit voller Bräuche und Symbole, voller Hinweise auf die tiefsten Zusammenhänge unseres Glaubens.

Viele freuen sich schon das ganze Jahr über auf den nächsten Advent. Es ist die Zeit, in der Häuser und Städte geschmückt sind. In der dunklen Jahreszeit kommen Kerzenlicht und Lichterketten besonders gut zur Geltung. Weihnachtsmärkte laden zum Bummeln ein, zum Eintauchen in Gerüche und Geräusche, die ganz speziell eben nur zu dieser Zeit gehören.

Es ist auch die Zeit des Wartens und sich Vorbereitens: Warten auf Weihnachten, sich vorbereiten auf das große Fest an Heiligabend, verbunden mit mancherlei Geschäftigkeit. Für manche ist es darum auch eine stressige Zeit. Doch je mehr wir von den Inhalten dieser Zeit wissen, desto mehr können wir die einzelnen Tage im Advent auch von ihrer Bedeutung her gestalten und genießen, desto weniger müssen wir uns fremdbestimmen und unter Druck setzen lassen.

Der Name „Advent" bedeutet „Ankunft". Damit ist zum einen die Ankunft von Jesus Christus gemeint, die wir an Weihnachten feiern. Zum anderen aber auch die letzte große Ankunft von Jesus am Ende der Zeit. In der Bibel wird an vielen Stellen davon berichtet, dass Jesus wiederkommen und diese Welt erneuern wird. Viele alte Adventslieder greifen dieses Thema auf: „Er kommt zum Weltgerichte, zum Fluch dem, der ihm flucht, mit Trost und süßem Lichte dem, der ihn liebt und sucht." Diese Bedeutung – bei uns fast vergessen – ist der Grund dafür, dass die Adventszeit von ihren Ursprüngen her eine Besinnungszeit, eine Bußzeit und sogar eine Fastenzeit ist.

Wir beginnen die Adventszeit heute am ersten Adventssonntag und beenden sie am Heiligen Abend. Ursprünglich endete die Adventszeit am 6. Januar mit dem Erscheinungsfest; denn früher feierte man an diesem Tag Weihnachten – die „Erscheinung" Gottes auf Erden. In den orthodoxen Kirchen ist dies bis heute so. Zur Vorbereitung auf dieses Fest wurde ein vierzigtägiges Fasten begangen. Je nachdem, ob die Samstage oder nur die Sonntage vom Fasten ausgenommen wurden, begann die Adventszeit früher am 25. November (Katharinentag) oder am 11. November (Martinstag) und endete dann am 6. Januar. An diesem 6. Januar wurden – ebenso wie an Ostern – häufig Erwachsene getauft. Die Fastenzeit davor diente diesen zur Vorbereitung. Das 40-Tage-Fasten bezieht sich auf biblische Vorbilder: Moses fastete 40 Tage, bevor er die 10 Gebote von Gott empfing, Jesus fastete 40 Tage in der Wüste nach seiner Taufe.

Als Zeichen des Fastens und der Buße sind die Paramente (Stoffbehänge an Altar und Kanzel) in den evangelischen und katholischen Kirchen im Advent violett. Violett ist die Farbe des Leidens, der Intensität, die Farbe der Buße und der Umkehr.

Es verbindet rot und blau, Tag und Nacht, Himmel und Erde.

Um die Besinnung und Umkehr mit konkreten Inhalten zu füllen, haben sich in der Adventszeit vielerlei Bräuche entwickelt. Diese sind häufig verbunden mit Gedenktagen an Märtyrer aus früheren Jahrhunderten. Für einige dieser Gedenktage wurden spezielle Gebäcksorten oder Bräuche kreiert, die das Leben der Glaubensvorbilder veranschaulichten. Viele Menschen konnten früher nicht lesen oder hatten keinen Zugang zu schriftlichen Bibelworten. Darum wurden Glaubensinhalte bildhaft vor Augen geführt, in Malerei und Skulptur, in den „Gebildbroten" und anderen Veranschaulichungen wie Barbarazweigen, Luciakränzen, Ausschmückung des Weihnachtsbaumes, Krippen und vielem mehr. Manchmal nennt man die Adventszeit auch die „Vorweihnachtszeit". Doch dieser Begriff stammt aus der nationalsozialistischen Propaganda und war der Versuch, der Adventszeit ihre christlichen Inhalte zu rauben. Unter dem Titel „Vorweihnachten" wurde 1942 ein nationalsozialistischer Buchkalender produziert. In diesem „Kalender" wurde versucht, die christlichen Symbole durch altgermanische Gegenbilder auszutauschen. Dabei ersetzte Knecht Ruprecht den heiligen Nikolaus und erwies sich als wieder auferstandener Schimmelreiter Wotan. Das Christkind wandelte sich in ein „Lichtkind", die Weihnachtskrippe wurde zum „Weihnachtsgärtchen", der Adventskranz zum „Sonnenwendkranz", der Weihnachtsbaum zur Jultanne. Bis heute wirkt dies leider bis in unsere Redewendungen und unser Verständnis von manchen Bräuchen nach.

Die Themen der Adventssonntage

Heute feiern wir vier Sonntage im Advent, früher waren es, je nach der Beginn der Adventszeit, bis zu acht Sonntage. Jeder der Sonntage im Advent hat sein eigenes Thema.

✳ 1. Sonntag im Advent – Jesus kommt zu uns

Eine Geschichte, die an diesem Sonntag häufig erzählt wird, ist der Einzug von Jesus in Jerusalem. Auf einem Esel ritt er vom Ölberg her nach Jerusalem ein. Viele Menschen hatten schon von ihm gehört und waren gespannt darauf, ihm persönlich zu begegnen. Es hatte sich herumgesprochen, dass er Wunder tun und auch Kranke heilen konnte. So hoffte mancher auch für sich persönlich auf Heilung und Veränderung. Eine große Menschenmenge erwartete Jesus und jubelte ihm entgegen, sie rissen Palmzweige von den Bäumen und bildeten damit ein Spalier. So wie heute ein roter Teppich für berühmte Persönlichkeiten ausgerollt wird, legten damals die Menschen ihre Kleider auf den Weg. Mit Sprechchören, wie wir sie z. B. aus Fußballstadien kennen, traten sie ihm entgegen. „Hosianna" skandierten sie, das heißt übersetzt: „Herr, erbarme dich", oder „Herr, hilf uns." Dieser Ruf galt dem erwarteten Messias, dem Retter. Indem sie diesen Ausruf benützten, bezeichneten sie ihn als diesen. Im Alten Testament war es vorhergesagt, dass der Messias nicht auf einem Pferd kommen wird wie die Herrscher und Könige, sondern genau wie Jesus auf einem Esel, dem Zeichen der Armut. So wie er damals kam, will er auch heute kommen. In unsere laute und leise Welt, zu uns

persönlich, in unser Leben, in Schönes und Schweres. Er will uns auf dankbaren und dunklen Wegen begleiten.

2. Sonntag im Advent – Jesus kommt als Erlöser

Der zweite Adventssonntag thematisiert, dass Jesus am Ende der Zeit kommt und auch heute in unser Leben kommen will.

Jesus kommt wieder am Ende aller Zeiten und macht alles neu, er wird das Leid beenden und die Verwüstung, die wir Menschen auf der Erde anrichten. Von allem, was uns heute und hier noch beschwert, wird Jesus uns am Ende der Zeit befreien und erlösen. Er will gestörte Beziehungen wieder neu ordnen und von Verletzungen, von Lasten der persönlichen Verwicklungen und von Schuld erlösen.

Darauf dürfen wir uns freuen. Geprägt von dieser Vorfreude kann sich auch in unserem Leben heute schon manches verändern. Das ist der erklärte Wille von Christus, dass sein Kommen an Weihnachten und sein Wiederkommen am Ende der Zeit unsere Lebensgestaltung heute prägt. Wenn wir vom Ziel Gottes mit dieser Welt her denken, relativiert sich so manches Mühselige unseres Lebens, manche Prioritäten verschieben sich, manche Dinge werden leichter, andere bekommen mehr Gewicht.

3. Sonntag im Advent – Jesus schenkt einen Neuanfang

Dieser Sonntag erzählt von Johannes, dem Sohn von Zacharias und Elisabeth. Seine Mutter war noch in hohem Alter mit ihm schwanger geworden. Der Engel Gabriel hatte ihrem Mann Zacharias die Schwangerschaft angekündigt und auch den besonderen Auftrag, den sein Kind Johannes einmal haben würde: Er sollte auf Jesus hinweisen, und die Menschen zur Buße

und zur Umkehr rufen. Als Erwachsener lebte er am Jordan in der Wüste und ernährte sich nur von wilden Heuschrecken und Honig und war ein Prediger, der den Menschen mächtig ins Gewissen redete, der sie auf ihren verkehrten Lebenswandel hinwies und ihnen die Wege zur Umkehr aufzeigte. So ließen sich viele, die durch ihn zur Einsicht und zur Buße fanden, von ihm taufen. Darum wird er auch als Johannes der Täufer bezeichnet. Auch Jesus ließ sich von ihm taufen.

Damit dies keine Geschichte der Vergangenheit bleibt, werden wir mit dem Thema dieses Sonntags darauf hingewiesen, wie hilfreich und wohltuend es sein kann, umzukehren, dem Leben eine neue innere Ausrichtung geben zu können, nicht an Altem haften bleiben zu müssen, sondern einen Neuanfang machen zu können – mit Gott und in unseren Beziehungen. Das kann unendlich befreiend und sinnstiftend sein. Dazu lädt dieser Sonntag ein.

4. Sonntag im Advent – Jesus bringt Freude in unser Leben

Der letzte Sonntag des Advents hat die Freude zum Thema.

Wenn Gott mit seiner Liebe und Barmherzigkeit kommt, dann zieht Freude in ein Leben ein. Das hat Maria erlebt und in großer Freude Gott besungen. Die Hirten auf den Feldern vor Bethlehem wurden von Freude erfüllt. Die Weisen aus dem Morgenland freuten sich, als sie Jesus fanden. Hanna und Simeon freuten sich, als sie Jesus im Tempel entdeckten. Viele Advents- und Weihnachtslieder sind bis in Rhythmus und Melodie hinein beschwingt von dieser Freude: Gott hat sich einen Weg zu uns gebahnt. Er hat uns nicht vergessen, er kommt, er liebt uns, er sucht uns, er braucht uns.

Besondere Gedenktage im Advent

Viele Tage im Advent erhalten ihre Themen und Bedeutungen von Märtyrern. Deren Todestage wurden zu Gedenktagen. Mancher Brauch knüpft daran an.

✳ 11. November – Martinstag

Martin, der Sohn eines römischen Tribuns, ließ sich im Alter von 18 Jahren taufen. Aufgrund seiner Überzeugung, dass sich Militärdienst nicht mit dem christlichen Glauben vereinbaren lasse, schied er mit 20 Jahren vor einem Germanenfeldzug aus dem Militär aus. Zuvor geschah, was Martin weltberühmt machte: Er begegnete am Stadttor von Amiens als Soldat hoch zu Ross

Armistice den 11.11.1818

einem frierenden Bettler, ihm schenkte er die mit dem Schwert geteilte Hälfte seines Mantels. In der folgenden Nacht erschien ihm dann Christus mit diesem Mantelstück bekleidet.

Gegen seinen Willen wurde Martin 371/372 zum Bischof gewählt. Die Legende berichtet, er habe sich in einem Stall versteckt, um der Wahl zu entgehen, doch hätten ihn die Gänse durch ihr Schnattern verraten. Der volkstümliche Brauch der Martinsgans, die man vielerorts zum Martinsfest verzehrt, rührt wohl von dieser Geschichte her. Als der Martinstag noch der Beginn der Fastenzeit war, war dieser die letzte Gelegenheit für ein ausgiebiges Festmahl. Ähnliche Traditionen des Feierns und Schlemmens haben sich um die „Fastnacht", die Nacht vor dem Fasten in der Passionszeit, entwickelt. Beim Volk war Martin beliebt als ein gerechter, treusorgender Bischof. Seine Lebensweise blieb asketisch. Alle Legenden betonen Martins schlichte Lebensart und demütige Haltung: Er putzte selbst seine Schuhe und saß nicht auf der bischöflichen Kathedra, sondern auf einem Bauernschemel. Auf einer Missionsreise starb Martin; zu seiner Beisetzung am 11. November strömte eine riesige Menschenmenge.

✳ 25. November – Katharinen-Tag

Katharina von Alexandrien lebte um 300. Als ägyptische Königstochter war sie wegen ihrer Schönheit, Weisheit und ihres Reichtums weithin bekannt. Von ihrem zukünftigen Ehemann hatte sie ganz bestimmte Vorstellungen, er sollte auf jeden Fall schöner, weiser und reicher als sie selbst sein. Doch an ihren hohen Idealen scheiterten alle Freier und sie fand keinen, der ihren Erwartungen entsprach. Eines Tages erzählte ihr jemand von Jesus Christus. Sein Leben, Sterben und seine Auferstehung faszinierten sie so, dass sie sich Christus für immer versprach.

Als der römische Kaiser Maxentius im Jahr 307 in Alexandrien einzog, verlangte er von allen Einwohnern der Stadt, dass sie seinen Götzen opfern sollten. Viele Christen taten aus Angst vor ihm, was dieser verlangte. Katharina geriet darüber in großen Zorn und trat vor den Thron des Kaisers mit den Worten: „Imperator, deine Götter sind Trug und eitler Wahn. Frage doch deine Philosophen, sie werden dich lehren, dass die Götzen nichts anderes sind als Geschöpfe der Menschen. Auch du, Kaiser, musst eines Tages deine Knie beugen vor dem einen und einzigen Gott. Dieser gab dir dein Leben, deinen Thron und er starb auch für dich am Kreuz." Überrascht von ihrem Mut und ihrer Schönheit, bestellte er sie für den nächsten Tag in den Palast, damit sie ihre Meinung vor 50 gelehrten Philosophen rechtfertigen könne. Katharina sprach so überzeugend von ihrem Glauben, dass sich alle Gelehrten am Ende zu Christus bekehrten. Der Kaiser aber war darüber so erbost, dass er alle 50 Philosophen fesseln und verbrennen ließ. Katharina machte er ein Heiratsangebot. Diese aber erklärte ihm, dass sie Christus ewige Treue gelobt habe und darum keinen anderen Mann heiraten könne. Die Zurücksetzung erboste den Kaiser so sehr, dass er sie aus Rache rädern ließ. Sie wurde mit dicken Ketten auf ein Rad geflochten und den Berg hinuntergerollt. Katharina aber soll nach der Legende singend in den Tod gegangen sein. Zum Gedenken an sie backte man „Katharinchen" – das sind bogig ausgestochene Pfefferkuchen, die an Kettenglieder erinnern sollen. Der 25. November ist seit alter Zeit auch der Gedenktag der ledigen Frauen, die – wie Katharina – um ihres Glaubens willen auf Ehe und Familie verzichtet haben. Darum nennt man Lebkuchenfrauen auch Katharinchen. – Der Katharinen-Tag war nach der Verkürzung der Fastenzeit von acht auf sechs Wochen der Auftakt der Adventszeit. Am „Kathrein-Tag" endete früher die Zeit des Viehs auf der freien Weide und begann die Schafschur. Mägde und Knechte bekamen ihren Lohn ausbezahlt. Ab dem Katharina-Tag durfte früher im alpenländischen Raum zur Vorbereitung auf Weihnachten nicht getanzt werden: „Kathrein stellt den Tanz ein." Das Katharinen-Kloster auf dem Berg Sinai ist nach ihr benannt. Dorthin sollen nach der Legende von Engeln die Gebeine der Märtyrerin nach ihrer Hinrichtung getragen worden sein.

auch um einen Ehemann angerufen von den heiratslustigen Frauen über 25

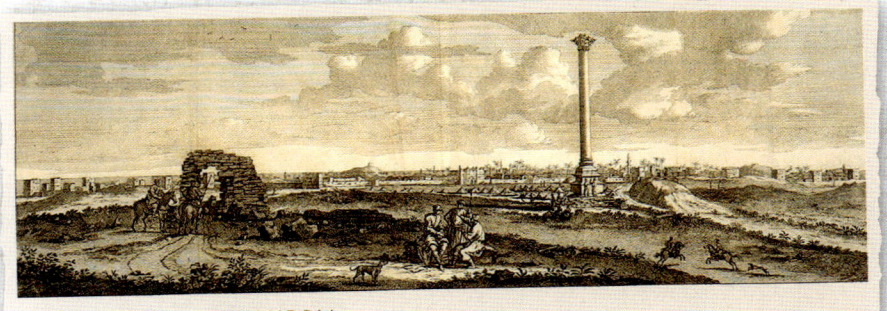

HISTORISCHES ALEXANDRIA

✸ 30. November – Andreas-Tag

Andreas und sein Bruder Simon Petrus stammten aus Bethsaida nahe am See Genezareth, sie wohnten und arbeiteten als Fischer in Kapernaum. Andreas war zuerst ein Jünger von Johannes dem Täufers, der ihn dann an Jesus verwies, worauf er auch seinen Bruder Simon zu Jesus führte. Andreas hat nach dem Tod von Jesus in Skythien und Achaia missioniert und wurde zum Apostel Kleinasiens, des südlichen Russlands, Ungarns und Polens. Spätere orientalische Überlieferungen nennen auch Kurdistan und Armenien als sein Missionsgebiet. Die Kirche von Georgien gedenkt seiner Ankunft und Missionsarbeit in ihrem Land. Er wurde am 30. November 60 an einem schrägen x-fömigen Kreuz gekreuzigt. Weltweit stehen solche Kreuze heute vor Bahnübergängen und heißen in Bezug auf ihn Andreaskreuz.

✸ 4. Dezember – Barbara-Tag

Barbara lebte um das Jahr 300 in Nikomedia (heute Izmit bei Istanbul). Sie wurde gegen den Willen ihres Vaters Christin und ließ sich taufen. Der Vater war darüber so erbost, dass er sie in einen Turm einsperrte. Er wollte, dass sie sich dort besinnen und ihrem Glauben wieder absagen sollte. Nach der Legende verfing sich auf dem Weg in ihr Turm-Gefängnis ein Kirschzweig in ihrem Kleid. Diesen Zweig stellte sie in einen Becher mit Wasser. Er blühte genau an dem Tag auf, als das Todesurteil an ihr vom eigenen Vater vollstreckt wurde.

Aus dieser Geschichte hat sich der Brauch des Zweigeschneidens am Barbara-Tag entwickelt. Die Zweige werden ins Wasser gestellt und blühen dann am 24. Dezember. Der blühende Zweig ist ein Symbol für neues Leben und ein Zeichen der Auferstehung. So erinnert der blühende Zweig an Weihnachten schon an das Sterben und Auferstehen Christi.

ANDREASKREUZ

BARBARAZWEIG

✹ 6. Dezember – Nikolaustag

Bischof Nikolaus wurde um 280/286 in Patara in Lykien geboren. Als sein Todestag wurde der 6. Dezember 343 überliefert. Darum hat man diesen Tag zum Gedenktag für ihn gemacht. Nikolaus war um das Jahr 300 Bischof in der Hafenstadt Myra. Dort wurde er vor allem durch seine freundliche, hilfsbereite und liebevolle Art bekannt. Sein Einschreiten für Kinder, die in die Sklaverei verkauft werden sollten und die er mit den Kirchenschätzen freikaufte, wird besonders häufig erzählt. Durch solche und ähnliche Taten wurde Nikolaus beliebt, und weit über seine Bischofsstadt Myra hinaus bekannt.

Das Wort Bischof heißt im lateinischen „spekulator". Darum ist der Spekulatius das spezielle Gebäck für den Nikolaustag. Die Spekulatien wurden in Models gebacken, die ihn darstellen, wie er beladen mit guten Gaben zu anderen Menschen geht und sie versorgt. Seine Taten leben auch in weiteren Nikolausbräuchen fort.

in Europa Schutzpatron der Kinder
in Osteuropa Schutzpatron der Seeleute
(soll Stürme gestillt haben)
*1087 Nikolaus wacht/vereint sich
teilweise mit dem german. Gott Odin

✹ 7. Dezember – Ambrosius von Mailand

Ambrosius von Mailand (* um 340 in Trier; † 4. April 397 in Mailand) wurde als römischer Politiker zum Bischof gewählt und wurde dann einer der vier westlichen Kirchenlehrer und eine der bedeutendsten Persönlichkeiten der westlichen Kirche in den ersten Jahrhunderten. Ein Spruch von ihm lautet:

„Jesus wurde eingewickelt in Windeln, damit du herausgewickelt werden könntest aus den Netzen des Todes. Er hatte keinen Platz in der Herberge, damit du viele Wohnungen im Himmel haben könntest."

BISCHOF AMBROSIUS UND KAISER THEODOSIUS

8. Dezember – Fest der Erwählung Marias

Maria, die Mutter von Jesus, war von Gott auserwählt, Jesus in sich zu tragen und zur Welt zu bringen. Man nimmt an, dass der 8. Dezember der Tag war, an dem Maria gezeugt wurde. Seit 1476 ist dies in der katholischen Kirche ein offizieller Gedenktag für Maria und wird darum in katholischen Gegenden begangen. In Spanien ist dieser Tag ein hoher Feiertag. Die Häuser werden prächtig geschmückt und Kerzen in die Fenster gestellt.

MARIA

13. Dezember – Luzia-Tag

Luzia wurde 286 in Syrakus als Kind reicher Eltern geboren. Schon früh spürte sie ihre Berufung zur Ehelosigkeit und zur ganzen Hingabe an Gott. Damals herrschte eine schwere Christenverfolgung. Luzia versorgte während dieser Zeit andere Christen und brachte Nahrungsmittel in die Katakomben. Um beide Hände zum Tragen frei zu haben und trotzdem in der Dunkelheit den Weg zu finden, soll sie einen Lichterkranz auf dem Kopf getragen haben. Ein junger Mann, der sie gerne zur Frau genommen hätte, aber von ihr zurückgewiesen wurde, verriet sie aus Enttäuschung und Hass an die Richter. Sie wurde daraufhin hingerichtet. Luzia aber betete noch im Sterben für ihre Mörder. Die Menschen, die das miterlebten, waren tief bewegt. Das geschah um das Jahr 300.

In Schweden ist der Luzia-Tag ein besonderer Feiertag: Die älteste Tochter im Hause stellt Luzia dar und trägt einen grünen Kranz mit einer Reihe brennender Kerzen. So geht sie morgens von Zimmer zu Zimmer und weckt die Eltern und Geschwister. Alle warten schon darauf, denn sie bringt die ersten Kostproben der Weihnachtsplätzchen mit und ihr Licht ist Vorbote des Weihnachtslichtes.

Im Mittelalter wurden am Luzia-Tag die Kinder beschert, der 24. Dezember wurde erst ab dem 16. Jahrhundert als Gabentag gefeiert. Noch heute wird in Italien am Luzia-Tag „Torrone dei poveri" als Mahlzeit für die Armen vorbereitet. Luzia-Bräuche finden sich auch in Ungarn, Serbien und Süddeutschland.

LUZIA-TAG

wird von Augenkranken in Sizilien angerufen

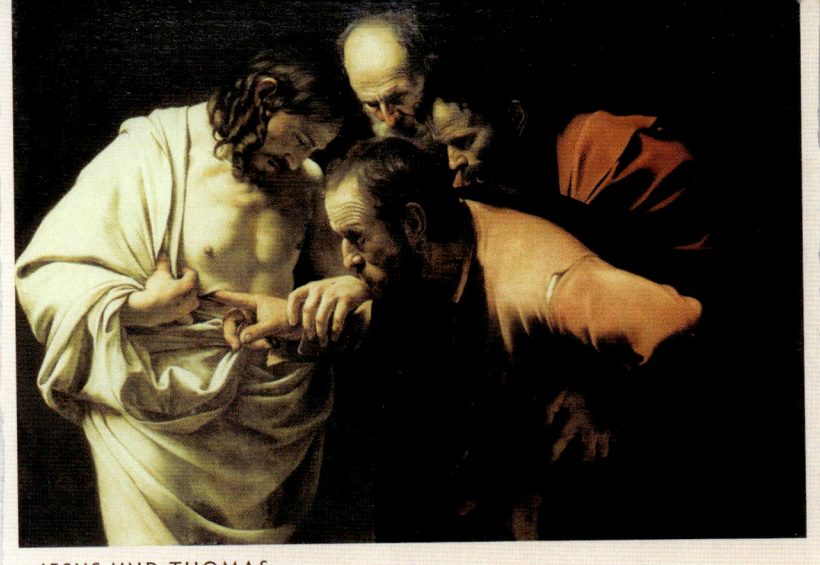

JESUS UND THOMAS

✸ 17. Dezember – Lazarus-Tag

Lazarus war ein Freund von Jesus. Als Jesus erfuhr, dass Lazarus gestorben war, weinte er über dessen Tod. Vier Tage später kam er nach Bethanien und weckte Lazarus von den Toten auf. Lazarus nahm einige Zeit später an einem Festmahl teil, viele Leute kamen nur dorthin, um den vom Tod Auferweckten zu sehen.

Von einem Lazarus spricht auch Jesus in einem Gleichnis – „Der reiche Mann und der arme Lazarus".

In Bethanien, das später nach ihm Lazarion genannt wurde, zeigt man seit dem 4. Jahrhundert ein Lazarus-Grab an der Stelle, wo er die vier Tage bis zu seiner Auferweckung gelegen hatte. Lazarus ist schon in den frühesten Darstellungen der Katakombenmalerei und auf den frühchristlichen Sarkophagen als Symbol für die den Tod überwindende Kraft dargestellt. Bereits um das Jahr 370 wurden Leprakranke in einem Spital vor den Mauern der Stadt Jerusalem von einer christlichen „Bruderschaft des Lazarus" gepflegt. Auf das Gleichnis vom „reichen Mann und armen Lazarus" bezogen sich auch die ab 1624 gegründeten Aussätzigen-Krankenhäuser mit der späteren Bezeichnung „Lazarett", die sich dann auch auf die Krankenstationen des Militärs übertragen hat.

In katholischen Gegenden gibt es an diesem Tag das „Christkindl-Einläuten". Viele Menschen denken dabei auch besonders an die Armen und Kranken an Ihrem Ort und besuchen sie – in Erinnerung an das Lazarusgleichnis und die Auferweckung des Lazarus.

✸ 21. Dezember – Thomas-Tag

Thomas war von Beruf Fischer und ein Jünger von Jesus. Er wird als leidenschaftlicher Nachfolger von Jesus, als Mann mit schwermütigen Tendenzen und kritischem Verstand beschrieben. Als Jesus seinen Jüngern zum ersten Mal nach seinem Tod erschien, war Thomas nicht dabei. Darum zweifelte er an der Auferstehung. Er formulierte es so: Erst wenn ich meine Hände in die Wunden von Jesus legen kann, glaube ich, dass er auferstanden ist. Einige Zeit später erschien Jesus seinen Jüngern zum zweiten Mal. Dieses Mal war Thomas dabei und war überwältigt. Er hatte es nicht mehr nötig, die Auferstehung handgreiflich zu überprüfen, sondern stammelte nur noch: „Mein Herr und mein Gott!"

Thomas' Gedenktag liegt auf dem Datum der längsten Nacht des Jahres. Wegen seines Unglaubens hat man für ihn den kürzesten und darum dunkelsten Tag des Jahres zum Gedenktag gemacht.

✻ 24. Dezember – der Tag „Adam und Eva"

Adam und Eva wurden als erste Menschen von Gott geschaffen. In der Bibel wird berichtet, dass Adam und Eva den Weisungen Gottes nicht Folge leisteten. Dieses Ereignis wird auch als „Sündenfall" bezeichnet. Durch den Ungehorsam von Adam und Eva kam Leid und Tod in die Welt, sie wurden aus dem Paradies vertrieben. Auch die Sehnsucht nach Gott und nach der Wiederherstellung des paradiesischen Zustandes gehört seither zum Menschsein dazu. Mit Weihnachten fängt darum ein neues Kapitel zwischen Gott und Mensch an, die Vertreibung aus dem Paradies ist nicht mehr das letzte Wort Gottes. An Weihnachten „schließt Gott die Tür zum Paradies wieder auf" – so heißt es in einem Weihnachtslied. Noch bis ins 19. Jahrhundert hinein schmückte man in Norddeutschland den Christbaum mit Adam und Eva, inklusive der Schlange, dargestellt aus Holz, gebackenem Teig oder anderen Materialien. In anderen Regionen wurde unter dem Weihnachtsbaum ein „Paradiesgärtchen" errichtet: ein Zaun um den Baum und darin kleine Tiere, in der Mitte sozusagen überlebensgroß der „Paradiesbaum".

Eine alte Legende lehrt, dass aus dem Holz des Baums im Paradies das Kreuz Christi als der wahre Baum des Lebens geschnitzt worden sei. Nach früh verbreiteten Legenden wurde Adam auf Golgatha in Jerusalem begraben, durch das Erdbeben beim Kreuzestod Christi wurde sein Schädel sichtbar. Daher ist bei vielen Kruzifixen und Kreuzigungsdarstellungen ein Totenkopf oder ein ganzes Skelett zu Füßen des Kreuzes dargestellt. Paulus spricht davon, dass durch das Sterben und die Auferstehung von Christus der Tod überwunden ist.

ADAM UND EVA

✻ 25. Dezember – Geburtstag Jesu

Am ersten Weihnachtsfeiertag denken wir an die Geburt von Jesus in Bethlehem. Früher wurde erst an diesem Tag Weihnachten festlich begangen. Erst seit dem Ende des zweiten Weltkrieges feiern wir in Deutschland den Heiligen Abend. Mitgebracht haben diesen Brauch die Vertriebenen aus Siebenbürgen, Schlesien und Pommern, wo am 24. Dezember „Lichtles-Kirche" gefeiert wurde, ein Gottesdienst bei dem jeder Teilnehmer ein Licht aus dem Gottesdienst mit nach Hause nehmen durfte und so die Heilige Nacht, in der Jesus geboren wurde, in stiller Besinnung zu begehen und sich dabei an dem mit nach Hause genommenen Licht zu freuen.

✻ 26. Dezember – Stephanus-Tag

Stephanus war der erste Märtyrer der Kirche, der Erste, der sein Leben für seinen Glauben an Jesus ließ. Dies war im Jahr 34 oder 35. Stephanus war Diakon und begabter Prediger. Durch die Inhalte seiner Predigten, in denen er Jesus als den erwarteten Messias bezeugte, geriet er mit den Juden in Jerusalem in Konflikt. Denn diese sahen in Jesus nur einen gewöhnlichen Menschen und Gotteslästerer. Wie Jesus erging es auch Stephanus: unter falschen Vorwürfen und von falschen Zeugen belastet wurde er vor den Hohen Rat geführt und der Gotteslästerung angeklagt. Er durfte seine Verteidigungsrede nicht zu Ende führen. Die Richter sahen zwar sein Gesicht wie das eines Engels strahlen, hielten sich aber die Ohren zu, damit sie seine flammende Predigt nicht hören mussten. Stephanus wurde verurteilt und von der aufgebrachten Menge vor den Stadttoren gesteinigt. Er sah den Himmel offen, kniete im Gebet nieder, vergab seinen Mördern und starb. Seine Steinigung war der Auftakt zu einer großen Christenverfolgung in Jerusalem. Zum Gedenken an ihn gibt es ein spezielles Gebäck, die „Pflastersteine", auch „Moppen" genannt, als Erinnerung an die Steine, mit denen er totgeschlagen wurde.

✵ 27. Dezember – Johannes-Tag

Dieser Tag ist dem Jünger Johannes gewidmet. Johannes war von Beruf Fischer und hatte einen energischen, ja aufbrausenden Charakter, der ihm den Beinamen „Donnersohn" einbrachte. Vor seiner Berufung zum Apostel war er Anhänger Johannes des Täufers und wurde dann „Lieblingsjünger" von Jesus.

Johannes wirkte später in Ephesus, wo nach der Tradition das Johannesevangelium und die drei Johannesbriefe entstanden. Der heidnische Priester Aristodemus wollte sich mit Johannes messen und seinem Glauben prüfen. Deshalb gab er ihm einen Becher mit vergiftetem Wein zu trinken. Doch das Gift hatte keinerlei Wirkung an Johannes. Aus dieser Begebenheit hat sich der Brauch entwickelt, am Johannestag „Johannesminne", einen geweihten Wein, zu trinken. Beim Trinken sprach man sich gegenseitig Segenssprüche zu.

EPHESUS

✸ 28. Dezember – der Tag der unschuldigen Kindlein

Die Bibel berichtet, dass Weise aus dem Morgenland durch eine Sternenkonstellation nach Jerusalem geführt wurden. Aus den Sternen lasen sie heraus, dass ein König der Juden geboren sein musste. Als Herodes davon hörte, war er elektrisiert und aufs äußerste beunruhigt. Er war ein brutaler, misstrauischer und willkürlicher Herrscher. Er ließ immer wieder mögliche Rivalen ermorden, später auch die Söhne seiner leidenschaftlich geliebten Frau Mariamne. Er bat darum die Weisen, ihm nach ihrer Rückkehr aus Bethlehem Bericht zu erstatten – mit dem Hintergedanken, auch diesen Konkurrenten aus dem Weg zu räumen. Die Weisen aber nahmen einen anderen Weg nach Hause zurück, denn ein Engel war ihnen im Traum erschienen und hatte ihnen den Befehl dazu gegeben. Als Herodes aber merkte, dass die Weisen nicht zurückkamen, wurde er zornig. Darum ließ er in Bethlehem alle Jungen bis zu zwei Jahren umbringen, um sich den möglichen Konkurrenten vom Hals zu schaffen. Joseph aber hatte ebenfalls Befehl von einem Engel erhalten und deswegen mit Maria und dem Kind die Flucht nach Ägypten ergriffen und entging so dem Attentat des Herodes. Das Leid in Bethlehem aber war groß und das Weinen der Mütter und Väter um ihre Kinder überschattete den ganzen Ort Bethlehem.

Der Christstollen ist das spezielle Gebäck dieses Tages. Die Form des Stollens erinnert an die in Windeln gewickelten unschuldig gemordeten Kinder.

JESUS IN DER KRIPPE

✸ 31. Dezember – Silvester

Der Name dieses Tages geht zurück auf den Todestag von Papst Silvester I. Er wurde wohl noch vor Beginn einer schweren Christenverfolgungen von Kaiser Diokletian im Jahr 284 zum Priester geweiht. 314 trat er sein Amt als römischer Bischof an, ein Jahr nachdem die römischen Kaiser Konstantin der Große und Licinius die christliche Kirche anerkannt und jedem Bürger des Reiches das Recht auf freie Religionsausübung gewährt hatten. Diese Ereignisse begründen Silvesters Bedeutsamkeit. Er heilte und bekehrte den angeblich aussätzigen Kaiser; die Legende sagt auch, dass er Konstantin getauft habe, was historisch nicht eindeutig gesichert ist. Konstantin erkannte darum während seiner Regierungszeit das Christentum als Staatsreligion an. Das Konzil von Nizäa fand 325 während seiner Regierungszeit statt. Dieses läutete eine neue Epoche ein: Nach einer langen Zeit blutiger Verfolgungen und Hinrichtungen von Christen, wurde dadurch eine neue Zeit der Freiheit und des Aufatmens eingeleitet. Als Dank für seine Heilung soll Kaiser Konstantin Papst Silvester den „Lateran" geschenkt haben, den damaligen Kaiser- und späteren Papstpalast in Rom, dazu die gesamte westliche Hälfte des römischen Reiches. Dies wurde später auch die „Konstantinische Schenkung" genannt. Spätere Päpste leiteten daraus auch einen Rechtsanspruch auf politisch-geistliche Führung ab.

✸ 1. Januar – Darstellung Jesu im Tempel

Acht Tage nach der Geburt erfolgte die Namensgebung und Beschneidung von Jesus. Dies war nach jüdischem Gesetz so vorgeschrieben. Während der Beschneidung wurde dem Kind sein Name gegeben. Der Name Jesus heißt übersetzt: Gott hilft.

✤ 2. Januar – Basilius

364 wurde Basilius zum Priester geweiht. Später wurde er Erzbischof von Cäsarea. In diesem Amt bemühte er sich einerseits sehr um die Einheit der Kirchen, andererseits gründete er ein großes soziales Zentrum mit Hospitälern und Heimen.

Besonders wichtig war ihm, dass Christen sich in das Staatsgefüge einbringen und dieses von innen her prägen sollten. Christen seien berufen, den Staat zu „durchleuchten", so lehrte er. Das Nizänische Glaubensbekenntnis war Basilius wichtig, auf dieses bezog er sich immer wieder in seinen Schriften. Bis in die Westkirche reichte sein Einfluss, mit Ambrosius von Mailand stand er in regem Austausch. Mit 49 Jahren starb Basilius am 1. Januar 379.

In Griechenland wird Basilius bis heute verehrt, so wird am 6. Januar ein spezieller Basiliuskuchen in Erinnerung an ihn gebacken. In manchen griechischen Bräuchen hat er auch die Funktion des Gabenbringers übertragen bekommen.

✤ 6. Januar – Erscheinungs-Tag

Ursprünglich feierte man an diesem Tag die Geburt von Jesus. In vielen Ostkirchen wird bis heute das Weihnachtsfest, das Erscheinen von Jesus, am 6. Januar begangen. Im deutschsprachigen Raum wurde der 6. Januar im Lauf der Zeit mehr und mehr zum Dreikönigs-Fest. An diesem Tag sollen die Weisen aus dem Morgenland an der Krippe angekommen sein. Die Legende berichtet, dass der Apostel Thomas die drei weisen Männer später in Persien getauft haben soll.

Das Epiphaniasfest, das „Fest der Erscheinung des Herrn", ist das älteste Fest der Kirche, das kalendarisch festgelegt war.

Der Engel Gabriel, Zacharias und Elisabeth

Zum Advent gehören auch besondere Menschen der Bibel – zum Beispiel Zacharias, Elisabeth und Maria.

Zu der Zeit, als Jesus geboren wurde, lebten in Israel zwei alte, fromme Menschen: Elisabeth und Zacharias. Zacharias war ein Priester, seine Frau stammte ebenfalls aus einer Priesterfamilie. Somit waren sie sehr angesehene Leute. Als sie jung verheiratet waren, war es ihr größter Wunsch, möglichst viele Kinder zu bekommen, aber leider blieb ihnen dieser Wunsch versagt. Nach und nach mussten sie sich mit der Tatsache abfinden, dass sie wohl nie Kinder würden haben können. Vor allem die alte Elisabeth empfand das als Schmach, als Schande, als Zeichen der Demütigung.

Zu den Aufgaben der Priester gehörte die Unterweisung der Leute im Gesetz Gottes, Entscheidungen in Rechts- und Gesundheitsfragen und etwa zwei Mal im Jahr der Dienst im Tempel. Die Priester waren damals in Gruppen eingeteilt. Jede dieser Gruppen hatte eine Woche lang am Tempel Dienst. Dort gehörten zu den priesterlichen Aufgaben das Lob Gottes im Tempelchor, das Schlachten der Tiere, die Verwaltung der Räuchergaben und der Opfertiere. Eine ganz besondere Ehre war es, wenn man zur Darbringung des Räucheropfers ausgelost wurde. Das Räucheropfer wurde täglich morgens und abends zelebriert. Dabei wurde eine Mischung aus verschiedenen wohlriechenden Harzen auf dem Altar verbrannt. In dieser Zeit stand das Volk draußen und betete. Zum Ende der Zeremonie trat der Priester vor

das Tempelgebäude und sprach dem Volk den Segen Aarons zu: „Der Herr segne dich und behüte dich, der Herr lasse leuchten sein Angesicht über dir, der Herr erhebe sein Angesicht auf dich und gebe dir Frieden ."

Jeder Priester durfte in der Regel nur ein Mal in seinem Leben das Räucheropfer darbringen; denn es gab eine so große Zahl an Priestern, dass viele überhaupt nie durch Losentscheid an die Reihe kamen. Eines Tages nun war Zacharias ausgelost worden. Es war für ihn eine große Ehre und ein wichtiger Tag.

Gerade an diesem Tag beginnt eine spannende Geschichte. Während Zacharias mit dem Räucheropfer im Tempelgebäude beschäftigt ist, tritt ein Engel neben ihn.
Zacharias ist nicht nur verwundert, sondern er erschrickt sehr. Der Engel aber entgegnet: „Fürchte dich nicht!" Und dann sagt er dem erstaunten Zacharias etwas Wunderbares: „Dein Gebet ist erhört worden, deine Frau Elisabeth wird schwanger werden und einen Sohn bekommen, und dieser soll Johannes heißen. Dieses Kind wird dir Freude und Wonne bereiten, und viele werden sich mit dir über seine Geburt freuen."
Der Engel Gabriel erklärt Zacharias auch, dass es mit diesem Johannes eine besondere Bewandtnis hat. Schon im Mutterleib wird er vom Heiligen Geist erfüllt sein. Er wird einen besonderen Auftrag haben: viele werden durch seine Predigt zu Gott umkehren, und er wird der Vorläufer des Messias sein.
Zacharias ist überrascht und ziemlich erstaunt. Aber er kann die Nachricht des Engels nicht fassen. Er zweifelt und fragt: „Woran soll ich das erkennen? Ich bin doch alt, und meine Frau ebenso. Sie kann doch gar keine Kinder mehr bekommen!"

Der Engel macht ihm unmissverständlich deutlich, dass es an seinen Worten keinen Zweifel gibt. Erst jetzt stellt er sich vor: „Ich bin Gabriel, der vor Gott steht, und bin gesandt, mit dir zu reden und dir dies zu verkündigen. – Aber weil du meinen Worten nicht geglaubt hast, wirst du stumm sein bis zu dem Tag, an dem Johannes geboren wird."
Von diesem Moment an kann Zacharias nicht mehr sprechen. Das Volk, das draußen auf Zacharias wartet, wundert sich, dass er viel länger als üblich braucht. Als er nun endlich herauskommt, um das Volk zu segnen, merken sie, dass mit ihm etwas Besonderes geschehen ist. Zacharias winkt ihnen nur stumm zu. Sprechen kann er nicht mehr.
Als seine Dienstzeit am Tempel zu Ende ist, geht Zacharias nach Hause. Und seine Frau Elisabeth wird schwanger.
Elisabeth verbirgt sich fünf Monate lang. Sie freut sich riesig darüber, dass sie Mutter werden wird. Zu einer Zeit, als sie es nicht mehr glauben kann, hat sich ihr Wunsch endlich erfüllt. Sie formuliert es so: Gott hat mich angesehen, nun kann mich niemand mehr verachten, weil ich kinderlos bin.

Maria und Elisabeth

Maria ist eine der faszinierendsten Frauen der Bibel. Sechs Monate nachdem der Engel Gabriel mit Zacharias gesprochen hat, kommt er auch zu Maria. Ganz plötzlich tritt er in ihren Alltag und begrüßt sie auf ungewöhnliche Weise: „Sei gegrüßt, du Auserwählte. Der Herr ist mit dir." Maria hat den Engel nicht erwartet. Sie erschrickt und wundert sich über die eigenartige Begrüßung. Doch der Engel beruhigt sie: „Fürchte dich nicht", und sagt etwas für Maria vollkommen Unerwartetes: „Du wirst schwanger werden und einen Sohn bekommen, der soll Jesus heißen." Er erklärt ihr, dass dieser Jesus von Gott kommen und der versprochene Retter sein wird. In Maria überstürzen sich die Gedanken. Sie fragt: „Wie soll das gehen? Ich habe noch nie mit einem Mann geschlafen." Doch der Engel erklärt, dass es so kommen wird, wie er es angekündigt hat. Er verweist auf Gottes neuschöpfende Kraft. Bei Gott ist nichts unmöglich.

Die Botschaft des Engels überrascht Maria – und bringt sie auch in Gefahr. Unverheiratet schwanger zu sein, wurde damals nach strengem jüdischem Gesetz mit dem Tod bestraft. Soll sie wirklich dazu Ja sagen? Maria wird zu diesem Weg nicht gezwungen – aber sie sagt: „Ich bin bereit; ich will ganz dem Herrn gehören." Ein mutiger Schritt. Sie sagt Ja zu dem Außergewöhnlichen. Sie stellt sich mit ihrer ganzen Existenz zur Verfügung, gegen allen Verstand und gegen Gefühle von Ungewissheit.

Der Engel Gabriel erzählt ihr, dass auch Elisabeth, ihre alte Verwandte, im sechsten Monat schwanger ist. Und so macht sich Maria auf den Weg ins judäische Bergland. Dieser Weg wird zu einem Vorgeschmack auf manche beschwerlichen Wege, die Maria später noch zu gehen hat – als Hochschwangere bis nach Bethlehem, danach als Mutter mit dem Säugling nach Ägypten auf der Flucht vor den mordenden Soldaten des Herodes. Dornige Wege mit schweren Gedanken – „Maria durch ein' Dornwald ging".

Elisabeth ist im sechsten Monat schwanger, Maria gerade eben erst schwanger geworden – so treffen diese beiden Frauen aufeinander. Eine bewegende Szene wird nun geschildert: Im Moment der ersten Begegnung hüpft das Kind Johannes im Mutterleib der Elisabeth vor Freude über das gerade erst gezeugte Kind Jesus im Leib der Maria. Zwei Ungeborene kommunizieren miteinander, sie haben schon im Mutterleib ein Empfinden für Gottes Wirklichkeit. Der ungeborene Johannes freut sich über den ungeborenen Jesus – diese Freude springt nun auf Elisabeth über, aus ihr bricht es heraus: „Gott hat dich und dein Kind in ganz besonderer Weise gesegnet. Welche Ehre, dass die Mutter meines Herrn zu mir kommt." Sie vergöttlicht Maria nicht, sie beugt sich nicht vor Maria, sondern vor dem Kind in Maria. Und sie tröstet Maria: „Wie glücklich kannst du sein, weil du geglaubt hast. Es wird geschehen, was Gott dir angekündigt hat." Auf dem Weg ins Bergland mögen vielleicht in Maria Zweifel über ihre Zukunft gewesen sein. In der Begegnung mit Elisabeth erfährt sie, dass Gott ihr hilfreiche und tröstende Menschen zur Seite stellt, dass ihr Ja bestätigt wird.

Als Josef erfährt, dass Maria schwanger geworden ist, bevor er mit ihr verheiratet ist, will er die Verlobung auflösen und sie heimlich verlassen. Er will nach Gottes Geboten leben und dennoch Maria nicht bloßstellen. Wenn er sie verlassen würde, würde er damit die Schuld auf sich nehmen und Maria damit nicht in Schande bringen.

Während er noch darüber nachdenkt, erscheint ihm Gottes Engel im Traum und spricht: „Josef, zögere nicht und nimm Maria als deine Frau zu dir; denn das Kind, das sie erwartet, ist vom Heiligen Geist gezeugt. Sie wird einen Sohn bekommen, den sollst du Jesus nennen, das bedeutet ‚Retter‘, denn er wird sein Volk aus der Sünde befreien. Das alles geschieht, weil Gott es schon lange durch die Propheten angekündigt hat: ‚Siehe, eine Jungfrau wird schwanger werden und einen Sohn bekommen, der soll den Namen Immanuel bekommen, das heißt übersetzt: Gott ist mit uns.‘"

Als nun Josef vom Schlaf aufwacht, tut er genau das, was der Engel ihm befohlen hat. Er nimmt Maria als seine Frau zu sich. Aber er berührt sie bis zur Geburt von Jesus nicht. Er ist ohne Widerspruch sofort bereit, diesen Weg mit Maria zusammen zu gehen. Von da an stellt er sich fürsorglich und behütend neben sie und ist auf allen weiteren Wegen dabei.

Maria bleibt drei Monate bei Elisabeth. Sicher ist so manches unter den schwangeren Frauen geredet worden – von Frau zu Frau. Maria erlebt Halt, Geborgenheit und Sicherheit in der Freundschaft mit Elisabeth. Zacharias, deren Ehemann, ist stumm, weil er den Worten des Engels Gabriel nicht geglaubt hat. Ein schweigender Ehemann in der ersten Schwangerschaft – wie gut, dass Elisabeth nun mit Maria reden kann. So werden die beiden Frauen einander zur Hilfe und zum Trost.

Maria wird in dieser schweren Zeit gesegnet durch die Freundschaft mit Elisabeth und durch die Unterstützung durch Josef. So findet sie zum Loben und Danken und singt: „Gott hat Großes an mir getan."

Vor der Geburt des Johannes geht Maria wieder zurück. Zacharias aber kann in dem Moment wieder reden, als sein Sohn geboren wird und den Namen Johannes bekommt. Dankbarkeit und Freude bricht aus ihm heraus und mündet in einen großen Lobgesang auf Gott.

MARIA UND ELISABETH

Gespräch mit Joseph

Ach, Joseph, was hast du wohl gedacht,
als Maria dich mit ihrer Schwangerschaft überraschte?
Wie hattest du dich gefreut auf eine unbeschwerte Zukunft,
ein fröhliches Planen der Hochzeit,
ein neugieriges Warten aufeinander.

Und nun das. Maria schwanger.
Was für ein Vertrauensbruch, was für eine Enttäuschung!

Joseph, ob du wohl wütend warst, als du es erfuhrst?
Oder nur einfach verzweifelt und traurig?
Wie konntest du dich in Maria nur so irren?
Wieso tut sie dir das an?
Oder ist sie vielleicht verrückt geworden?
Ist sie einem religiösen Wahn erlegen?
Das ist doch zum Davonlaufen, oder?

Du hättest sie öffentlich anklagen können,
und sie somit dem Schicksal der Steinigung ausliefern können.
Das Recht hättest du gehabt.
Du hättest ihr auch einen Scheidebrief schreiben
können und sie damit blamieren und ihren Ruf für ihr
ganzes Leben schädigen können.
Aber all das tatest du nicht.
Heimlich wolltest du sie verlassen,
weglaufen vor dieser schwierigen Situation.
Damit hättest du die Schuld an der
Schwangerschaft auf dich genommen.

Doch der Engel weist dir einen anderen Weg.
Nicht weglaufen, sondern hierbleiben.
Er gebietet dir, Maria sofort zu heiraten und
sie so ganz unter deinen Schutz zu nehmen.
Jesus soll in einer richtigen Familie aufwachsen.
Maria soll keine alleinerziehende Mutter sein.

Du hast dich zu Marias Schwangerschaft
und zu diesem Kind gestellt.
Du warst sofort bereit dazu.
Du hast Gottes Anweisung gehorcht.
Du hast nicht gezweifelt, nicht gefragt,
sondern gehandelt.

Du bist mit Maria gegangen, viele Wege,
auf dem Geburtsweg nach Bethlehem und auf
dem Fluchtweg nach Ägypten,
auf dem Heimweg nach Nazareth und auf dem
Anbetungsweg nach Jerusalem.
Auch bei den wundersamen Begegnungen
mit Hirten und Königen,
auf den ängstlichen Wegen weg von
Mördern und Verfolgern,
auf dem sorgenvollen Weg des Suchens
nach dem verlorengegangenen Kind –
immer warst du dabei, treu, sorgend und hilfsbereit.
Immer an der Seite Marias und immer
in der Spur dieses Kindes.
Du hast dich zu ihnen gestellt, hast sie geschützt
und vor Gefahren bewahrt.
Joseph – das beeindruckt mich.

Zacharias und Maria

Beide begegnen dem Engel.
Beide hören eine ungewöhnliche Botschaft.
Beide erschrecken.
Beide verstehen nicht, wie das Angekündigte geschehen soll.

Zacharias denkt an sich, an seine Kraft,
an das Alter seiner Frau.
Ich bin alt und meine Frau ist betagt.

Der Engel widersetzt sich diesem Kleinglauben:
Ich bin Gabriel, der vor Gott steht.
Ich bin gesandt, mit dir zu reden.
Ich bin hier, bei dir dies anzusagen.

Hier das klägliche „Ich bin" des Menschen Zacharias,
dort das mächtige „Ich bin" des Thronengels Gabriel.

Fast empört wirkt der Engel, dass er sich erklären muss:
Wie kannst du an meiner Botschaft und an Gottes Weisung zweifeln?
Gottes Wort hat mehr Macht
als alles menschliche Vermögen und deine Manneskraft.

Und nun: Du hast schon viel geredet,
hast zu viel gezweifelt.
Jetzt ist Schweigen angesagt.
Du redest nicht, bis geschieht, was angesagt.
Stumm sei bis zur Geburt des Kindes.

An dir soll Gottes Wunder wirken.
Zerrede nichts und zweifle nicht daran.
Die Botschaft soll stumm ausgehalten sein.
So wird das Wort des Herrn in dir Gestalt gewinnen.
Zacharias – neun Monate still vor Gott,
Zeit zum Denken, Danken, Staunen, Vergebung erfahren.
Dann aber nach Wegen des Gehorsams und des Aushaltens,
dann beim neu geborenen Leben

bricht aus Zacharias ein lobendes Singen.
Die Zunge wird gelöst, die Seele wird frei.
Endlich, alt geworden, wird er weise,
hat er begriffen:
Nicht auf unsere Stärke, unser Können kommt es an,
sondern auf Gottes Wirken und unser Ja dazu:
Gelobt sei der Herr, der Gott Israels.
Denn er hat besucht und erlöst sein Volk.

Maria, die Junge, antwortet anders als der alte Mann,
wie Zacharias erschrocken, sagt sie doch Ja.
Am Anfang noch Schrecken und Fragen
kann sie doch einstimmen in Gottes Weg.
Bei Gott ist kein Ding unmöglich.

So lässt sie das Wunder an sich gestalten:
Siehe, ich bin des Herrn Magd, mir geschehe, wie du gesagt hast.

Ihre Seele, ihr Körper, wie ein empfangendes Gefäß,
ein demütiges, sich hingebendes und vertrauendes Ja.
Nicht voreilig, leichtfertig, schnell,
sondern ein Ja des Vertrauens, des Gehorchens.

Gegen Zukunftsangst und verdunkelte Wege – Ja.
Gegen Zweifel und Kleinmut – Ja.
Gegen alle Neins im Denken – Ja.
Gegen Geschwätz und hohe Zeigefinger der anderen – Ja.
Gegen Josephs Enttäuschung und seine Pläne – Ja.

Im Ja zu Gottes Wegen liegt ein verborgener Segen.
Maria begreift es auf dem mühsamen, auch schmerzlichen und schweren Weg:
Gott handelt durch dieses Kind, seinen Sohn, den König in Ewigkeit.

Maria – begnadet und gesegnet durch Gottes Wirken –
findet darin zum Lobgesang:
Meine Seele erhebt den Herrn
und mein Geist freut sich Gottes, meines Heilandes.

Symbole des Advents

In Formen und Farben sind oft tiefe Geheimnisse der biblischen Berichte verborgen. Neben den üblichen Bräuchen wie Adventskranz, Adventskalender, Sterne, Kerzen, Transparente und Adventsgebäck gibt es auch weniger bekannte Symbole.

Die **Zahlensymbolik** begegnet uns in den Gebäckzutaten, beim Adventskranz, in der Kunst des Erzgebirges, in Weihnachtsbräuchen anderer Länder, in manchen Liedern.
So stellt die Drei die göttliche Seite dar (ein Hinweis auf die Dreieinigkeit).
Die Vier die menschliche Seite (vier Himmelsrichtungen, vier Jahreszeiten, vier Elemente).
Die Zahl Sieben ist ein Ausdruck der Vollendung. Weil Gottes vollkommenes Handeln im Weihnachtsgeschehen deutlich wird, darum nahm man für die Weihnachtsbäckerei siebenerlei Gewürze. Der dahinterstehende Sinn: jeder Tag der Woche soll vom Segen Gottes durchdrungen sein.

Neunerlei Gewürze waren ein Hinweis auf den vollendeten Lobpreis Gottes.
Gott sei drei mal drei, also neunmal zu loben:
in Erde, Luft und Wasser,
in Himmel, Erde und Hölle,
in Vater, Sohn und Heiligem Geist.
Diese dreifache Dreiheit sah man als höchste Vollendung an, darum mischte man sowohl Früchtebrot, als auch Leb- und Gewürzkuchen mit neunerlei Gewürzen.

Die Zwölf, drei mal vier, die Verbindung zwischen Gott und Mensch, steht auch für die 12 Jünger von Jesus und die 12 Stämme Israels.

Auch die **Farben** Rot und Grün sind typische Adventsfarben und haben eine tiefere Bedeutung.
Grün symbolisiert nicht nur die Hoffnung auf Lebenserhalt im dunklen Winter, sondern auch die Treue. Im ursprünglichen Sinn bezeichnet „grün" das natürlich Frische, Wachsende. Auf „(k)einen grünen Zweig kommen" geht mög-

licherweise zurück bis auf Hiob, wo es heißt (15,32): „.....sein Zweig wird nicht mehr grünen". Grün ist Kennzeichen des wieder erwachenden Lebens. Als Zeichen für Hoffnung und Leben, das über den Tod hinausreicht werden im Advent immergrüne Gewächse verwendet.
Rot ist die Farbe des Lebens, der Dynamik und der Hingabe, der Liebe.
Rot erinnert an das Blut Christi, das er vergossen hat, damit die Welt erlöst wird. So steht das Rot im Advent immer für beides: Zeichen der Liebe und Zeichen des Opfers, Christus hingegeben aus Liebe für uns.

Das **Rot am Grünen** nimmt Sterben und Tod schon in die Geburt von Christus hinein. Es begegnet uns am Adventskranz oder auf dem Weihnachtsbaum, aber auch bei Weihnachtsstoffen, Verpackungsmaterial und Grußkarten.

✳ Adventswurzel

Ein adventliches Motiv verbirgt sich auch hinter dem Brauch der Adventswurzel.
Eine mit vier Kerzen geschmückte Wurzel, zu Hause oder in der Kirche aufgestellt, ist eine Anknüpfung an das Wort aus Jesaja: „Es wird ein Reis (Zweig) hervorgehen aus dem Stamm Isais und ein Zweig aus seiner Wurzel Frucht bringen" (Jesaja 11,1). Die „Wurzel Jesse" wird auch in Bildern dargestellt und in Liedern besungen. „Es ist ein Ros entsprungen aus einer Wurzel zart, wie uns die Alten sungen, von Jesse kam die Art." Was Jesaja vorhersagte, wird im neuen Testament bestätigt: Jesus stammt aus dem Stammbaum Davids, dessen Vater Isai (Jesse) war.

✳ Rose – ein Symbol für Christus und Maria

Das obengenannte Jesajawort schafft auch eine Verbindung zwischen der Rose und Maria.

Lateinisch Virga heißt Spross oder Trieb, virgo die Jungfrau. Die Rose als Adventssymbol wird aufgenommen in den Rosettenfenstern der Kirchen: wie bei einer Rose legen sich die Blütenblätter um die Mitte: Die Dornen der Rose sind Zeichen für Schuld und Sünde, die Blüte für Liebe und Erlösung. Jesus trägt die Dornenkrone für unsere Sünden, die fünf Wundmale werden in den fünf Blütenblättern der Rose wieder aufgenommen. Matthias Grünewald malt Maria mit dem Jesuskind in einem Garten vor einem Rosenstrauch.
Es gibt auch den Brauch, das Kreuz in der Passionszeit mit Rosen oder den Christbaum mit weißen Papierrosen zu schmücken. In diesen Zusammenhang gehört nun auch die **Christrose**, auch Schwarze Nieswurz, Schneerose oder Winterrose genannt. Im Sommer, wenn alle anderen Blumen ihre Blütenpracht zeigen, hat diese nur grüne Blätter. Sobald aber Eis und Schnee unsere Gärten überziehen, entfaltet sie ihre Blüten.
Die Christrose enthält einen giftigen Wurzelsaft, der als Gegenmittel bei Vergiftungen durch Schlangenbisse eingesetzt wurde. Der Zusammenhang zu dem Wort aus 1. Mose 3,15 drängt sich auf: „Der soll dir (gemeint ist die Schlange) den Kopf zertreten." Christus ist der Überwinder von Tod und Vergiftung unserer Seele, er hilft gegen Versuchungen, befreit aus Schuld und Hass.

Herr, wir bitten dich, dass wir neu lernen, auf die vielen Zeichen deiner Liebe zu achten, Wir bitten dich, dass wir den Reichtum wieder sehen lernen, der für uns in den vielen kleinen und großen Symbolen der Adventszeit verborgen ist. Gib, dass der Kern des Festes durch all die kleinen und großen Geheimnisse unseren Blick wieder für das Geheimnis deiner Liebe öffnet.
Amen

Adventsgebäck

Die Herstellung, das Anschneiden und Verteilen spezieller Gebäcke war in früherer Zeit oft an bestimmte Tage gebunden, wie den Martinstag, Katharinen-Tag usw. (s. Gedenktage S. 14 ff.). Viele unserer heutigen Rezepte von Advents- und Weihnachtsgebäck gehen zurück auf die Klöster des Mittelalters, die in kreativer Weise eine Veranschaulichung biblischer Inhalte in Form von Gebäck versuchten.

Zu den interessantesten Gebäckarten gehören die „Gebildbrote", wie z. B. die „Springerle", „Spekulatien" und Lebkuchen. Weil mit ihnen bildhaft etwas dargestellt wird, nennt man diese Gebäckart „Gebildbrote". Früher wurde zu fast allen Jahres- oder Lebensfesten Gebildbrote gebacken. Zu Taufen, Verlobungen und Vermählungen gab es die entsprechenden symbolträchtigen Darstellungen. Es ging nicht nur darum, etwas zu verzehren, sondern auch darum, eine Botschaft durch das auf dem Backwerk Dargestellte weiterzugeben oder zu empfangen und sie dadurch zu verinnerlichen. Viele Menschen konnten nicht lesen. So stellte

man in Bildern, Skulpturen und eben auch durch Gebäck Inhalte – in den kirchlichen Festzeiten auch Glaubensinhalte – dar.

Im Mittelalter sind auch die Zutaten für die Weihnachtsbäckerei mit großem Bedacht ausgewählt worden. So waren zum Beispiel Nüsse und Mandeln ein Zeichen für die verborgenen Schätze der Bibel. Ein Sprichwort lautet: „Gott gibt die Nüsse, aber aufknacken musst du sie selbst." In einer hölzernen scheinbar wertlosen Schale ist ein süßer Kern versteckt. Wir müssen lernen, die Schale aufzuknacken, um den Kern genießen zu können.

Zucker war früher nicht so leicht zu erhalten wie heute, zudem war er sehr teuer. Zucker war ein Statussymbol. An der „Süße der Tafel" ließ sich der gesellschaftliche Rang erkennen. So war der Zucker immer auch ein Sinnbild für die Fülle des Segens, für die paradiesische Botschaft von Weihnachten.

✵ Leb- und Pfefferkuchen

Anders als heute wurde der Lebkuchen nicht nur zur Weihnachtszeit verzehrt, sondern auch zu Ostern oder anderen Zeiten. Das Wort „leb" (Althochdeutsch) bedeutet „Heil- und Arzneimittel". In den Klöstern pflanzte man Kräuter mit Heilwirkung an. In der Weihnachtszeit nahm man die getrockneten Kräuter und stellte „Heilgebäck" her, also Lebkuchen. Diese Lebkuchen wurden zur Weihnachtszeit in den Klöstern verteilt – zur Verdeutlichung, dass das Weihnachtsgeschehen der ganzen Welt Gesundheit bzw. Heil schenken soll. Seit dem 14. Jahrhundert gibt es die Tradition des Lebkuchen-Backens durch die Lebzelter. Andere Quellen gehen sogar auf das Jahr 1296 zurück. Das Besondere am Lebkuchen-Teig war, dass er über mehrere Wochen mit ungeklärtem Honig zur Gärung gebracht wurde. So war auch der Honigkuchen der Vorläufer des Lebkuchens. Er war früher kein Naschwerk, sondern Wegzehrung, weil er nahezu unbegrenzt haltbar war. Der Name **„Pfefferkuchen"** geht auf das Mittelalter zurück, als alle exotischen Gewürze ganz allgemein als „Pfeffer" bezeichnet wurden. Pfefferkuchen oder Pfeffernüsse sollen mit ihrem durchlöcherten Teig an den Essigschwamm erinnern, der Jesus am Kreuz gereicht wurde.

Nach altem Brauch sollen Leb- oder Pfefferkuchen mit siebenerlei oder neunerlei Gewürzen gebacken werden. Auf manchen Tüten mit fertigen Gewürzmischungen steht „Siebenerlei Gewürz" oder „Neunerlei Gewürz" (s. S 32).

✵ Marzipan

Seit fast tausend Jahren ist das Marzipan in Europa bekannt. Wahrscheinlich in Persien beheimatet, brachten die Kreuzritter die edle Delikatesse aus dem Orient mit. Damals wurde es in Erinnerung an die Geschenke der Weisen aus dem Morgenland (Gold, Weihrauch und Myrrhe) noch mit Myrrhe hergestellt. Nach einem Weihnachtsgottesdienst wurde Myrrhenkonfekt verteilt. Den Kreuzfahrern schmeckte es so gut, dass sie davon etwas als Souvenir mit nach Hause nahmen. Venezianische Händler sicherten sich bald darauf das Monopol der Myrrheneinfuhr. Am Markusplatz in Venedig lagerte man die Myrrhe in Gewölben und verarbeitete sie dort auch zu Konfekt. Daher kommt auch der Name: Markusbrot, lateinisch „marci panis" (Brot des Markus). Heute wird Marzipan ohne Myrrhe

nur noch aus geriebenen Mandeln, Zucker und Rosenwasser hergestellt. Seit dem 19. Jahrhundert kommt das bekannteste Marzipan aus Lübeck und aus Königsberg.

✳ Spekulatius

Der Spekulatius ist eigentlich ein Bischofsgebäck. Bischof heißt im lateinischen „spekulator". Darum backte man zur Erinnerung an den Bischof Nikolaus Spekulatien. Früher waren auf diesen die guten Taten des Bischofs Nikolaus zu sehen und sollten an ihn und seine Hilfsbereitschaft gegenüber den Kindern und Armen erinnern (s. S. 17).

✳ Katharinchen

Katharina starb als Märtyrerin (s. S. 15 ff.). Sie wurde „gerädert", mit Ketten auf ein mannshohes Rad geflochten, mit eisernen Ruten geschlagen und dann den Berg hinuntergerollt.
Zum Gedenken an sie backte man am 25. November „Katharinchen", bogig ausgestochene Pfefferkuchen, die an die Kettenglieder erinnern sollen, mit denen sie auf das Rad geflochten wurde. Auch ein gebackenes Rad aus Hefeteig oder Apfelringe weisen auf Katharina und ihren Tod durch „Rädern" hin. Lebkuchenfrauen erinnern ebenfalls an Katharina, die um ihres Glaubens willen auf Ehe und Familie verzichtete.

✳ Moppen

Stephanus war der erste Märtyrer der Kirche, der sein Leben für seinen Glauben an Jesus ließ. Dies war im Jahr 34 oder 35. Stephanus wurde gesteinigt. (s. S. 20 + 21)
In Erinnerung an seine Steinigung entstand der Brauch des Moppen-Backens.
Die Moppen, auch Pflastersteine genannt, sind handtellergroße, runde Honigkuchen – überzogen mit einem dicken weißen Zuckerguss. Dieses Gebäck soll an die Steine erinnern, mit denen Stephanus getötet wurde. Beim Verzehr sollte dadurch verdeutlicht werden, dass auch das Härteste und Bitterste süß werden kann, wenn es im Glauben an Gott angenommen wird.

✳ Christstollen

Der 28. Dezember ist der Tag, an dem in besonderer Weise an die „unschuldigen Kindlein", an die von Herodes in Bethlehem ermordeten Knaben im Alter bis zu zwei Jahren, gedacht wird. (s. S. 22) Der Christstollen ist das Gebäck, das an diese erinnern soll, denn früher wurde der ganze Körper der Kinder gewickelt, so wie auch der Teig des Christstollens ursprünglich wie Windeln gewickelt wurde. Es war früher auch Brauch, ein Stück des Christstollens bis Ostern aufzuheben in Gedenken an die Windeln, mit denen Jesus in die Welt kam, und das Leichentuch, in das er nach seinem Tod eingewickelt wurde, bevor er vom Tod auferstand.

✳ Basiliuskuchen

In Griechenland wird an Neujahr das Basiliusbrot, auch Vasiliuskuchen genannt, aus Hefeteig gebacken und mit Anis, Sesam und halbierten Mandeln verfeinert. In jedes Brot wird eine Münze eingebacken. Vom Hausherren wird das Brot dann kurz nach Mitternacht angeschnitten und das erste Stück symbolisch zur Erinnerung dem Heiligen Basilius (s. S. 23) gereicht. Danach erhält jedes Familienmitglied ein Stück. Wer dann in seinem Brotstück die Münze findet, hat im ganzen kommenden Jahr Glück. Dieser Kuchen ist in Griechenland zu Silvester Tradition. Der Namenstag des Heiligen Basilius fällt auf den ersten Januar.

❄ Lussekatter

Die Lussekatt ist ein traditionelles schwedisches Weihnachtsgebäck, das von seiner typischsten Zutat, dem Safran, die deutlich gelbe Färbung erhält. Lussekatter werden traditionell zum Luziafest gebacken, das in Schweden ein wichtiger Feiertag ist und am 13. Dezember gefeiert wird. (s. S. 18) Lussekatter gibt es in vielen verschiedenen Formen. Bei der traditionellen wird der Teigstrang an den Enden in entgegenge-

setzter Richtung aufgerollt, so dass er einem „S" ähnelt. Dann wird in die Mitte jeder Schnecke eine Rosine gesetzt. Wenn zwei derart geformte Lussekatter nebeneinander gelegt werden, nennt man sie Julvagn („Weihnachtswagen"); in Kreuzform arrangierte Lussekatter heißen Julkors („Weihnachtskreuz").

Die Legende vom Honigkuchen

Als den Hirten auf dem Feld vom Engel die Botschaft von der Geburt des Retters der Welt erzählt wurde, machten sie sich sofort auf den Weg. Vor freudiger Erregung vergaßen sie, dass sie Brot im Backofen hatten. Daran erinnerten sie sich erst auf dem Rückweg. Sie rechneten damit, den Teig völlig verbrannt vorzufinden. Doch das Brot war auf unerklärliche Weise nicht verkohlt, sondern es strömte ihnen ein wunderbarer Geruch entgegen. Vorsichtig zerbrachen sie den dunklen Teig, er schmeckte köstlich und süß. Sie brachen es in viele kleine Stückchen und verteilten es unter allen Leuten. Zur Erinnerung an dieses Wunder begannen sie dann, alljährlich zur Christnacht kleine würzige Honigkuchen zu backen. Äußerlich dunkel und unansehnlich wie das Geschehen im Stall, aber voll nie geahnter Süße.

Advent gestalten

Der Advent ist wie ein Weg, den wir gehen. Jeden Tag an einer neuen Station innehalten, jeden Tag sich Zeit nehmen zum Atemholen und Stillwerden. Das füllt unser Leben mit Inhalt, gibt uns neu Orientierung und zentriert uns auf das Wesentliche.

Mancher Stress im Advent kann abgebaut werden, wenn wir den Advent von seiner eigentlichen Bedeutung, von seinen Inhalten her gestalten. Denn dann müssen wir weniger auf Erwartungen von außen reagieren, nicht jede neue Mode und jeden Dekotrend mitmachen, sondern können ganz bewusst selbst Schwerpunkte setzen, die Themen des Advents für uns gelten lassen, uns Momente der Besinnung und der Freude gönnen.

❉ Lebendiger Adventskalender

Der Lebendige Adventskalender wird inzwischen an vielen Orten gefeiert. An jedem Abend wird an einem anderen Haus ein Fenster geschmückt, thematisch gestaltet und beleuchtet. An diesem Fenster trifft man sich im Freien oder geht miteinander von einem Treffpunkt singend dorthin. Vor dem jeweiligen Haus wird in folgender Reihenfolge eine kleine etwa 20-minütige Liturgie abgehalten: Begrüßung der Teilnehmer, ein Bibelwort, mehrere Lieder, eine Geschichte, ein Gebet, ein Lied, ein Segenswort. Im Anschluss wird meistens noch im Freien bewirtet. So wie viele Personen der Weihnachtsgeschichte sich auf den Weg gemacht, andere getroffen haben und dadurch verändert wurden, so kann auch ein Lebendiger Adventskalender eine Möglichkeit sein, den Advent in einen Ort, eine Stadt hineinzutragen und so den kommenden Christus zu verkünden.

❉ Krippenweg

Bei sich zu Hause, in einer Kirche oder im Freien kann eine Krippenlandschaft aufgebaut werden; jeden Tag wird eine Figur mehr dazugestellt oder eine andere weggenommen. Die Figuren können uns anregen, in der Bibel nachzulesen, was diese an der Krippe erlebt haben. In einem weiteren Schritt können wir uns in die Figuren hineinversetzen, uns in Gedanken an deren Stelle stellen und uns fragen, was sie mit dem Kind in der Krippe erleben. Die Fragen der Figuren und deren Schritte zum Kind können eigene Themen aufnehmen, können Hindernisse oder Sehnsüchte in uns verdeutlichen.

❉ Gutscheinkalender für Kinder

Ein Adventskalender mit Gutscheinen macht Kindern und Eltern viel Freude und kann den Sinn des Advents auf symbolische Weise verdeutlichen. Die Gutscheine sind Zuwendungs-Geschenke: „Z. B. darfst du mit Papa oder Mama einen Ausflug oder Spaziergang machen, ... dir ein Spiel wünschen, ... dir das Mittagessen morgen wünschen, ... mit Papa oder Mama essen gehen, ... einen Stadtbummel machen."
Der Bezug zum Advent besteht darin: Gott kommt zu uns und will sich uns zuwenden, sich uns schenken. So wird mit konkreten Veranschaulichungen die Bedeutung der Adventszeit vermittelt und etwas von Gottes Art verdeutlicht. Denn Eltern vermitteln den Kindern durch ihren Umgang mit ihnen auch einen ersten Zugang zu Gott.

✳ Die Adventskiste

In der Adventskiste sind 24 Geschenke für die Adventszeit enthalten. Die Kinder dürfen jeden Abend zusammen oder reihum in die Kiste greifen und jeweils ein Geschenk herausnehmen. Jedes Geschenk hat einen Bezug zu einer biblischen Geschichte, evtl. ist eine Frage dabei, so dass die Kinder die Geschichte erraten können. Vater oder Mutter können dann die Geschichte erzählen oder vorlesen.

✳ Wichteln

Einander Freude bereiten und Gutes tun – ein Ausdruck im Advent dafür ist das Wichteln. Wichteln kann man in der Familie, im Freundeskreis, in der Schulklasse oder an der Arbeitsstelle. Man zieht ein Los mit einem Namen darauf. Die Aufgabe besteht darin, täglich oder alle paar Tage dem Gelosten eine Freude zu bereiten, ohne dass dieser raten kann, wer ihn beschenkt oder ihm Gutes tut. Am Heiligabend oder einen Tag davor wird das Geheimnis gelüftet.

Die dahinterstehende Bedeutung: Gott selbst ist auch der Geheimnisvolle, doch an Weihnachten offenbart er sein Geheimnis. Manche Bedeutung ist zunächst noch verborgen, doch an Weihnachten wird sie sichtbar.

LEBENDIGER ADVENTSKALENDER

Weg-Meditation

Wo ein Weg ist, da können wir gehen:
Einen Weg gehen, weg-gehen
weggehen vom Lärm,
weggehen von der Hektik
weggehen auch von der Fixierung
auf uns selbst.

Auf einem Weg lasse ich etwas hinter mir:
Belastungen, Ärger, Frustrationen,
auf einem Weg habe ich etwas vor mir:
Klärung, Hoffnung, neue Horizonte.
Auf einem Weg bewege ich, was in mir ist:
Trauer, schwere Gedanken, Sorgen.

Alle Wege unseres Lebens münden
in der Begegnung mit dir, o Gott.
Auch wenn die Wege oft dunkel
und schwer sind,
so bist du doch neben mir.
Auch wenn ich das nächste Ziel nicht kenne,
bist du schon vor mir dort.
Auch wenn die vergangenen Wege mich
noch belasten, so strahlt das Licht deiner
Vergebung auch in diese Dunkelheiten
zurück und kann mich von drückenden
Lasten befreien.

Du Mensch gewordener Gott,
du Ursprung und Ziel aller meiner Wege,
du bist da, damit ich gehen kann,
weg-gehen, hin-gehen, dem großen Ziel entgegen, mit dir eins zu sein in Ewigkeit.

Amen.

Vom Sinn des Wartens

Der Advent ist eine Zeit des Wartens. Kinder können es oft nicht erwarten, bis endlich Weihnachten ist. Erwachsene freuen sich auf freie Stunden und mehr Zeit füreinander. Viele biblische Gestalten waren wartende Menschen.

❋ Zacharias und Elisabeth warteten ihr Leben lang auf ein Kind, und es schien vergeblich. Gott erhörte ihre Gebete erst, als die beiden nicht mehr daran glaubten. Auch langes Warten kann zum ersehnten Ziel führen.

❋ Maria wartete mit Josef auf die Geburt ihres Kindes, nachdem sie von Gott die unfassbare Botschaft erhalten hatte, ihr Kind werde der Sohn Gottes sein. Sie sagte Ja zu einem ungewöhnlichen Weg und erlebte in der Zeit ihres Wartens Gott auf neue Weise – in Trost und Zuwendung, in Wundern und Bewahrung auf ihrem Weg.

❋ Die Hirten warteten auf bessere Zeiten und bekamen die unglaubliche Freudenbotschaft, dass mit Jesus der Retter der Welt geboren sei. Sie hatten den Messias anders erwartet – als politischen Führer und Umstürzler –, doch nun kam er in einem kleinen Kind zur Welt. Sie erlebten in ihrer Erwartung eine große Überraschung.

✳ Hanna und Simeon warteten auf den Messias; sie waren alt geworden und verbrachten ihr Leben im Tempel, in der Gegenwart Gottes. Ihr Leben gelangte dadurch zu besonderer Tiefe und Reife. Ihr Warten war nicht umsonst. Sie durften noch im hohen Alter Jesus begegnen und das Besondere in ihm sehen.

✳ Die Weisen aus dem Morgenland erwarteten, den König der Juden zu sehen. Darum machten sie sich auf eine lange Reise. Sie fanden ihn nicht im Königspalast, sondern in einem Stall, armselig und niedrig. Und doch knieten sie vor dem Kind. Ihre Hoffnung wurde erfüllt.

So ist das Warten dieser Menschen der Bibel gefüllt mit Hoffnungen, Erwartungen und Vorfreude. Die Wartezeiten in unserem Leben können davon geprägt werden. Sicher ist nicht jedes Warten schön, wie das Warten auf das Ergebnis einer Untersuchung, auf eine Operation oder bei Schwerkranken das Warten auf den Tod.

Anders ist es beim Warten auf glückliche Ereignisse: die Wiederkehr eines Menschen, die Vorfreude auf eine Hochzeit, die Erwartung einer guten Botschaft, der Besuch von Freunden. Solches Warten kann uns in Hochgefühle versetzen, kann uns beflügeln und Kraft geben für schwierige Aufgaben.

Warten können ist Zeichen von innerer Sicherheit und Stabilität. Wer warten kann, kann etwas aushalten, kann etwas durchstehen, kann Geduld lernen. Wie bestimmte Speisen erst durch das Ausreifen ihren Geschmack bekommen, so können Menschen durch das Warten reifen. In Wartezeiten kommen neue und bisher unentdeckte Inhalte zum Vorschein: die Qualität des Heute und Hier, neue Sichtweisen auf die momentane Situation und die Vorfreude auf das Ziel.

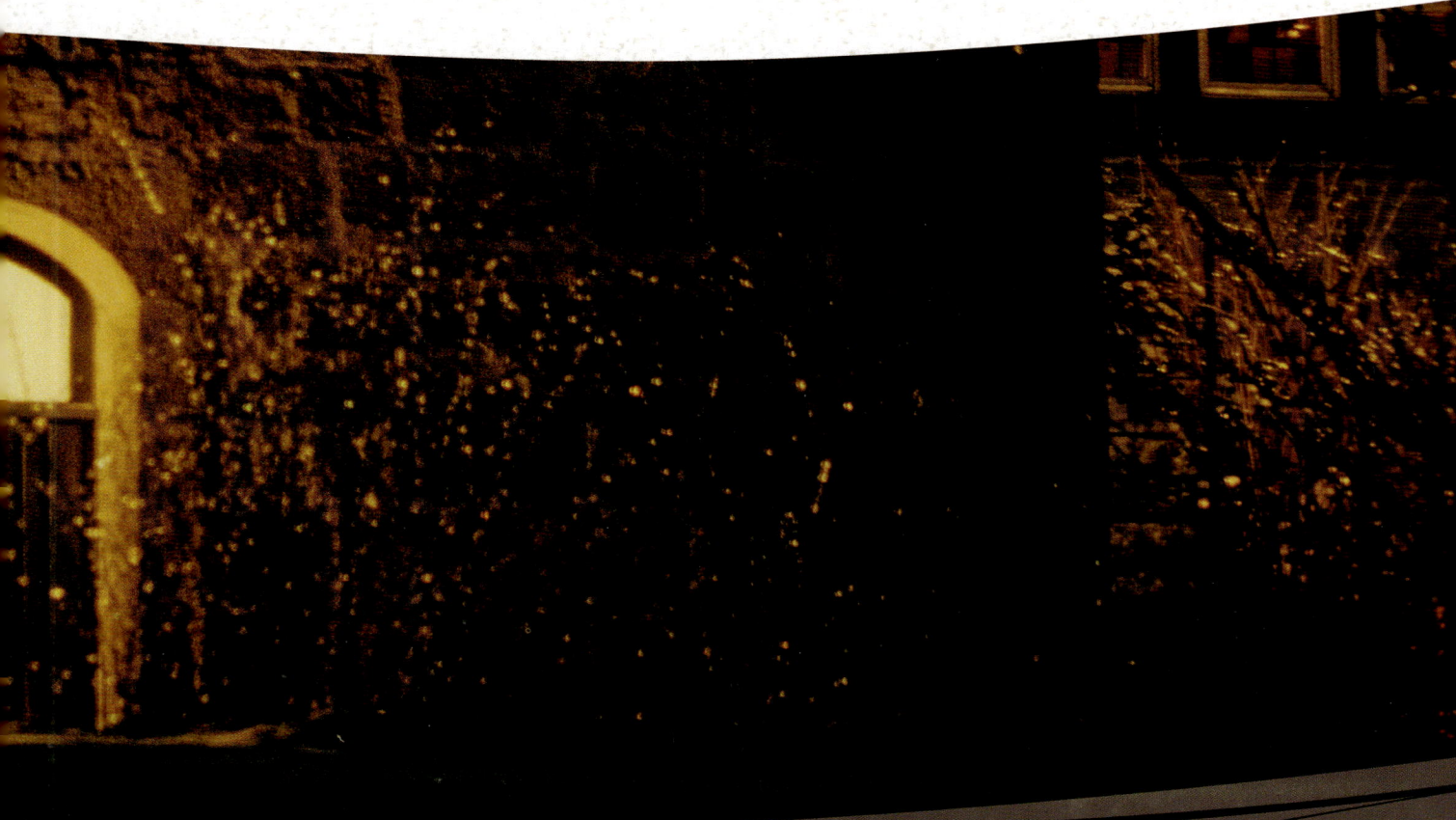

Die Adventszeit ist eine Zeit der Erwartung, dass Jesus Christus heute bei uns ist, und eine Zeit des Wartens auf sein zweites Kommen am Ende der Zeit. In der Bibel wird die Beziehung zwischen Christus und uns mit dem Warten eines Liebespaares aufeinander verglichen. Eine Braut sehnt sich nach ihrem Bräutigam, der Bräutigam kann es kaum erwarten, seine Geliebte zu sehen. So soll auch unsere innere Beziehung zu Christus von gespannter Erwartung auf sein Kommen geprägt sein. Sie soll gefüllt sein von Vorfreude und Liebe auf die Zeit, in der wir für immer mit ihm zusammen sein werden.

Viele Adventslieder thematisieren dieses Sich-Entgegenfreuen, diese innere Spannung, das hoffnungsvolle Nach-vorne-Sehen. Es wird besungen wie in einem Dialog: „wir freuen uns schon", „wann wird es geschehen", darum „Komm, meins Herzens Tür dir offen ist" oder „Ach komm, ach komm, du Sonne".

Dieses freudige Ziel hilft, auch mit schwierigen Situationen besser umzugehen, hilft, zu manch Schwerem die richtige Distanz zu gewinnen und manches Unbequeme in einem anderen Licht zu sehen. Durch das Ziel der Ewigkeit bei Gott gewinnen leidvolle Erfahrungen den Charakter der Vorläufigkeit. Sie sind nicht das Letzte und haben darum auch keine endgültige Macht über unser Leben.

Das Letzte ist der große Advent Gottes, auf den wir alle zugehen. Diese Vorfreude kann uns heute und hier Lebensqualität schenken, kann uns helfen als Hoffnungsträger und voller Zuversicht unser Leben zu gestalten.

„Du verlierst keine Zeit, wenn du auf Gott wartest."

Corrie ten Boom

Adventsgebet

Advent – du kommst in unsere Welt.
In unsere Welt der Lichter und des Feierns.
In unsere Welt der Weihnachtsdüfte und der Festeinkäufe.
In unsere Welt voller Beschäftigungen und Termine,
in unsere gehetzte und gejagte Zeit.

Trotz allem – du kommst.
Wie tröstlich, dass du auch jetzt da bist.
Wie gut, dass deine Gegenwart mehr ist als aller Trubel um
mich und alle Hektik in mir.

Am Ende der Zeit zählen nicht meine Beschäftigungen und
meine Erfolge, nicht meine Ergebnisse und meine
Geschenke, sondern mein Herz an deinem Herzen,
mein Ohr an deinem Mund.

Advent – du kommst.
Du kommst am Ende der Zeit
und du kommst heute in mein Leben.

Ich will in deiner Gegenwart lernen, das Wichtige vom
Unwichtigen zu unterscheiden.
Ich will lernen, mehr und mehr auf dich hin orientiert zu
sein und mich immer wieder neu überraschen lassen von
deinem Reden –
in alten Bräuchen und neuen Formen,
in ermutigenden Gedanken
und unerwarteten Begegnungen,
in herausfordernden Texten und im stillen Nachdenken.

Du kommst – gestern, heute, morgen,
immer wieder anders, aber immer in Liebe.
Danke, dass du kommst.

Adventskalender

Adventskalender sind eine Form, das Warten zu erleichtern und zu gestalten.

Der erste gedruckte Adventskalender erschien 1908 und wurde von Gerhard Lang entworfen. Geboren wurde die Idee aus der eigenen Kindheitserfahrung, als er von der Mutter mit einem selbst gebastelten Adventskalender auf die Weihnacht eingestimmt wurde. Doch lange vorher schon wurden dem Warten auf Weihnachten äußere Ausdrucksformen verliehen. Die Anfänge liegen bereits im Mittelalter. So wurde zum Beispiel den Nonnen geraten, dem Jesuskind in ihren Herzen eine Krippe zu bereiten. Was zunächst nur symbolisch gemeint war, wurde später umgesetzt mit dem Brauch des Strohhalmlegens: täglich wurde als Zeichen der Gebete ein Strohhalm, eine Feder oder Watte in eine noch leere Krippe gelegt. Je mehr Strohhalme in der Krippe lagen, desto weicher konnte das Jesuskind an Heiligabend liegen. Auch die im Alpenland verbreiteten Klausenhölzer, ursprünglich für die wirtschaftliche Abrechnung benutzt, wurden im Advent zweckentfremdet: jeden Tag wurde eine Kerbe geritzt als Zeichen des Gebetes.

Im 17. Jahrhundert soll in manchen Familien der Brauch geherrscht haben, 24 Bilder nach und nach an die Wand zu hängen. Bei allen Gestaltungsarten solcher „Adventskalender" wird das Warten inhaltlich gefüllt, indem an der Darstellung etwas verändert wird: So durften Kinder etwa einen Kreidestrich an der Türe oder auf einer Tafel wegwischen oder ein Blatt von einem Kalender abreißen. So schildert Thomas Mann in den Buddenbrooks eine Szene von 1869, in der ein Abreißkalender die noch verbleibende Zeit bis Weihnachten veranschaulicht. Eine andere Form der Darstellung waren Adventskerzen mit aufgeklebten Zahlen von 1–24. Jeden Tag wurde die Kerze so lange angezündet, bis das jeweilige Datum nicht mehr lesbar war. Auch Adventsuhren, deren Ziffernblatt 24 Tage anzeigte oder eine Himmelsleiter, auf der das Jesuskind jeden Tag eine Stufe näher kam, zeigten die noch verbleibende Zeit bis Weihnachten an.

Andere Varianten fügen jeden Tag etwas hinzu: ein Bild an der Wand, eine Kerze am Adventskranz, ein Strich an der Tür, ein Strohhalm für die Krippe, ein Bibelvers an einem Holzkranz, eine Figur für die Krippendarstellung, Fahnen mit Bibelversen auf einen Kranz. In verschiedenen schriftlichen Zeugnissen ist dies gut belegt, wie z. B. von Johann Hinrich Wichern, der den ersten Adventskranz gestaltete. Friedrich von Bodelschwingh (1877-1946) berichtet in seinen Kindheitserinnerungen von

einem täglich sich ändernden Adventsbäumchen. Sein Vater, Gründer der Bethel'schen Anstalten, wollte damit bei seinen Kindern erreichen, dass die Adventszeit für sie eine „Schule der Hoffnung" werde: „Es war, wie wenn aus der Dämmerung ein Sternlein nach dem anderen aufleuchtet, bis der ganze Himmel hell geworden ist. Jedes Sternlein aber strahlt doch nur das Licht der Sonne wider, die aufgehen soll. Und diese Sonne ist das Christkind, in dem das ewige Licht der Welt einen neuen Schein gegeben hat."

Auch heute werden immer wieder neue Ideen geboren in Form von Gutscheinkalendern, Adventskisten, Adventswegen und Lebendigen Adventskalendern. All diese Formen des Adventskalenders sind der Versuch, die Zeit sichtbar zu machen und den Kindern das Warten zu erleichtern, die Vorfreude zu steigern und zugleich die Inhalte dieser Zeit zu verdeutlichen und nahezubringen.

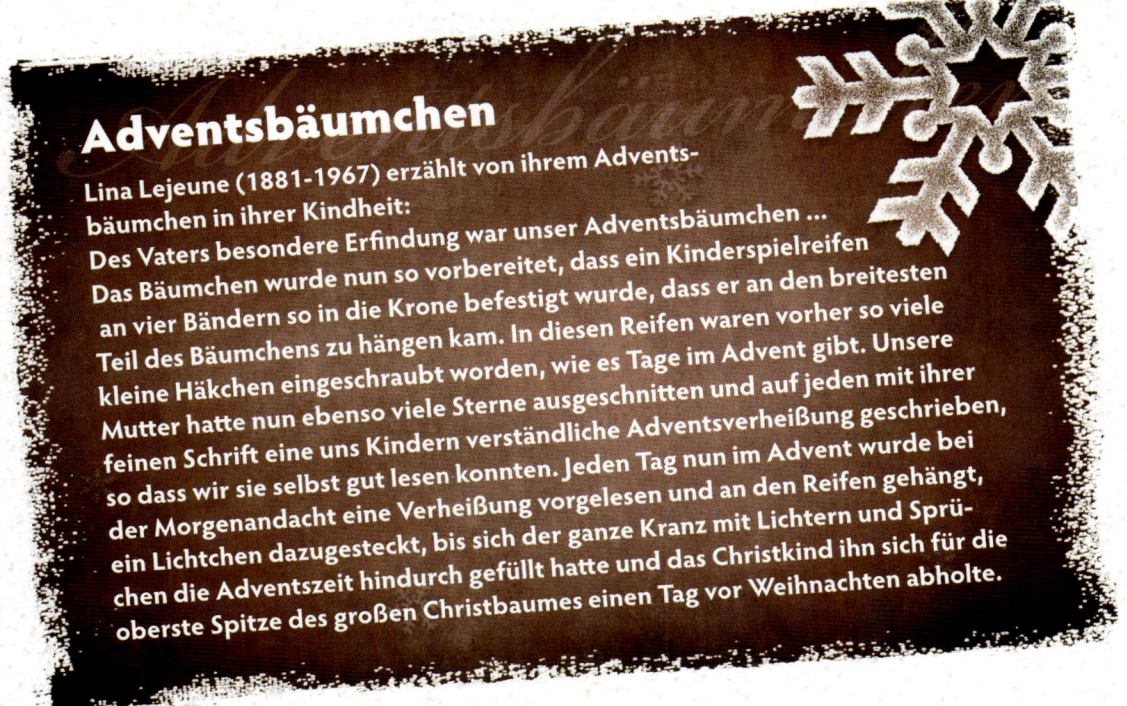

Adventsbäumchen

Lina Lejeune (1881-1967) erzählt von ihrem Adventsbäumchen in ihrer Kindheit:

Des Vaters besondere Erfindung war unser Adventsbäumchen … Das Bäumchen wurde nun so vorbereitet, dass ein Kinderspielreifen an vier Bändern so in die Krone befestigt wurde, dass er an den breitesten Teil des Bäumchens zu hängen kam. In diesen Reifen waren vorher so viele kleine Häkchen eingeschraubt worden, wie es Tage im Advent gibt. Unsere Mutter hatte nun ebenso viele Sterne ausgeschnitten und auf jeden mit ihrer feinen Schrift eine uns Kindern verständliche Adventsverheißung geschrieben, so dass wir sie selbst gut lesen konnten. Jeden Tag nun im Advent wurde bei der Morgenandacht eine Verheißung vorgelesen und an den Reifen gehängt, ein Lichtchen dazugesteckt, bis sich der ganze Kranz mit Lichtern und Sprüchen die Adventszeit hindurch gefüllt hatte und das Christkind ihn sich für die oberste Spitze des großen Christbaumes einen Tag vor Weihnachten abholte.

Der erste Adventskranz

Das kleine Mädchen Anna lebte vor 170 Jahren in der Nähe von Hamburg. Sie erzählt, wie sie zum ersten Mal in ihrem Leben einen richtigen Adventskranz gesehen hat.

Früher ging es mir sehr schlecht, aber heute geht es mir gut.

Meinen Vater habe ich nie kennengelernt, meine Mutter war viel krank. Ich habe noch drei Geschwister. Die erste Zeit in meinem Leben war nicht schön.

Ich hatte meist Hunger, mir war kalt und ich hatte nur ein paar Lumpen zum Anziehen. Oft ging ich auf die Straße, um nach Essen zu suchen oder bei Leuten zu betteln. Und weil unsere Wohnung keinen Ofen hatte, war ich auch häufig krank. Ein richtiges Bett gab es bei uns nicht,

nur ein paar alte dreckige Decken auf dem Boden, wo wir uns hinlegten, wenn wir müde waren.

Eines Tages traf ich auf der Straße einen Mann, der hieß Johann. Er fragte mich: „Na, wie heißt du denn?" – „Anna", sagte ich und fragte ihn, wie ich das oft bei fremden Leuten machte: „Hast du was zu essen für mich?"

Meistens schimpften die Leute dann auf mich, schlugen mich oder jagten mich fort. Aber Johann war anders. Er sagte: „Ja, natürlich habe ich etwas zu essen für dich." Er holte ein Stück Brot aus seiner Tasche und gab es mir. Oh, ob ihr euch vorstellen könnt, wie gut mir das schmeckte?

Ich wollte schnell fortlaufen, weil ich Angst hatte, dass er mir vielleicht etwas Böses tun wollte. Da fragte Johann mich, wo ich denn wohne und ob ich Geschwister habe. Ich erzählte ihm alles und zeigte ihm sogar unsere Wohnung. Ich führte ihn in den Keller eines alten Hauses, und da in einem winzigen, kalten, dunklen Zimmer lag meine kranke Mutter, zwei von meinen Geschwistern waren auch gerade krank.

Ich sah an dem Gesicht von Johann, dass er sehr traurig darüber war, wie schlecht es uns ging. Er stellte sich uns allen nochmals vor: „Ich bin Pastor Johann Hinrich Wichern …" Er sprach dann eine ganze Weile mit meiner Mutter und sagte dann zu mir: „Anna, morgen komme ich, und dann bringe ich dich und deine Geschwister an einen Ort, wo ihr eine Weile wohnen könnt, genug zu essen bekommt und auch etwas lernen könnt. Deine Mama ist einverstanden. Sie wird auch mitkommen und wir helfen ihr, gesund zu werden."

Ich habe mir das damals nicht vorstellen können, wie das ist, wenn man genug zu essen hat, saubere Kleidung bekommt, sich jeden Tag waschen kann und dann noch etwas lernen darf. Als Johann uns am nächsten Tag abholte und in unser neues Heim führte, kam ich mir vor wie im Traum. Das Heim hatte einen komischen Namen: „Rauhes Haus", das kam wahrscheinlich von dem Wind, der immer so rau um das Haus pfiff. Denn innen war es gar nicht rau, sondern wunderschön. Die Zimmer waren sauber und warm, jeder bekam ein eigenes Bett, und es gab dreimal am Tag etwas zu essen, ohne dass man darum betteln musste.

Ich lernte sehr viel, zum Beispiel, wie man sich wäscht, wie man sich richtig anzieht, wie man Schuhe bindet, und wie man sich beim Essen benimmt. Ich lernte in einer richtigen Schule Lesen, Schreiben und Rechnen.
Besonders schön war das Zusammenkommen am Abend. Nach dem Abendessen versammelten sich alle Kinder des Rauhen Hauses in einem großen Saal. Da sangen wir miteinander Lieder, hörten Geschichten aus der Bibel und beteten miteinander. Mein Herz wurde jedes Mal richtig froh. Ich begriff: Gott ist zu uns wie ein guter Vater. So wie Johann zu mir und meiner Familie gut war, um noch viel mehr ist Gott gut zu uns. Denn er liebt uns und will das Beste für uns.

Und dann kam der Advent: Wie jeden Abend kamen wir am 1. Dezember in den großen Saal, aber da war dieses Mal etwas anders als sonst. An der Decke hing ein großes Wagenrad und auf dem Wagenrad waren 24 Kerzen aufgesteckt. Vier weiße große und dazwischen 20 kleine rote. Was sollte das denn bedeuten?

Johann erklärte es uns. Er sagte zu uns. „Liebe Kinder, wir feiern Advent. Wir feiern, dass Gott zu uns kommt. Jesus hat von sich gesagt: ‚Ich bin das Licht der Welt. Wer an mich glaubt, wird nicht im Finstern leben, sondern wird das Licht des Lebens haben.

Damit ihr sehen könnt, wie wir jeden Tag dem Weihnachtsfest ein Stück näher kommen, zünden wir jeden Tag eine Kerze mehr an. Das Licht wird immer heller und strahlender, bis wir am 24. Dezember die Geburt von Jesus feiern werden."

Ihr könnt es euch vielleicht vorstellen, wie gespannt ich war: Jeden Abend eine Kerze mehr. Nach ein paar Tagen brannten schon fünf Kerzen und es wurde jeden Abend heller im Raum.

Johann erzählte uns: „So wie die Kerzen den Raum hell machen, so will Jesus euer Leben hell machen." Ja, das konnte ich verstehen, vorher hatte ich in einem dunklen, kalten Raum gelebt, jetzt in einem hellen warmen Haus. So ähnlich ist das auch, wenn Jesus in unser Leben kommt.

Nach einiger Zeit waren es schon 13 Kerzen. Da erzählte uns Johann von einer Frau Luzia, die anderen Menschen Licht in ihr Leben gebracht hatte, die sich um Arme und Kranke gekümmert hatte, um ihnen die Liebe Gottes zu bringen. Ja, das konnte ich auch sehr gut verstehen. Johann war für unsere Familie auch so ein Lichtbringer gewesen. Meine Mutter war wieder gesund geworden und half jetzt mit im Rauhen Haus in der Küche. Ich konnte sie jeden Tag sehen und ich merkte auch, wie sie immer glücklicher wurde und ihre Augen hell strahlten.

Mein erster Advent war wunderschön. Nach einiger Zeit brannten 21 Kerzen.

Johann erklärte uns, dass der 21. Dezember der Thomastag ist, der kürzeste Tag im Jahr und der dunkelste. Er erzählte uns von Thomas und wie sein Herz vor Zweifel ganz dunkel geworden war. Und er erzählte, wie Thomas Jesus begegnete und er darum wieder froh wurde.

Die 21 Kerzen machten den Raum jetzt schon richtig hell, nur noch drei Tage bis Weihnachten. Dass Jesus unser Herz hell machen kann, konnte ich gut verstehen.

Dass Jesus unsere Traurigkeit wegnehmen kann, das habe ich erlebt.

Heute bin ich nicht mehr traurig, denn ich habe ein neues Zuhause gefunden und ich weiß, wie gut es ist, dass Jesus für uns Menschen geboren ist, um uns Liebe und Hoffnung zu schenken. Das feiern wir am 24. Dezember.

Darauf freue ich mich schon ganz besonders.

Johann Hinrich Wichern war tatsächlich der „Erfinder" des Adventskranzes. Er gründete 1833 das „Rauhe Haus" in Hamburg, als ein Heim für obdachlose und verwahrloste Kinder. Er reagierte damit auf die katastrophalen Zustände der damaligen Zeit in Hamburg. Er führte Betreuungsgruppen ein, in denen die Kinder in familienähnlichen Strukturen erzogen und gelehrt und ausgebildet wurden. Sein pädagogisches Talent zeigte sich auch in der Darstellung des Advents in einem Lichterkranz. Er sah in den 24 Kerzen eine hervorragende Möglichkeit, um mit Kindern einen Weg zu gehen, das Warten einzuüben und zugleich durch das ständig heller werdende Licht die Vorfreude zu steigern und auf Christus und seine Geburt hinzuweisen. Erstmals wurde der Adventskranz 1839 dokumentiert.

Diese Idee Wicherns sprach sich schnell herum. Es dauerte nicht lange, da entzündeten immer mehr Familien in der Adventszeit Kerzen auf einem grünen Kranz. Der Einfachheit halber und der Größe wegen ließ man dann aber die roten Kerzen weg und nahm nur noch vier Kerzen für die Adventssonntage. So wurde der Adventskranz bald in ganz Deutschland bekannt. Im „Rauhen Haus" allerdings kann man bis heute den Original-Adventskranz mit vier großen weißen Kerzen und mit 20 roten etwas kleineren Kerzen besichtigen. Auch andere Orte lassen diese Tradition wieder aufleben. So kann man z. B. in Freudenstadt im Schwarzwald in der großen Stadtkirche am Marktplatz in der Adventszeit die Originalform mit bis zu 24 Kerzen bestaunen.

Die Botschaft des Adventskranzes

Der Kranz – Hinweis auf die Krone Christi
Grüne Zweige – Zeichen der Hoffnung und des neuen Lebens in Christus
Kerzen – weil Jesus sich selbst als das Licht der Welt bezeichnet

Advents-Alphabet

*A*rbeit, ausufernde Aktivitäten,
andauernde Aufforderungen

oder

*A*nkommen, Auftanken, Atemholen

*D*urcheinander und Druck,
Dekowahn und Depression

oder

*D*ankbarkeit und Durchatmen,
Denkanstöße und Durchblick

*V*öllerei, Verausgabung und
Verflüchtigung

oder

*V*erankerung, Vertrauen, Verbindlichkeit

*E*ndlose Erwartungen, eiliges Einpacken
und eifrige Effekthascherei

oder

*E*ntdeckung von Echtheit,
Ehre, Engelsbotschaft

*N*utzloses, Nichtiges, Narrenhaftes

oder

*N*euentdeckung,
Nachfolge, Nächstenliebe

*T*ausenderlei Tand,
Trödel und Theatralik

oder

*T*ausend Töne von Trost,
Tiefe und Todvernichtung.

Transparente

Licht hat verändernde Kraft. Besonders deutlich sieht man das an den in der Adventszeit vielfach sichtbaren Transparenten.

Transparentpapier, auf den Tisch gelegt oder vor einer weißen Wand, wirkt in seinen Farben eher stumpf und langweilig. Sobald wir ein Transparent aber gegen das Tageslicht an eine Fensterscheibe hängen oder vor eine Lichtquelle halten, fangen die Farben zu leuchten an. So ist es auch mit unserem Leben. Solange wir ohne das Licht leben, das mit Weihnachten in die Welt gekommen ist, ist unser Alltag oft grau und stumpf.

Sobald wir aber das Weihnachtslicht auf unser Leben scheinen lassen, kann es erneuert werden: Wie die Farben des Transparents sich durch das hindurchscheinende Licht verändern, so verändert sich unser Leben, wenn wir es für die Liebe und das Licht Gottes öffnen. Jesus hat einmal gesagt: „Ich bin das Licht der Welt, wer mir nachfolgt, der wird nicht wandeln in der Finsternis, sondern wird das Licht des Lebens haben." (Johannes 8,12)

Einen den Transparenten ähnlichen Effekt kann man bei Glasfenstern in Kirchen erleben. Von außen gesehen wirken die Fenster dunkel. Wenn wir aber in eine Kirche hineingehen, erleben wir eine große Überraschung. Das Licht, das durch die Glasfenster in den Innenraum leuchtet, taucht die Kirche oft in einen geheimnisvollen wunderbaren farbigen Glanz. Das Glas wird durch das Tageslicht zum Leuchten

gebracht. Mit einem Leben im Glauben ist es oft ganz ähnlich: Wer sich nicht einlassen will, nicht Schritte hineinwagt, sieht nicht die Schönheit, die sich im Glauben verbirgt. Wer sich aber hineinbegibt, sich auf Christus einlässt, der wird Dinge sehen und erleben, von deren Wirklichkeit er von außen nichts geahnt hat. Es kommt auf den Standpunkt an, ob wir das Leuchten erleben können oder nicht.

Licht

Herr Jesus Christus, du bist in diese Welt gekommen
als das Licht der Welt.
Dieses Licht brauche ich für mein Leben.
Denn in meinem Herzen sind manchmal auch Zweifel und
Angst, sorgenvolle Gedanken und Ratlosigkeit.
Dein Licht kann die Dunkelheit meines Lebens hell machen.

Ohne dein Licht wird Schweres oft zu schwer
und führt mich in die Verzweiflung.
Mit deinem Licht scheint durch alles Leiden
auch deine Liebe hindurch.

Ohne dein Licht werden Freuden des Lebens schnell fade
und verfliegen wie ein Hauch.
Mit deinem Licht werden sie gefüllt
mit Dankbarkeit und Zuversicht.

Ohne dein Licht vergehen die Tage und
vieles bleibt sinnlos.
Mit deinem Licht ist jeder Tag gefüllt mit deiner Gegenwart.

Ohne dein Licht ist der Tod die dunkle
Grenze meines Lebens.
Mit deinem Licht ist er das Tor zur Ewigkeit.

Du Herr, Licht der Welt, komm auch in meine Seele
und mach es hell in mir,
lass die Strahlen deiner Freundlichkeit
meine dunklen Schichten erreichen.

Erhelle meine Gedanken
und mache mein Herz wieder froh.
Gib mir die Gewissheit:
da, wo du bist, kann es nie ganz dunkel sein.

Amen

Adventslieder

Zwischen Advents- und Weihnachtsliedern besteht ein Unterschied.
Viele wissen heute nichts mehr von dieser Unterscheidung und so hören wir in den Kaufhäusern oder auf Weihnachtsmärkten meisten schon ab dem 1. Advent sowohl Weihnachts- als auch Adventslieder in einem bunt durcheinandergewürfelten Mix.

Die Adventslieder sind von ihrer Thematik her viel mehr vom Warten auf den wiederkommenden Herrn und die zukünftige Erlösung geprägt, während die Weihnachtslieder die Geburt Jesu besingen und die Freude an der Botschaft der Engel und der Hirten aufnehmen.

✳ Es kommt ein Schiff, geladen

Geschrieben wurde eine erste Fassung dieses Liedes von Johannes Tauler, der zwischen 1300 und 1361 gelebt hat. Im Alter von 15 Jahren

war er in den Dominikanerorden eingetreten; er studierte Theologie und Philosophie. Er lebte hauptsächlich in Straßburg und Köln. Zu einer der großen Aufgaben Taulers gehörte die seelsorgerliche Betreuung der Menschen in Straßburg, als während einer Pestepidemie über 16 000 Menschen durch diese heimtückische Krankheit starben. Luther hat Tauler als Prediger sehr geschätzt.

Die erste – uns nicht mehr erhaltene – Fassung des Adventsliedes „Es kommt ein Schiff, geladen" war ein Marienlied. Daniel Sudermann (1550-1631) entdeckte dieses alte Lied wieder und dichtete es in die uns heute bekannte Fassung um. Er schrieb dazu „Ein uralt Gesang, so unter des Herrn Tauleri Schriften gefunden, etwas Strophetändlicher gemacht." Ende des 19. Jahrhunderts erfuhr das Lied durch den Dichter und Hymnologen Friedrich Spitta eine

neuerliche Aufwertung. Er veröffentlichte es in einer Monatszeitschrift und nahm es mit in ein von ihm bearbeitetes Gesangbuch auf. Seitdem ist es nicht mehr aus dem adventlichen Singen wegzudenken.

Es gibt Hinweise, dass dieses Lied eine Reaktion war auf ein Schiff, das mit Reliquien beladen in allen Hafenstädten von Basel bis Köln den Rhein auf und ab schipperte. Beim Anlegen und Verkauf der religiösen Ware kam es bei den dabei entstehenden Volksfesten zu Exzessen und Ausschreitungen. Angewidert von diesem Treiben beschrieb Tauler das adventliche Schiff Gottes, das mit Handel und lauten Umtrieben nichts zu tun hat, sondern das still bei uns anlegen will. Die Strophen des Liedes bilden einen deutlichen Kontrast zu dem Jahrmarktgetümmel, das sich um das Schiff herum entfaltete.

> Es kommt ein Schiff, geladen
> bis an sein höchsten Bord,
> trägt Gottes Sohn voll Gnaden,
> des Vaters ewigs Wort.

Das Schiff Gottes kommt nicht aus materiellen Interessen, sondern von Gottes Ufern – voll beladen, nicht mit religiöser Verkaufsware, sondern mit dem Wort des Vaters: mit seinem Sohn, der sich aus der Ewigkeit her zu uns aufmacht.

> Das Schiff geht still im Triebe,
> es trägt ein teure Last;
> das Segel ist die Liebe,
> der Heilig Geist der Mast.

Nicht mit lautem Getöse und Werbesprüchen, sondern still kommt es an. Der Mast ist der Heilige Geist, er wird in der Bibel auch verglichen mit einer Taube, die nicht besitzergreifend herabstürzt, sondern sanft und vorsichtig landet. Gott hat seine Liebe wie ein Segel gesetzt, und diese Liebe wird vom Heiligen Geist festgehalten.

> Der Anker haft' auf Erden,
> da ist das Schiff am Land.
> Das Wort tut Fleisch uns werden,
> der Sohn ist uns gesandt.

Die dritte Strophe vergleicht die Geburt Jesu mit dem Ankern des Schiffes. Gottes Wort macht am Ufer der Menschheit fest, nimmt Gestalt an, wird Mensch. Im Sohn Gottes personifiziert sich Gottes Liebe, wird fassbar und erfahrbar.

> Zu Bethlehem geboren
> im Stall ein Kindelein,
> gibt sich für uns verloren;
> gelobet muss es sein.

Nun zeigt das Lied konkret, wo das „Schiff an Land" festmacht: im Stall von Bethlehem. So nimmt uns diese Strophe mit in die Freude über die Geburt von Jesus, in das Lob über dem Kind. Aber ein merkwürdiger Ton mischt sich ein: das Kind gibt sich verloren, kommt nicht als starker Sieger und triumphierender Machthaber. Es geht den Weg der Niederlage, den Weg in Leiden und Sterben.

> Und wer dies Kind mit Freuden
> umfangen, küssen will,
> muss vorher mit ihm leiden
> groß Pein und Marter viel,
>
> Danach auch mit ihm sterben
> und geistlich auferstehn,
> das ewig Leben erben,
> wie an ihm ist geschehn.

Der Klang setzt sich fort, wird zum Schluss in den letzten beiden Strophen des Liedes noch deutlicher. Die Beziehung zu dem Kind in der Krippe kann sehr herzlich sein, der Liederdichter spricht vom „umfangen und küssen". Diese enge Verbundenheit mit dem Kind führt zum ewigen Leben. Der Weg dorthin kann aber auch durch Leiden und Sterben führen, wie viele Märtyrer es erlebt haben und bis heute erleben.

✳ Tochter Zion

Das Lied gründet sich auf den Bibeltext in Sacharja 9,9: „Du, Tochter Zion, freue dich sehr, und du, Tochter Jerusalem, jauchze! Siehe, dein König kommt zu dir, ein Gerechter und ein Helfer, arm und reitet auf einem Esel, auf einem Füllen der Eselin."
Der Sacharja-Text ist Bestandteil der Liturgie des Palmsonntags und des 1. Adventssonntags.

Das Lied entstand in seiner jetzigen Form erst 1826, als (vermutlich) der evangelische Theologe Friedrich Heinrich Ranke dieses Sacharja-Wort auf den Chorsatz von Georg Friedrich Händel legte und zwei weitere Strophen beifügte, die das kommende, ewige Friedensreich Jesu Christi besingen.
Dieses Lied atmet etwas von diesem Jauchzen, der Vorfreude, dem Entgegenfiebern eines Liebespaares zueinander. Und genau das meint der zugrundeliegende Bibeltext: wir sollen, ja wir dürfen in dieser Liebesbeziehung zu Jesus leben – wie eine Braut zu ihrem Bräutigam. Wenn die Vorfreude auf den wiederkommenden Herrn unser Leben prägt, dann können wir es kaum erwarten, einander zu sehen, und vereint zu sein. Auf solch einer Liebe zu Christus und solch einer Vorfreude gegründet zu sein – das ist Advent.

Das Lied wurde schnell zu einem der beliebtesten protestantischen Adventslieder, da es mit dieser festlichen Melodie die Ankunft von Jesus feiert.

Tochter Zion, freue dich, jauchze laut, Jerusalem! Sieh, dein König kommt zu dir, ja, er kommt, der Friedefürst. Tochter Zion, freue dich, jauchze laut, Jerusalem!

Hosianna, Davids Sohn, sei gesegnet deinem Volk! Gründe nun dein ewig Reich, Hosianna in der Höh! Hosianna, Davids Sohn, sei gesegnet deinem Volk!

Hosianna, Davids Sohn, sei gegrüßet, König mild! Ewig steht dein Friedensthron, du des ewgen Vaters Kind. Hosianna, Davids Sohn, sei gegrüßet, König mild!

✳ Wie soll ich dich empfangen

Dieses Lied stammt von Paul Gerhardt, es entstand am Ende des 30-jährigen Krieges. Drei Jahre nach Kriegsende, 1651, trat Paul Gerhardt seine Stelle als Propst im brandenburgischen Mittenwalde an. Weite Teile des Landes waren zerstört. Die Städte und Dörfer, die noch existierten, lebten in bitterer Armut. Hunger, Not, Verwüstung, Seuchen – das waren die direkten Spuren, die der Krieg hinterlassen hatte. In dieser Zeit dichtete Paul Gerhardt sein Adventslied „Wie soll ich dich empfangen".

Dieses Lied hat einen besonderen Charakter, der erst entdeckt wird, wenn man es entsprechend seiner zugrundeliegenden Idee singt. Die ersten fünf Strophen sind ein Gebet, eine Zwiesprache zwischen Mensch und Gott mit der Frage, wie wir ihm richtig begegnen können, wie wir ihn empfangen können. Damit beginnt **Strophe 1**.

Strophe 2 bezieht sich auf den Einzug von Jesus in Jerusalem, dort haben die Menschen

als Willkommensgruß Palmzweige auf den Weg gestreut, Paul Gerhardt reimt darauf wunderbar: unsere Palmen sind die Psalmen, die wir ihm hinlegen.

Strophe 3 geht in die Vergangenheit: Jesus ist ja schon gekommen – damals in die Krippe und ans Kreuz, das hat auch heute Bedeutung.

Strophe 4: Du hebst mich jetzt hoch zu Ehren. Die Ehre, die wir von Gott empfangen ist viel wichtiger und viel größer als alle Ehre und Ehrbezeugungen dieser Welt. Und warum das alles?

Strophe 5 erklärt: nur aus Liebe – sonst hat dich nichts getrieben, nur Liebe.

Paul Gerhardt wusste, was Jammerlasten sind – er hat unendlich Leid erfahren, den Tod einiger Kinder, dann auch Verleumdung, üble Nachrede ... so wie er erleben Menschen durch alle Zeiten oft so viel Leid, dass sie „kein Mund aussagen" kann.

Mit Strophe 6 beginnt etwas Neues: nicht mehr Gebet, sondern ein Trostwort, das an die Gemeinde, an Mitchristen gerichtet ist, das einander gegenseitig zugesprochen werden soll: Gott will Trost geben in der Trauer (Strophe 6), er will uns Geduld schenken (Strophe 7), er will uns helfen, wenn wir über unsere Schuld erschrecken (Strophe 8), will uns gegen Bedrohung von außen schützen (Strophe 9).

In Strophe 10 kommt die große innere Erlösung und Freude zur Sprache, die Vorfreude auf die ewige Wonne, wenn wir einmal in seiner Ewigkeit sein werden.

Dieses Lied kann z. B. in einem Gottesdienst folgendermaßen gesungen werden
Strophe 1-5: zum Altar gewandt
Strophe 6-9: sich einander zuwendend,
zwei Seiten des Kirchenschiffes singen sich abwechselnd zu
Strophe 10: die erste Zeile die Männer, die zweite die Frauen
„Ach komm" zusammen
dabei immer lauter werdend, die letzte Zeile „zum ew'gen ..." ganz laut.

1 Wie soll ich dich empfangen,
und wie begegn ich dir,
o aller Welt Verlangen,
o meiner Seelen Zier?
O Jesu, Jesu, setze
mir selbst die Fackel bei,
damit, was dich ergötze,
mir kund und wissend sei.

2 Dein Zion streut dir Palmen
und grüne Zweige hin,
und ich will dir in Psalmen
ermuntern meinen Sinn.
Mein Herze soll dir grünen
in stetem Lob und Preis
und deinem Namen dienen,
so gut es kann und weiß.

3 Was hast du unterlassen
zu meinem Trost und Freud,
als Leib und Seele saßen
in ihrem größten Leid?
Als mir das Reich genommen,
da Fried und Freude lacht,
da bist du, mein Heil, kommen
und hast mich froh gemacht.

4 Ich lag in schweren Banden,
du kommst und machst mich los;
ich stand in Spott und Schanden,
du kommst und machst mich groß
und hebst mich hoch zu Ehren
und schenkst mir großes Gut,
das sich nicht lässt verzehren,
wie irdisch Reichtum tut.

5 Nichts, nichts hat dich getrieben
zu mir vom Himmelszelt
als das geliebte Lieben,
damit du alle Welt
in ihren tausend Plagen
und großen Jammerlast,
die kein Mund aus kann sagen,
so fest umfangen hast.

6 Das schreib dir in dein Herze,
du hochbetrübtes Heer,
bei denen Gram und Schmerze
sich häuft je mehr und mehr.
Seid unverzagt Ihr habet
die Hilfe vor der Tür;
der eure Herzen labet
und tröstet, steht allhier.

7 Ihr dürft euch nicht bemühen
noch sorgen Tag und Nacht,
wie ihr ihn wollet ziehen
mit eures Armes Macht;
er kommt, er kommt mit Willen,
ist voller Lieb und Lust,
all Angst und Not zu stillen
die ihm an euch bewusst.

8 Auch dürft ihr nicht erschrecken
vor eurer Sünden schuld;
nein, Jesus will sie decken
mit seiner Lieb und Huld.
Er kommt, er kommt den Sündern
zu Trost und wahrem Heil,
schafft, dass bei Gottes Kindern
verbleib ihr Erb und Teil.

9 Was fragt ihr nach dem Schreien
der Feind und ihrer Tück?
Der Herr wird sie zerstreuen
in einem Augenblick.
Er kommt, er kommt, ein König,
dem wahrlich alle Feind
auf Erden viel zu wenig
zum Widerstande seind.

10 Er kommt zum Weltgerichte,
zum Fluch dem, der ihm flucht;
mit Gnad und süßem Lichte
dem, der ihn liebt und sucht.
Ach komm, ach komm, o Sonne,
und hol uns allzumal
zum ewgen Licht und Wonne
in deinen Freudensaal!

Macht hoch die Tür

Pfarrer Georg Weißel war der Dichter dieses Liedes. Er wurde 1590 in Ostpreußen geboren und starb schon mit 45 Jahren.

Alle seine Lieder haben einen fröhlichen, ermutigenden Grundton. Man könnte meinen, dass er ein entsprechend friedliches und glückliches Leben gehabt haben muss. Doch ganz im Gegenteil: In der Zeit des Dreißigjährigen Krieges entstanden seine Lieder. So war auch sein Leben von schwierigen äußeren und politischen Umständen, von Leid, Krankheit und Not geprägt.

Äußere Sicherheit und Wohlstand können also nicht die Triebfeder seines Schaffens gewesen sein. Der Grund für seine Dichtungen liegt tiefer, in einem festen Vertrauen in Christus und einer Zuversicht, die über die äußeren Umstände des Lebens hinausblickt, in der Hoffnung, dass Christus am Ende stärker ist als alles Leid und Schwere.

Sein Adventslied „Macht hoch die Tür" hat eine ganz besondere Entstehungsgeschichte. Pfarrer Weißel trat mit 33 Jahren seine Stelle in Königsberg, an der neu erbauten Alt-Roßgärtschen-Kirche, an. Zu Anlass seiner Amtseinführung dichtete er das Lied: „Such, wer da will, ein ander Ziel ...". Dies gefiel der Gemeinde so gut, dass er es immer wieder singen ließ.

So trug es sich an einem Sonntag zu, dass ein neureicher Königsberger Geschäftsmann namens Sturgis in den Gottesdienst kam. Er fühlte sich von dem Lied dermaßen angesprochen, dass er nach dem Gottesdienst Pfarrer Weißel bat, ihm die Strophen dieses Liedes in sein Gesangbuch zu schreiben. Weißel kam der Bitte gerne nach. Doch er hatte auch seine Zweifel daran, ob Herr Sturgis wirklich den tieferen Sinn des Liedes begreifen konnte. Er wusste inzwischen einiges über dessen eigensüchtiges und rücksichtsloses Verhalten. So ließ er es sich nicht nehmen, einzelne Passagen aus der dritten Strophe dick zu unterstreichen, wo es heißt: „Ach sucht doch den, lasst alles stehn, die ihr das Heil begehret. Er ist der Herr und keiner mehr, der euch das Heil gewähret. Sucht ihn all Stund von Herzensgrund, sucht ihn allein, denn wohl wird sein dem, der ihn herzlich ehret." Er unterstrich dabei ganz dick „lasst alles stehn" und „sucht ihn allein". Sturgis verstand die „Predigt" sehr wohl, runzelte die Stirn und fragte mit unterdrücktem Zorn, ob er mit anderen auch so verfahre. Georg Weißel erwiderte höflich, er gehe auf jeden Menschen in ganz besonderer Weise ein. Von da an ließ sich Sturgis nur noch selten in Weißels Gottesdienst blicken, dafür fuhr er aber demonstrativ mit seiner Kutsche sonntags dicht an Weißels Kirche vorbei und weiter zum Dom der Stadt.

Doch Georg Weißel gelang es den versnobten Herrn Sturgis auf ganz besondere Weise aufzurütteln – das Adventslied „Macht hoch die Tür" spielte dabei eine besondere Rolle.

Alljährlich wurde in Weißels Gemeinde im Advent ein Kurrendesingen veranstaltet: in den Straßen, vor den Häusern der Menschen wurden dabei Lieder gesungen. Doch der Chorleiter wollte auf gar keinen Fall auch vor dem Haus von Herr Sturgis singen, denn dieser hatte sich in letzter Zeit in der Stadt äußerst unbeliebt gemacht. Der Grund dafür war sein neu erbautes Haus, das eigentlich eher schon einem Schloss glich. Da er im Patrizierviertel nicht bauen durfte, war er auf ein Grundstück ganz in der Nähe des Armen- und Siechenheimes ausgewichen. Seine Bewohner, Stadtgänger sowie Kirchenbesucher benutzten einen Fußweg, der über das benachbarte Wiesengrundstück führte, so dass der reiche Herr Sturgis stets die armen und gebrechlichen Leute vor Augen hatte, wenn er aus dem Fenster sah. Doch das störte ihn gewaltig.

Um das Ärgernis aus der Welt zu schaffen, kaufte er die benachbarte Wiese kurzerhand auf, machte einen Park daraus und umschloss ihn mit einem Zaun. Dort wo vorher der öffentliche Fußweg war, ließ er zwar Tore anbringen, diese aber waren von da an verschlossen. So konnten die Heimbewohner diesen Weg nicht mehr benutzen. Sie mussten jetzt eine viel weitere und mühevollere Strecke zurücklegen, für deren Bewältigung die Kräfte vieler Heimbewohner nicht mehr ausreichten. So konnten auch viele nicht mehr am Sonntag zum Gottesdienst kommen. Die Forderung der Stadtväter und zahlreicher Bürger, die Gartentore zu öffnen, stießen bei Herrn Sturgis auf taube Ohren. So zog er die Abneigung sämtlicher Stadtbewohner einschließlich des Kurrende-Chorleiters auf sich. Pfarrer Georg Weißel aber betonte, wie wichtig es ihm war, dass gerade auch bei Herrn Sturgis gesungen wurde und zog sein neu gedichtetes Adventslied „Macht hoch die Tür" aus der Schublade. Der Chorleiter las das Lied mit steigender Ergriffenheit und war schlussendlich auch bereit, es bei Herrn Sturgis zu singen. So geschah es, dass sich der Kurrende-Chor am vierten Advent vor dem Haus von Herrn Sturgis aufstellte. Viele Bewohner des Armenhauses und andere Bürger der Stadt waren gekommen. Alle wollten das neue Lied hören.

Zuerst hielt Pfarrer Weißel eine kurze Ansprache. Er sagte: „Jesus sagt zu uns: 'Was ihr einem der ärmsten und schwächsten Menschen getan habt, das habt ihr auch mir getan'. Und wenn Ihr, Herr Sturgis, das Tor eures Wiesengrundstückes zusperrt, weil ihr die Armen und Kranken nicht sehen wollt, dann versperrt ihr euer Herz auch vor Jesus, dem Kind in der Krippe, und dem König aller Könige. Ihr könntet den Armen der Stadt damit etwas Gutes tun und stellt euch bewusst auf stur. Ich rate euch, Herr Sturgis, öffnet nicht nur die sichtbaren Tore, sondern auch das unsichtbare Tor in eurem Herzen und lasst den König ein, ehe es zu spät ist."

Kaum hatte der Pfarrer zu Ende gesprochen, da fing der Chor auch schon zu singen an: „Macht hoch die Tür, die Tor macht weit."

Sturgis stand wie angewurzelt und hörte zu. Kurz vor dem Ende des Liedes griff er in seine Tasche und brachte einen Schlüssel zum Vorschein, mit dem er die Gartentore aufsperrte. Von diesem Zeitpunkt an wurden sie nie mehr verschlossen. Die Heimbewohner hatten ihren kurzen Weg zur Kirche wieder. Dieser wurde noch lange Zeit auch der „Adventsweg" genannt.

Jetzt kann Gott kommen

Eine Frau erfuhr, dass Gott zu ihr kommen wollte.
„Zu mir", schrie sie. „In mein Haus?"
Sie rannte durch alle Zimmer, lief die Treppen auf und ab,
sie kletterte zum Dachboden hinauf, sie stieg in den Keller
hinunter. Sie sah ihr Haus mit anderen Augen. „Unmöglich!",
schrie sie. „In diesem Dreckstall kann man keinen Besuch
empfangen. Alles schmutzig. Alles voller Gerümpel.
Kein Platz zum Ausruhen. Keine Luft zum Atmen."
Sie riss Fenster und Türen auf. „ Freunde! Freundinnen",
rief sie. „Helft mir aufräumen – irgendeiner! Aber schnell!"
Sie begann ihr Haus zu kehren. Durch dicke Staubwolken
sah sie, dass ihr tatsächlich einer zu Hilfe gekommen war.
Sie schleppten das Gerümpel vors Haus, schlugen es klein
und verbrannten es. Sie schrubbten Stiegen und Böden.
Sie brauchten viele Kübel Wasser, um die Fenster zu
putzen. Und immer noch klebte der Dreck
an allen Ecken und Enden.
„Das schaffen wir nie!", schnaufte die Frau.
„Das schaffen wir!", sagte der andere.
Sie plagten sich den ganzen Tag.
Als es Abend geworden war, gingen sie in die Küche
und deckten den Tisch.
„So", sagte die Frau, „jetzt sind wir doch noch
fertig geworden. Jetzt kann mein Besuch kommen!
Wo er nur bleibt?"
Da sagte der andere: „Aber ich bin doch schon die
ganze Zeit da!" Und er setzte sich an den Tisch und sagte.
„Komm und iss mit mir!"

Nach Willi Hofsümmer

Nikolaus

Einer der schönsten Höhepunkte in der Adventszeit ist für Kinder das Nikolausfest. Am Vorabend stellen Kinder voller Erwartung ihre Schuhe oder Stiefel vor die Türe und hoffen darauf, dass diese am nächsten Morgen mit Süßigkeiten gefüllt sind.

Dieser Brauch kommt aus dem 15. Jahrhundert, vom „Schiffchensetzen", bei dem Nikolausschiffe aus Papier gebastelt wurden, in die dieser seine Gaben legen sollte. Hintergrund dafür sind Erzählungen, wie Nikolaus in Not geratene Schiffsleute aus Lebensgefahr gerettet hat. Deswegen findet sich auch heute noch auf vielen Handelsschiffen ein Bildnis von Nikolaus.

Das Nikolausschiffchen wurden später durch die oben genannten Stiefel, Schuhe oder Strümpfe abgelöst. Das Beschenktwerden durch Nikolaus geht auf eine häufig erzählte Begebenheit zurück. Er soll nachts heimlich drei Schwestern mit Gold beschenkt haben, damit sie nicht in ein Bordell verkauft werden mussten.

Bis ins 16. Jahrhundert war der Nikolaustag in Deutschland das Fest der Kinderbescherung. In den Niederlanden ist dies bis heute so. Der 6. Dezember 350 war der Todestag von Nikolaus. Sein Grab in Myra ist die älteste steinerne Urkunde seines Lebens und Wirkens. Wegen seiner großen Liebe zu den Kindern und seinen vielfältigen Hilfestellungen für Notleidende wurde er zum Schutzpatron der Kinder. So wurde sein Todestag sein Gedenktag und zugleich ein Kinderfest mit Bescherung.

Martin Luther prangerte die Anbetung und Verehrung der Heiligen an und verwehrte sich gegen den Nikolaus als Gabenbringer. Den Kindern sollte nicht so sehr der heilige Nikolaus schmackhaft gemacht werden, sondern lieber Christus, der das wahre Geschenk Gottes für uns sei. Er führte darum das „Christkind" ein. Die Verlegung der Bescherung vom Nikolaustag auf Weihnachten geht letztlich auf den Reformator zurück.

Die Tradition des Nikolaus lebt heute noch in Teilen Europas weiter. In den Niederlanden (Sinterklaas), Nordwestdeutschland und der Schweiz kommt der Nikolaus am Vorabend des 6. Dezember ins Haus, um Leckereien zu schenken, oder diese in der Nacht in einen vor dem Fenster aufgestellten Nikolaus-Stiefel zu legen. Der bekannteste Begleiter des Nikolaus ist heute noch in manchen Landstrichen der Krampus (Österreich) oder Knecht Ruprecht, der den bösen Part übernimmt. In manchen Gegenden hat er die Rolle des Anklägers, Angstmachers und Bestrafers der Kinder. Hinter diesem Brauch verbirgt sich ein tiefer Sinn, indem Knecht Ruprecht den Teufel symbolisiert und Nikolaus Christus. Ruprecht hatte oft auch den Beinamen Höllenhund und war so eine Darstellung der bösen Mächte, die den Menschen Angst machen, ja sie vor Gott verklagen. Dem gegenüber steht Nikolaus als Verkörperung der guten Mächte, der wie Christus Vergebung und Barmherzigkeit schenkt und vor den Angriffen des Bösen schützt. Bis heute gibt es in manchen Landstrichen noch den Brauch, dass Knecht Ruprecht oder Krampus die Rute trägt und bestraft, Nikolaus dagegen vergibt und schenkt.

Europäische Auswanderer brachten den Sankt-Nikolaus-Brauch mit in die Vereinigten Staaten von Amerika. Dort vermischte sich seine Bedeutung mit Bräuchen anderer Einwanderervölker. Der Nikolaus wandelte sich in einen bärtigen Santa Claus, von der Bekleidung blieb nur der rote Mantel übrig, die Bischofsmütze wurde zur Zipfelmütze: Von Amerika kehrte er als Père Noël nach Frankreich und zu uns als Weihnachtsmann zurück. Von der ursprünglichen Bedeutung war nicht viel übrig geblieben, so wird er heute gnadenlos als Werbeträger vermarktet und verkitscht. Coca-Cola startete 1931 eine groß angelegte Werbekampagne, die so erfolgreich war, dass das Aussehen des Weihnachtsmanns – roter Mantel, Mütze und weißer Bart – fälschlicherweise als eine Erfindung von Coca-Cola propagiert wurde. Doch schon 1844 findet sich zum Beispiel im Struwwelpeter eine ähnliche Darstellung des Nikolauses. Um 1820 entstanden die ersten aus massiver Schokolade gefertigten Nikolausfiguren mit der Darstellung des Bischofs mit Mitra und Stab. In der frühen christlichen Kunst finden sich ebenfalls schon viel früher datierte Bilder des Nikolaus im roten Gewand und mit hoher Bischofsmütze.

Die Figur des Schokoladenweihnachtsmannes hat mittlerweile in Deutschland fast vollständig den eigentlich traditionellen Schokoladennikolaus verdrängt. Auffälligster Unterschied bei den Schokoladenfiguren dürfte wohl die rote Zipfelmütze beim Weihnachtsmann gegenüber der Mitra beim Nikolaus sein, ebenso der fehlende Bischofsstab. In den letzten Jahren hat bei manchen Produzenten eine Rückbesinnung auf die „Urform" stattgefunden, so kann man den echten "Schokoladen-Bischof" wieder häufiger entdecken und kaufen.

Geschichten aus dem Leben des Nikolaus

✳ Nikolaus muss ein besonderer Mensch gewesen sein. Viele Geschichten, die im Lauf der Jahrhunderte zusammengetragen wurden, erzählen von seinen Wohltätigkeiten und seiner liebevollen Art. Geboren wurde er im 4. Jahrhundert in Patera, Kleinasien. Schon früh stellte er sein Leben ganz Gott zur Verfügung. Seine Eltern ermöglichten ihm das Studium der Theologie in Byzanz. Nach deren Tod erhielt Nikolaus ein großes Erbe, das er nicht für sich verbrauchte, sondern für Gottes Sache zur Verfügung stellte. Wo immer er Not und Armut sah, verschenkte er etwas von seinem Reichtum. – Dabei war es ihm sehr wichtig, dies heimlich und im Verborgenen zu tun. Er wollte keine Ehre für sich selbst.

Verschiedene Legenden verdeutlichen seine Lebenseinstellung:

Eine Zeit seines Lebens verbrachte Nikolaus als Einsiedler im Heiligen Land. Er wurde für viele zum Lehrer und Ratgeber. Eines Tages aber hörte er eine Stimme: „Nikolaus, hier ist nicht der Acker, auf dem du Frucht tragen sollst, kehre zurück in dein voriges Leben, auf dass mein Name durch dich verherrlicht werde." Als sich Nikolaus auf den Weg machte und nach Myra zurückkehrte, waren dort viele Bischöfe versammelt, um einen Nachfolger für den verstorbenen Bischof von Myra zu wählen. Einer unter diesen Bischöfen von hohem Ansehen, hörte eine Stimme zu sich sprechen: „Morgen zur Zeit der Mette sollst du an der Kirchentür stehen. Der erste Mensch, der die Kirche betritt, der soll zum Bischof für Myra geweiht werden." Er erzählte den anderen von seinem Erlebnis und bat sie, im Gebet zu bleiben, während er an der Kirchentür wartete.

Und so fügte es Gott, dass Nikolaus als Erster an diesem Tag dorthin kam. Der Bischof fragte ihn, wer er sei, und er antwortete „Ich bin Nikolaus, ein Diener Gottes." Da führten sie ihn in die Kirche und setzten ihn zum Bischof ein, obwohl Nikolaus sich anfänglich dagegen wehrte. Nikolaus aber wurde ein guter und liebender Bischof seiner Gemeinde und konnte vielen Menschen helfen, ihren Glauben fördern, ihnen Rat und Trost geben.

In der Zeit der ersten großen Christenverfolgung wurde er ins Gefängnis geworfen und bekam erst durch Kaiser Konstantin seine Freiheit wieder.

Die Stadt Myra war in große Hungersnot geraten. Die lang versprochenen Getreideschiffe wurden sehnlichst erwartet, der Hunger war groß und wurde jeden Tag beißender. Nach wochenlangem Warten tauchten die Schiffe am Horizont auf. Der Jubel war groß, die ganze Stadtbevölkerung, allen voran die Kinder, wollten die Schiffe am Hafen freudig begrüßen. Doch als die Schiffe auf den Hafen zusteuerten, beschlagnahmten Piraten die Schiffe mit ihrer kostbaren Ladung. Sie forderten Gold als Lösegeld, das in ein Beiboot gelegt werden sollte. Aber die Menschen der Stadt waren arm, nicht einmal der Boden des Bootes war zum Schluss mit Gold bedeckt. Da kamen die Piraten auf eine noch gemeinere Idee. Sie boten den Bewohnern der Stadt an, für jedes fehlende Pfund Gold ein Kind aus der Stadt als Lösegeld zu nehmen und die Kinder dann als Sklaven in einer anderen Stadt zu verkaufen. Schon wurden die ersten Kinder ins Boot gezerrt. Da schritt Bischof Nikolaus ein und gebot den Räubern Einhalt. Er holte alles Wertvolle aus seiner Kirche und gab dies den Piraten im Austausch für die Kinder. Die Piraten waren damit sehr zufrieden. Eine solch reiche Beute hatten sie nicht erwartet. Sie zogen ab, die Stadt Myra hatte ihre Kinder wieder und Getreide zum Brotbacken. Die Hungersnot war vorüber. Große Erleichterung und große Freude herrschten in der Stadt.

Ein Vater von drei Töchtern war sehr verarmt. In seiner Verzweiflung darüber wollte er diese in ein Bordell geben, um wenigstens auf diese Weise etwas Geld im Haus zu haben. Nikolaus hörte davon, ging mitten in der Nacht zu diesem Haus und warf dem armen Mann heimlich einen in ein Tuch gewickelten Goldklumpen durchs Fenster. Als der Mann das Geld fand, konnte er für die Älteste die Hochzeit ausrichten. Wenig später tat Nikolaus dasselbe noch einmal – und so konnte der Mann auch seine zweite Tochter verheiraten. Als er dann auch noch ein drittes Mal kam, lief ihm der Mann nach und rief: „Steh still und lass mich sehen, wer du bist." Er erkannte Nikolaus, fiel vor ihm nieder und wollte seine Füße küssen. Nikolaus verwehrte ihm das und bat ihn, niemand davon zu erzählen, was er für ihn getan hatte.

Während einer großen Hungersnot erfuhr der Bischof von Myra, dass ein Schiff im Hafen vor Anker lag, das Getreide für den Kaiser in Byzanz geladen hatte. Er bat daher die Seeleute, einen Teil des Kornes auszuladen, um in der Not zu helfen. Diese wiesen zuerst die Bitte zurück, da das Korn genau abgewogen beim Kaiser abgeliefert werden müsse. Erst als Nikolaus ihnen versprach, dass sie für ihr Entgegenkommen keinen Schaden nehmen würden, stimmten die Seeleute zu. Als sie später in der Hauptstadt ankamen, stellten sie verwundert fest, dass das Gewicht der Ladung sich trotz der entnommenen Menge nicht verändert hatte. Das in Myra entnommene Korn aber reichte volle zwei Jahre und konnte sogar noch zur Aussaat verwendet werden.

Weihnachten

GOTTES SOHN WIRD MENSCH,
DAMIT DER MENSCH HEIMAT HABE IN GOTT.
Hildegard von Bingen

Die Weihnachtsgeschichte

Lukas 2 ¹Es begab sich aber zu der Zeit, dass ein Gebot von dem Kaiser Augustus ausging, dass alle Welt geschätzt würde. ²Und diese Schätzung war die allererste und geschah zur Zeit, da Quirinius Statthalter in Syrien war. ³Und jedermann ging, dass er sich schätzen ließe, ein jeder in seine Stadt.

⁴Da machte sich auf auch Josef aus Galiläa, aus der Stadt Nazareth, in das jüdische Land zur Stadt Davids, die da heißt Bethlehem, weil er aus dem Hause und Geschlechte Davids war,

⁵damit er sich schätzen ließe mit Maria, seinem vertrauten Weibe; die war schwanger. ⁶Und als sie dort waren, kam die Zeit, dass sie gebären sollte. ⁷Und sie gebar ihren ersten Sohn und wickelte ihn in Windeln und legte ihn in eine Krippe; denn sie hatten sonst keinen Raum in der Herberge.

⁸Und es waren Hirten in derselben Gegend auf dem Felde bei den Hürden, die hüteten des Nachts ihre Herde. ⁹Und der Engel des Herrn trat zu ihnen, und die Klarheit des Herrn leuchtete um sie; und sie fürchteten sich sehr.

¹⁰Und der Engel sprach zu ihnen: **Fürchtet euch nicht! Siehe, ich verkündige euch große Freude, die allem Volk widerfahren wird;** ¹¹ **denn euch ist heute der Heiland geboren, welcher ist Christus, der Herr, in der Stadt Davids.** ¹²Und das habt zum Zeichen: Ihr werdet finden das Kind in Windeln gewickelt und in einer Krippe liegen. ¹³Und alsbald war da bei dem Engel die Menge der himmlischen Heerscharen, die lobten Gott und sprachen: ¹⁴**Ehre sei Gott in der Höhe und Friede auf Erden bei den Menschen seines Wohlgefallens.**

¹⁵Und als die Engel von ihnen gen Himmel fuhren, sprachen die Hirten untereinander: Lasst uns nun gehen nach Bethlehem und die Geschichte sehen, die da geschehen ist, die uns der Herr kundgetan hat. ¹⁶Und sie kamen eilend und fanden beide, Maria und Josef, dazu das Kind in der Krippe liegen. ¹⁷Als sie es aber gesehen hatten, breiteten sie das Wort aus, das zu ihnen von diesem Kinde gesagt war. ¹⁸Und alle, vor die es kam, wunderten sich über das, was ihnen die Hirten gesagt hatten. ¹⁹Maria aber behielt alle diese Worte und bewegte sie in ihrem Herzen. ²⁰Und die Hirten kehrten wieder um, priesen und lobten Gott für alles, was sie gehört und gesehen hatten, wie denn zu ihnen gesagt war.

²¹Und als acht Tage um waren und man das Kind beschneiden musste, gab man ihm den Namen Jesus, wie er genannt war von dem Engel, ehe er im Mutterleib empfangen war.

Raue Gesellen

Wir Hirten gelten als raue Gesellen. Angst kennen wir nicht, sind wir es doch gewohnt, gegen wilde Tiere kämpfen und uns gegen Räuber wehren zu müssen. Das härtet ab. Denn wer Angst hat, hat schon verloren.

Doch heute Nacht auf den Feldern von Bethlehem war alles anders. Mitten in der Nacht kam der Engel Gottes zu uns. Um ihn strahlte ein so helles Licht, wie wir es noch nie zuvor gesehen hatten. Vor Angst und Schrecken waren wir wie gelähmt. Der Engel versuchte gleich, uns zu beruhigen: „Fürchtet euch nicht, denn ich habe eine frohe Nachricht für euch. Der lang erwartete Retter ist geboren. Ihr werdet ein Neugeborenes in einer Futterkrippe finden." Kurz darauf war der Engel von einer gewaltigen Menge anderer himmlischer Gestalten umgeben, die in einem Chor miteinander sangen: „Ehre sei Gott in der Höhe und Frieden auf der Erde den Menschen, die er liebt." Das war das Schönste, was ich bisher in meinem Leben gehört habe. Das war so phantastisch und großartig – in den Augen meiner Kumpel glitzerte es verdächtig. Und auch ich musste ein paar Mal schlucken, um nicht loszuheulen. Ich weiß gar nicht, wann mir das überhaupt mal passiert wäre – außer als Kind. Gott kommt in unsere Wirklichkeit und schickt seinen Boten zuerst uns armseligen Arbeitern.

Dann rannten wir los – ließen alles stehen und liegen. Das mussten wir mit eigenen Augen sehen. Als ich das Kind in der Krippe sah, konnte ich nur jubeln und staunen. Der Retter ist geboren, Gott wird Mensch, nun kann alles besser werden auf unserer Welt. Dieses Kind wird Frieden bringen – das spürte ich und so hat es der Engel auch gesagt.

Als wir im Morgengrauen wieder bei unserer Herde waren, übernahm ich freiwillig die letzte Nachtwache. Es gab so viel, über das ich nachdenken musste: Warum ist der Engel nicht zum Ortsvorsteher oder Priester gegangen? Warum hat er nicht die wirklich wichtigen Bürger unserer Stadt als Erste informiert?

Gott hat seine Engel zu uns auf die Felder geschickt. Das kann doch nur heißen, dass wir raue Gesellen und harte Burschen von Gott nicht vergessen sind. Gott sucht die Außenseiter, die Nachtarbeiter und die Armen, weil sie ihm wichtig sind.

Wir waren bei der Arbeit, als der Engel Gottes erschien. Ich dachte seither, dass ich Gott nur im Tempel begegnen kann. Heute Nacht habe ich das ganz anders erlebt. Gott kommt in unseren Alltag, dort, wo wir gefordert sind, wo wir uns anstrengen und oft alles so mühsam ist. Gott kann und will uns überall begegnen.

Er hat uns Frieden verkündet, Rettung und Freude – inmitten unserer Herden, in Dreck und Kälte, Dunkelheit und Gefahr – was für eine Nacht!

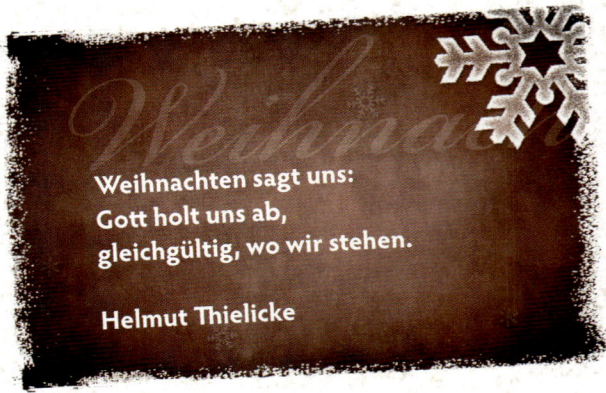

Weihnachten sagt uns:
Gott holt uns ab,
gleichgültig, wo wir stehen.

Helmut Thielicke

Bethlehem

Die Geburtskirche in Bethlehem ist eine der ältesten Kirchen der Welt.

Helena, die Mutter des Kaisers Konstantin, reiste 327 ins Heilige Land, nachdem Konstantin das Christentum zur Staatsreligion erklärt hatte. Sie hatte gehört, dass im Heiligen Land die wichtigen Orte im Leben von Jesus zwar bekannt waren; doch einige waren durch Tempel römischer Gottheiten besetzt oder ungepflegt. Bei ihrer Reise suchte Helena diese Orte auf und veranlasste den Bau einiger Kirchen, so auch der Kirche über der Geburts-Grotte in Bethlehem. Die Stelle der Geburt von Jesus sollte bei den Menschen nicht in Vergessenheit geraten.

Wer heute zum ersten Mal in Bethlehem zu Besuch ist und in die Geburtskirche eintreten will, erlebt eine Überraschung. Der Eingang ist nicht so hoch, dass man durch ihn hindurchschreiten oder hineinschlendern könnte. Er ist so niedrig, dass jeder, der eintreten will, sich zuerst tief beugen muss. Der Eingang wurde in der Mameluckenzeit um 1500 zugemauert, um die Kirche vor räuberischen Horden und türkischen Soldaten zu schützen, die sonst ungehindert mit ihren Pferden in die Kirche eingeritten wären.

Wer hoch zu Ross kam, musste absteigen und sein Gepäck vor der Tür lassen. Wer heute die Kirche betreten will, muss sich bücken und klein

machen. Dies ist vielen Menschen schon zum Zeichen dafür geworden, wie wir Menschen zu Gott kommen sollen – mit offenen Händen, das belastende Gepäck abladen, „offen und bereit werden wie Kinder".

Die Geburtsgrotte, also der Ort, wo nach der Überlieferung Jesus geboren ist, befindet sich in einem tiefen Kellergewölbe der Kirche. Dort findet man fast immer Menschen, die Weihnachtslieder singen und beten.

Ein heller Stern glänzt am Boden an der Stelle, an der vermutlich die Krippe gestanden hat, Dort, wo damals die Hirten lobten und anbeteten und an der die Weisen ihre Geschenke brachten, dort loben und beten bis heute Menschen, die sich darüber freuen, dass Jesus für uns geboren ist.

Der Stern am Boden ist eine Erinnerung an den Stern über Bethlehem. Er hat 14 Strahlen. Diese Strahlen weisen auf die drei mal vierzehn Geschlechter hin: von Abraham bis König David, von David bis zum babylonischen Exil, von der Rückkehr aus dem Exil bis Jesus (Matthäus 1).

Die Kirche in Bethlehem war übrigens die einzige, die den Perseraufstand im Jahr 614 n. Chr. unbeschadet überstand, weil die persischen Soldaten in der Kirche ein Mosaik mit der Darstellung der Weisen aus dem Morgenland entdeckten, also Menschen aus ihrem Volk, in ihrer persischen Tracht. Aus Ehrfurcht und Verbundenheit mit ihren Vorfahren verschonten sie die Kirche.

Ein Freudenfest

Weihnachten ist das Fest der Freude.

Die Botschaft des Engels lautete: „Siehe, ich verkündige euch große Freude, die allem Volk widerfahren wird, denn euch ist heute der Heiland geboren, welcher ist Christus, der Herr, in der Stadt Davids."

Der Engel hat ausnahmslos „allem Volk" Freude verkündigt. Ein Retter ist geboren, der jeden Menschen kennt und liebt, der Leben in Würde schenkt und Leben mit Sinn. Einer, der den Traurigen wieder Freude und den Verzweifelten wieder Hoffnung geben kann.
Niemand ist von dieser Freude ausgenommen. Maria hat sich so sehr darüber gefreut, dass sie in einen Jubel ausgebrochen ist: mein Geist freut sich über Gott, meinen Heiland.

Vor Freude hüpfte das Kind Johannes im Leib seiner Mutter Elisabeth, als Maria zu ihr zu Besuch kam. Und Elisabeth wurde von der

Freude im Heiligen Geist erfüllt und pries und lobte Gott über dem Wunder an Maria.

Große Freude wurde von dem Engel den Hirten auf dem Feld verkündigt: Euch ist heute der Retter geboren. Sie beeilten sich, das Kind zu finden. Auf dem Heimweg priesen und lobten sie Gott für alles, was sie gehört und gesehen hatten.

Die Engel jubelten vor Freude und sangen Loblieder in einem großen himmlischen Chor.

Die Weisen aus dem Orient waren hoch erfreut, als sie den Stern genau über dem Ort wieder entdeckten, wo das Kind geboren war. Und sie fielen vor dem Kind nieder, beteten an und taten ihre Schätze auf.

Voller Freude nahm der alte Simeon im Tempel das neugeborene Jesuskind auf seine Arme und lobte Gott. So fand er Frieden.

Weihnachtsgebet

Weihnachten – ein Freudenfest im Himmel,
Weihnachten – ein Freudenfest für die Menschen dieser Erde.

Freude, weil du, Gott, kommst und uns begegnest.
Freude, weil du liebst und uns beschenkst.
Freude, weil du befreist und uns vergibst.
Freude, weil du am Ende alles gut machst.

Du bist der Herr der Freude,
du kannst alle Traurigkeit und Not wenden,
du kannst Verzweiflung in neue Hoffnung münden lassen,
du kannst Unsicherheit und Selbstanklage in Geborgenheit bei dir verwandeln.

Herr, deine Freude möchte ich heute mit vollen Händen schöpfen.
Was ich noch verkrampft festhalte, lasse ich los,
damit ich frei werde zum Empfangen.
Räume du Verbitterung und Frustration aus meinem Herzen
und lass deinen Frieden und deine Versöhnung einkehren.
Dein Geschenk der Freude soll einziehen in meine Beziehungen zu anderen Menschen
und mich in jeder Minute dieses Tages gelassen machen.
Deine Freude ist größer als Hektik und Stress.
Du kommst mir entgegen.
Wie eine geöffnete Schale möchte ich bereit sein,
zu empfangen.
Gieß deine Freude in mein Herz hinein.

Hoffnung greift Raum.
Gott füllt die leeren Hände
mit jauchzendem Leben.

Anna Hennersperger

Das Datum des Weihnachtsfestes

Mit ziemlicher Wahrscheinlichkeit ist Christus im Jahr 7 v. Chr. geboren. Dafür spricht zum einen das Datum der Volkszählung unter Kaiser Augustus, die auf dieses Jahr datiert wird, sowie die dreifache Konjunktion (optisch nahes Beisammenstehen) der Planeten Jupiter und Saturn, die den Weisen aus dem Orient den Weg ins jüdische Land gewiesen hat. Diese wird auch auf das Jahr 7 v. Chr. berechnet.

In den ersten Jahrzehnten der Christenheit wurden nur Karfreitag, Ostern und Pfingsten gefeiert, aber noch nicht Weihnachten. Es war nicht üblich, sich an Geburtstage zu erinnern. Es wurde vielmehr der Todestage von Gläubigen, vor allem von Märtyrern, gedacht. Darum dauerte es eine gewisse Zeit, bis sich ein Fest zur Ehre der Geburt des Gottessohnes durchsetzte. Diese wurde auf den 6. Januar datiert. Man nahm an, dass die Geburt von Christus an dem Tag geschah, an dem auch Adam erschaffen wurde. Da dies am sechsten Tag der Schöpfung stattfand, feierte man auch die Erscheinung Gottes in Christus am 6. Tag des Jahres, am 6. Januar. In vielen Kirchen des Ostens ist dies bis heute der eigentliche Weihnachtstag.

Von Kaiser Konstantin wurde auf dem Konzil von Nizäa im Jahre 325 n. Chr. die Geburt von Jesus als offizieller Festtermin auf den 25. Dezember festgelegt. Ob Jesus tatsächlich an diesem Termin geboren wurde, ist nicht sicher; es ist aus verschiedenen Gründen eher unwahrscheinlich. Kaiser Konstantin war kurz vor 325 n. Chr. zum Glauben an Jesus gekommen. Er setzte damit auch der grausamen Christenverfolgung ein Ende. Seine Mutter Helena reiste kurz darauf ins Heilige Land, um die Stätten, an denen Jesus gewirkt hatte, persönlich kennenzulernen und um an diesen Stellen Kirchen oder Kapellen bauen zu lassen. Sie wollte damit den Christen an den jeweiligen Orten Stätten der Anbetung und des Gottesdienstes schaffen.

Vor allem in der Zeit des Nationalsozialismus wurde ein das Germanentum verherrlichendes nationalistisches Denken aus dem 19. Jahrhundert propagiert: das Weihnachtsfest sei nur die christliche Variante des römischen Festes „der unbesiegten Sonne". Dieses Fest wurde jedoch erst im Jahr 274 von Kaiser Aurelian auf den 25. Dezember festgelegt. Vorher wurde dieses Fest nicht gefeiert. Kaiser Aurelian versuchte vermutlich, durch dieses Fest ein Gegengewicht zu dem immer weiter verbreiteten christlichen Weihnachtsfest zu setzen. Der Kirchenvater Hippolytos zum Beispiel hatte bereits im Jahr 217 das Weihnachtsfest als Geburtsfest Christi am 25. Dezember feiern lassen.
Während der Ausbreitung des Christentums mussten sich die christlichen Gemeinden ständig mit ihrer heidnischen Umwelt und deren Gebräuche auseinandersetzen. Auszüge einer Weihnachtspredigt von Chrysostomus geben davon etwas wieder: „Man hat den (Weihnachts-)Tag auch Geburtsfest des Invictus (Unbesiegten) genannt. Ja wer ist denn so unbesiegbar außer unserem Herrn, der den Tod siegreich unterworfen hat? Und wenn man sagt, es sei der Geburtstag der Sonne: Nun, er selbst ist die Sonne der Gerechtigkeit, von

dem der Prophet Maleachi gesagt hat: ‚Aufgehn wird euch, wenn ihr seinen Namen fürchtet, die Sonne der Gerechtigkeit, und Heil ist in ihren Schwingen.'"

Ganz egal, ob nun der 25. Dezember der Geburtstag von Jesus war oder nicht: An Weihnachten feiern wir nicht den Geburtstag, sondern die Geburt von Jesus.

Chanukka und Weihnachten

Weihnachten und Chanukka haben sowohl inhaltliche als auch terminliche Bezüge zueinander. Zwischen Ende November und Ende Dezember feiern die Juden ihr Chanukkafest. Es ist eine Erinnerung an das Fest der Tempelweihe und -reinigung im Jahr 165 v. Chr. Drei Jahre zuvor war der Tempel durch judenfeindliche hellenistische Herrscher entweiht worden, Götzenaltäre wurden aufgestellt, die Tempelleuchter wurden gelöscht und die Ölvorräte geplündert. Nachdem die Makkabäer den Tempel wieder zurückerobern konnten, entdeckten sie noch einen einzigen Krug mit Öl, ausreichend für einen Tag. Das Öl diese Kruges brannte aber nicht nur einen, sondern acht Tage lang bis wieder neues Öl für den Tempelleuchter hergestellt werden konnte. In Erinnerung an dieses Ereignis zündet man an den acht Chanukkatagen den Chanukkaleuchter an, jeden Tag ein Licht mehr. Die angezündeten Chanukka-Lichter sind eine Erinnerung an das damalige Wunder, eingeleitet mit den Segensworten: „Gelobt seist du, Ewiger, unser Gott,

König der Welt, der du uns geheiligt durch deine Gebote und uns befohlen, das Chanukkalicht anzuzünden."

Dazu singt man das Chanukkalied „Zuflucht, meiner Hilfe Hort", eine Anlehnung an Psalm 90. Im jüdischen Festkalender wird immer am 25. Tag des Monats Kisslew an das Chanukkawunder gedacht. Da der jüdische Kalender aber von unserem Kalender abweicht, wird jedes Jahr an einem anderen Tag unseres Kalender Chanukka gefeiert.

Das Chanukka-Fest wird auch „Lichterfest" genannt. So lässt sich ein Bezug zwischen Weihnachten, der Geburt dessen, der sich selbst „das Licht der Welt" nennt, und dem jüdischen Tempelfest herstellen.

„Chanukka" heißt „Weihe-Tag". Möglicherweise kommt der Name „Weih-Nacht" auch davon. Auch die anderen christlichen Feste knüpfen an jüdischen Festtraditionen an: Karfreitag und Ostern an das Passahfest; Pfingsten an das jüdische Wochenfest (Schavuot); Erntedank an das Laubhüttenfest (Sukkot).

Hanna und Simeon

Im Lukasevangelium wird von zwei alten Menschen berichtet: Simeon und Hanna. Beide hielten sich viel im und am Tempel auf. Hanna war schon in jungen Jahren Witwe geworden und lebte von da an im Tempel, sie diente dort mit Fasten und Beten. Inzwischen war sie 84 Jahre geworden.

Simeon hatte von Gott eine Verheißung bekommen: er würde erst sterben, wenn er den erwarteten Messias mit eigenen Augen gesehen habe. So wartete er viele Jahre. An dem Tag, an dem Josef und Maria mit Jesus in den Tempel kamen, um – wie es für die Menschen jüdischen Glaubens üblich war – nach 40 Tagen für die Geburt von Jesus zu danken, kam Simeon „auf Anregen des heiligen Geistes" in den Tempel und erkannte in Jesus den verheißenen Messias. Er nahm Jesus auf seine Arme und erzählt allen Umstehenden, was es für eine Bewandtnis mit diesem Kind habe. Anschließend brach er in ein Dankgebet aus: Herr, nun kann ich in Frieden sterben, denn ich habe endlich mit eigenen Augen den Messias gesehen, den du schickst, um allen Menschen Licht und Freude zu schenken.

Josef und Maria wunderten sich über Simeon, doch dieser segnete die beiden. Maria galt sein besonderes Augenmerk, denn er sah für sie schwere Zeiten voraus: „Dein Sohn wird ein Zeichen sein für viele aus dem Volk Israel, er wird viel Widerspruch erfahren. Für dich werden schwere Zeiten kommen, so als würde man mit einem Schwert durch deine Seele stechen."

Aus dieser Gruppe um Maria und Jesus trat dann auch Hanna heraus. Auch sie lobte Gott und verkündigte allen, dass dieser Jesus der Retter sei, auf den alle schon so lange warteten.

Hanna – Erwartendes Leben

(nach Lukas 2,36-38)

Als junges Mädchen hatte sie geheiratet.
Sie freute sich auf eine
glückliche Zukunft mit Familie.
Ein Haus voller Leben,
mit Lachen und Weinen.
So hätte sie es gerne erlebt.
Kinder sind ein Geschenk Gottes,
ein Zeichen der Liebe von Mann und Frau.

Doch alles kam anders. Kinder blieben aus.
Sie konnte ihre Hoffnung auf den Retter Israels
nicht in die nächste Generation weitertragen.
Dann starb ihr Mann nach nur
sieben Jahren Ehe.

So viele Wünsche zerbrochen. Hart traf sie das.
Eine schwere Zeit des Leids und des Verzichts.
Alle Hoffnungen erloschen.

Bis auf eine.
Die Hoffnung auf den Retter Israels,
die bewahrte sie in ihrem Herzen.
Durch Einsamkeit und Trauer
trug sie diese weiter.
Sie heiratete nicht mehr.
Ihr Lebensmittelpunkt wurde der Tempel.
Dort diente sie mit Fasten und Beten –
Tag und Nacht.
Sie wollte ihn nicht verpassen,
den Messias, den Retter, den Erlöser.
84 Jahre, zwölf mal sieben Jahre, wurde sie alt.
Zwölf mal sieben Jahre Hoffnung.
Ihr Warten wurde belohnt.

Maria und Josef und das Kind im Tempel.
Endlich ein Kind, ein besonderes Kind,
der erwartete Messias.
Hanna trat hinzu, erklärte,
verkündigte, lobte und pries Gott.
Alt war sie geworden, Schweres hatte sie erlebt,
aber sie war nicht bitter geworden, sondern
immer noch voller Erwartung.
Die Hoffnung lebte in ihr, trug sie,
tröstete sie, erfüllte sie.

Alt werden und erwartungsvoll bleiben
die Hoffnung nicht zu Grabe tragen –
bis zum Schluss, erfülltes Leben, trotz allem.
Erwartendes Leben – Erwarten des Lebens.

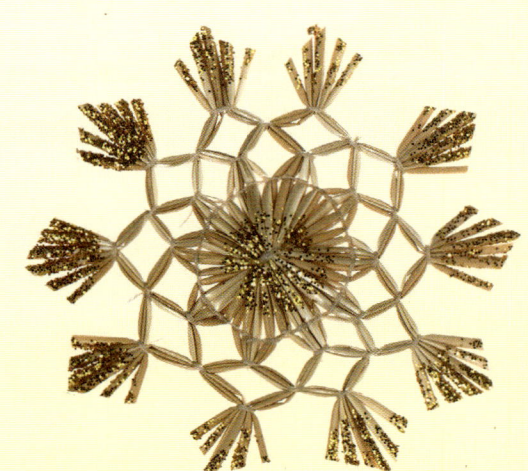

Spannende Weihnachten

Die Weihnachtsgeschichte im Lukasevangelium (Kap. 2) ist auf den ersten Blick ein ziemlich trockener Text, ein nüchterner Bericht ohne romantische Beschreibungen und stimmungsvolle Untertöne. Und doch liegt über diesem Text eine ungeheure Spannung. Drei Spannungsbögen:

✳ 1. Der Augustus da oben und der Augustus da unten
Wer ist wirklich zu ehren?

Mit dem Kaiser Augustus beginnt die Weihnachtsgeschichte. Genauer gesagt: Mit Gaius Julius Cäsar Octavianus. So hieß der erste römische Kaiser, der Adoptivsohn des großen Cäsar, der fast die ganze damals bekannte Welt eroberte. Durch geschickte politische Schachzüge, aber auch durch Intrigen, kam er an die Macht – und das mit 32 Jahren. Den Namen seines Adoptivvaters Cäsar trug er weiter – so wurde aus „Cäsar" der Titel „Kaiser". Dieser Cäsar Octavianus bekam bereits nach vier Jahren glanzvoller Regierungszeit und auf der Höhe seiner Macht einen Ehrentitel. Er ließ sich der „Erhabene" nennen, genauer noch: Der „Anbetungswürdige" – auf Lateinisch: „Augustus". Augustus heißt: Der ist zu verehren. Der ist anbetungswürdig. Den „göttlichen Augustus" nannte man den Herrscher von Rom. Und nun ist die Spannung in der Weihnachtsgeschichte greifbar: Den als göttlich verehrten Machthaber Augustus nennt Lukas am Anfang der Weihnachtsgeschichte – und er zeigt doch: da wird ein ganz anderer Herrscher geboren. Da ist ein Kind anbetungswürdig. Da knien die Hirten vor einem armseligen Kind in einer Futterkrippe.

Und es ist, als stelle Lukas den einen und den anderen Augustus in Spannung zueinander: Hier der erhabene Augustus – und dort das schwache Kind. Hier der sogenannte göttliche Herrscher des römischen Weltreiches – und dort das kleine Menschenwesen, dem die himmlischen Heerscharen singen. Hier knien sie vor dem Kaiser in der Welthauptstadt – und dort knien sie vor einem Kind im Stall. Welch ein brennender Kontrast! Die Weihnachtsgeschichte stellt damit die Frage: Wer ist nun eigentlich der „Augustus", der Anbetungswürdige? Das Kind oder Cäsar Octavianus? Jesus oder ein anderer Herrscher der Menschheitsgeschichte? Das Lied der Engel auf den Hirtenfeldern setzt eine interessante Priorität: **„Ehre sei Gott!"** Ehre dem, der in diesem Kind zu uns kommt.

✳ 2. Der Heiland in Rom und der Heiland in Bethlehem
Wer bringt wirklich Frieden?

„Heiland" heißt auf Griechisch „soter", auf Deutsch: der Retter.
Soter nannte man in Rom den Kaiser Augustus. Den Retter aus den Wirren der Jahrzehnte zuvor. Den **„göttlichen Heiland"** sogar. In Halikarnassos (in der heutigen Türkei) fand man ein Denkmal für Augustus, und darin die in Stein gehauenen Worte: „Die ewige und unsterbliche Natur des Weltalls hat als außergewöhnliche Wohltat den Menschen die höchste Gottheit geschenkt, indem sie Cäsar Augustus in unser glückliches Leben brachte, den Vater des Vaterlandes, den göttlichen Römer und den Heiland (Soter) des ganzen Menschengeschlechtes."

Augustus hatte zu Beginn seiner Regierungszeit Frieden angekündigt. Frieden nach den vielen Kriegsjahren unter Cäsar. Frieden, nach dem sich die Menschen sehnten. Und sie kam, die Friedenszeit, der „römische Friede", wie man ihn nannte, „pax romana". Aber was für ein Friede war das? Es war nicht ein Friede durch Gerechtigkeit und Versöhnung. Sondern die römischen Truppen brachten einen Friedhofsfrieden, eine Befriedung, nachdem alle Feinde besiegt waren.

In deutlicher Spannung dazu verkündet der Engel in jener Nacht **„große Freude: Euch ist heute der Heiland (Soter) geboren"** und darum **„Friede auf Erden"**. Indem Lukas diese Geschichte mit dem als **Heiland** verehrten **Augustus** beginnt und die Botschaft vom Heiland in Bethlehem dagegensetzt, stellt er uns vor die spannende Frage: Wer ist wirklich Heil-Bringer? Wer kann Frieden schaffen – in der Welt und in uns? Wer bringt Gerechtigkeit unter Menschen?

Das Kind in der Krippe bringt keine pax romana, sondern eine pax divina, nicht einen römischen, sondern einen göttlichen Frieden. Wenn Gott Frieden schenkt, dann macht er heil, schenkt versöhnende Kraft. Keinen Friedhofsfrieden, sondern lebendige Versöhnung, neues Leben.

Die Botschaft **„Euch ist heute der Heiland geboren"** ist nicht zuerst eine liebliche Idylle an Festtagen, sondern eine Provokation gegen andere Götter und Götzen, eine Kampfansage gegen menschliche Machtherrscher und Militärstrategen, eine Herausforderung, eben bei diesem Kind in der Krippe und nirgendwo sonst letzten Halt zu finden und Frieden im Leben und Sterben.

✸ 3. Steuern für alle Welt oder: Freude für alle Welt
Welcher Herrscher macht reich?

Die Weihnachtsgeschichte beginnt mit einem Aufruf zur Steuererklärung. Die Volkszählung hatte das Ziel, Steuern erheben zu können. Die Politik des Augustus war teuer. Die Hofhaltung in Rom kostete Geld, die Truppen zur Befriedung der besetzten Länder auch. Und das in einem Weltreich. Woher das Geld nehmen? Natürlich von den kleinen Leuten, das wissen die Römer. Darum müssen Steuern her; und weil die Steuern auf Lebensmittel und Zölle an den Grenzen schon längst nicht mehr reichten, besteuerte man nun auch Grundbesitz und Immobilien, selbständige Arbeit und Barbesitz. Dazu ließ Augustus im ganzen Reich eine Steuerschätzung ausrufen – **„in aller Welt"**, wie Lukas ausdrücklich berichtet. Genauso ausdrücklich sagt der Engel, dass in dieser Nacht **„allem Volk"** die große Freude verkündigt wird von dem Kind in der Krippe.

Nun wissen wir: Steuern sind nötige Mittel zum Regieren. Steuern sind schon immer die fordernde Hand der Herrschenden. Wer regiert, verlangt. Aber Gott schenkt. Der himmlische Herr gibt. Er besteuert nicht. Sondern er steuert sich selbst bei. Das Kind in der Krippe ist nicht die fordernde Hand Gottes, sondern seine fördernde, nicht seine schätzende Hand, sondern seine schenkende, nicht seine Hand, die greift, sondern die gibt: **Freude, die aller Welt widerfahren wird.**

Die Weihnachtsgeschichte beginnt damit, dass alle Welt in Steuerlisten geschätzt werden soll – und gerade dieser aller Welt die frohe Botschaft verkündigt wird. Die Spannung über dieser Geschichte ist deutlich, die Provokation: Das Kind in der Krippe nimmt es mit dem größten römischen Kaiser auf. Und mit all den Mächten und Kräften, die sich gern auf Platz eins setzen wollen.

Ulrich Mack

Historische Weihnachtsberichte

✳ Pilgerweihnacht

In der Mitte des 4. Jahrhunderts wurde Weihnachten im Heiligen Land noch am 6. Januar gefeiert. In dieser Zeit machten sich immer mehr Pilger auf den Weg, um das Weihnachtsfest am Originalschauplatz zu erleben. Unter ihnen war auch Egeria, eine der vornehmsten Damen Nordspaniens. Vermutlich im Jahre 385 n. Chr. machte sie sich mit großem Gefolge auf den Weg. Fast überall fand sie dabei in Klöstern, Bischofssitzen und Kastellen freundliche Aufnahme. Nach langer und mühevoller Reise erschienen vor ihren Augen die Kuppeln und Zinnen der ersehnten Stadt Jerusalem.

Egeria war rechtzeitig zum Fest der Erscheinung des Herrn angekommen. Viele Menschen waren gekommen, um Weihnachten im Heiligen Land zu erleben. Es herrschte überall ein Gewirr fremder Sprachen; auf den Plätzen Jerusalems sammelten sich Scharen von Händlern und Pilgern mit ihren Packtieren, Kamelen, Pferden und Eseln.

Am Abend zog Egeria mit einer großen Menschenmenge singend und betend in festlichem Zug nach Bethlehem bis zu der Höhle, in der Jesus geboren war. „Die Nacht ist da", jubelten die Menschen „Die Nacht, die dem Weltall den Frieden geschenkt hat! Wer möchte schlafen in dieser Nacht, wo das ganze All wach ist!"
In der Geburtsgrotte las der Bischof die biblischen Geschichten von der Geburt Christi in Bethlehem, von der Flucht nach Ägypten und der Rückkehr nach Nazareth. Darauf antwortete der Sängerchor: **„Geboren zu Bethlehem – erzogen zu Nazareth – gewohnt in Galiläa."**
Abermals las der Bischof, diesmal die Erzählung der Weisen und die Weihnachtsgeschichte aus dem Lukasevangelium. Darauf antwortete der

Chor:
„Hirten auf dem Felde weidend erstaunten, fielen auf die Knie und sangen Ehre dem Vater. Halleluja."
Danach fiel auch die ganze versammelte Menge mit ein:
„Ehre sei dem Sohn und dem Heiligen Geist. Halleluja, Halleluja."

So wurde die ganze Nacht hindurch gefeiert. Noch vor Tagesanbruch begab sich der ganze Zug zurück nach Jerusalem. Bei Morgendämmerung hatten sie die Stadt wieder erreicht. Die Auferstehungskirche, zu der man wanderte, erstrahlte in ihrem Inneren im Glanz von tausend Kerzen.

Als Egeria drei Jahre später in Konstantinopel Rast machte, schrieb sie dort alles, was sie im heiligen Land gesehen hatte, nieder. Sie fand kaum Worte genug, die Herrlichkeit dieses Festes zu schildern, die Schönheit der Gesänge zu preisen und der jubelnden Freude Ausdruck zu verleihen. Der Glanz, der von dieser Feier der Weihnacht ausging, begleitete sie fortan auf ihrem Weg wie der leuchtende Stern von Bethlehem.

✳ Papst Leo I. predigt an Weihnachten um 440 n. Chr.

„Lasst uns frohlocken, denn heute ist uns der Heiland geboren. Darf doch dort keine Trauer aufkommen, wo das Leben selbst zur Welt kommt, das die Furcht vor dem Tod nimmt und uns durch die Verheißung ewigen Lebens mit Freude erfüllt. Niemand wird von der Teilnahme an dieser Jubelfeier ausgeschlossen, alle haben den gleichen Grund, in festlicher Stimmung zu sein. Denn da unser Herr, der die Sünde und den

Tod vernichtet hat, niemand findet, der ohne Schuld ist, so kommt er, um alle zu befreien. ... Wäre er nicht wahrer Gott, so brächte er keine Erlösung, wäre er nicht wahrer Mensch, so böte er uns kein Beispiel. Darum wird auch von den jauchzenden Engel bei der Geburt des Herrn gesungen: ‚Ehre sei Gott in der Höhe.' Darum wird auch ‚auf Erden bei den Menschen seiner Gnade' Friede verheißen."

❋ Aus einer Predigt Martin Luthers

„Sieht man hier an den Hirten, dass der Engel Predigen und Singen nicht vergebens gewesen ist. Denn so lieb lassen sie sich ihre Herden nicht sein, sie machen sich auf und wollen das Kindlein sehen, welches die Engel selbst einen Herrn nennen. Das ist eine Frucht, die da aus der Engel Predigt folgt. Die andere Frucht ist, dass die Hirten auch zu Predigern werden und jedermann sagen, was sie von diesem Kindlein gehört haben. Sie gehen hin und predigen in dem Wirtshause und anderswo, was sie gehört und gesehen haben. Solchem Vorbild sollen wir folgen, Christus im Wort suchen, an ihn glauben und ihn öffentlich vor jedermann bekennen."

❋ Weihnachten 1921

Es war im Jahr 1921, als Herbert Fuchs als Student eine Weihnachtsfeier miterlebte, die ihn tief beeindruckte und für sein ganzes weiteres Leben prägen sollte.

Alle Besucher mussten sich zunächst in einer dunklen Kirche einen Platz suchen. Es war ungewohnt still in der Kirche. Die Feier begann mit einem Paradiesspiel. Dieser Brauch geht auf das Mittelalter zurück, denn der 24. Dezember ist auch der Adam-und-Eva-Tag. Die Darstellung des Sündenfalls wurde in eindrucksvollen Szenen gespielt. Gegen Ende stand das erste Menschenpaar heimatlos und verloren da. Am Schluss ging es den Besuchern durch und durch, als der Cherub Adam und Eva mit einem flammenden Schwert aus dem Paradies vertrieb.

Dann folgte wieder eine lange Zeit der Stille in der dunklen Kirche. Es blieb genügend Zeit, das Gehörte und Geschaute aufzunehmen und zu verarbeiten. Das Gefühl der Verlorenheit ohne Gott wurde in der Dunkelheit der Kirche hautnah erfahrbar.

Nach einigen Minuten wurden plötzlich die Lichter der beiden Christbäume rechts und links vom Altar angezündet. Ein kleiner Chor sang innig ein Weihnachtslied. Alle stimmten unaufgefordert mit ein, denn es schien wie eine Befreiung und eine Antwort nach dem bedrückenden Schluss des Paradiesspieles: „Heut schließt er wieder auf die Tür zum schönen Paradeis, der Cherub steht nicht mehr davor, Gott sei Lob, Ehr und Preis."

Weihnachten

Die Tür zum Paradies ist wieder offen, wir können wieder mit Gott, dem Vater, mit dem Schöpfer des Himmels und der Erde in Beziehung treten. Jesus und sein Kommen an Weihnachten ist die Garantie dafür. Wir sind eingeladen aus der Gottesferne in den Lichtkreis einzutreten, der mit Jesus in die Welt gekommen ist. Wir sind nicht mehr heimatlos, sondern willkommen in den Armen Gottes. Diese Bedeutung von Weihnachten kann auch in ähnlicher Weise in der Familie oder in einem Freundeskreis gestaltet werden: Vor dem Betreten des Weihnachtszimmers liest jemand im Dunkeln die Geschichte der Vertreibung aus dem Paradies (1. Mose 2 + 3 in Auszügen). Danach singen alle „Heut schließt er wieder auf die Tür ..." und gehen dabei miteinander in das von den Kerzen auf dem Baum beleuchtete Zimmer.

Weihnachten 1703

Der Sonnenkönig Ludwig XIV. verfolgte die Protestanten mit aller Härte und Grausamkeit. Dazu schickte er seine Soldaten, Dragoner genannt, aus.

So trug es sich zu, dass vier Offiziere am Abend des 24. Dezembers 1703 gemütlich in einer warmen Herberge in den Cevennen, einem Gebirgszug in Südfrankreich, saßen und sich auf die im Kamin schmorenden Gänsekeulen freuten. In ihrer wohligen Stimmung erreichte sie unvermittelt der Befehl, sich sofort auf den Weg zu machen und einen der führenden Köpfe der Protestanten, den Prediger Etiénne Riboux, gefangen zu nehmen.

So machten sie sich ein wenig unwillig als Hirten verkleidet auf den beschwerlichen Weg durch Wind und Schneegestöber. Schließlich gelangten sie zu einem Schafstall ganz in der Nähe des kleinen Dorfes, in dem Riboux wohnte. Der Kapitän der Truppe, Gabriel de Vignancourt, hatte beschlossen vorauszugehen, um den Ruhm der Festnahme sich alleine zuschreiben zu können. Er ließ darum die anderen drei in dem Schafstall, diese sollten erst auf sein Zeichen hin nachkommen. Voll innerer Anspannung und mit rachsüchtigen Gedanken machte er sich auf den Weg zum Haus des Rebellen. Er drückt die Klinke und die Tür ging auf.

Nur ein kleines Mädchen saß da, blaß und eingewickelt in einen großen schwarzen Schal. Zunächst war sie erschrocken über den unerwarteten Besuch, doch dann stand sie freundlich auf und begrüßte den verdutzten Gabriel mit einer Umarmung.

Dieser brachte kein Wort über die Lippen. Er sah sich in der armseligen Stube um. In einem Krug sah er einen Stechpalmenstrauß, auf dem Tisch stand ein Teller, auf einem Ständer brannte eine Kerze. Alles war voller Stille und Frieden.

Das Kind sagte: „Ich habe auf Sie gewartet." Gabriel fand seine Sprache wieder: „Wo ist dein Vater?" – „Er ist in den Bergen und hält dort einen Weihnachtsgottesdienst. Wollen Sie solange auf ihn warten? Kommen Sie, essen Sie etwas. Ich habe eine heiße Kastaniensuppe und kleine Pfannkuchen aus Buchweizenmehl und Honig – gerade frisch gebacken." – „Wieso hast du auf mich gewartet?", fragte Gabriel.

„Meine Mutter sagt immer: Wenn am 24. Dezember abends ein Besucher vor der Tür steht, dann lass ihn sofort herein. Es ist vielleicht ein Flüchtling, der vor den Dragonern Schutz suchen muss. Oder es ist ein Bote Gottes, der in der Heiligen Nacht die Menschen besucht. Für solche Besucher musst du immer ein Gedeck bereithalten und Ofen im Feuer, damit er sich wärmen kann."

Gabriel wurde verlegen und fragte: „Wie heißt du?" – „Droulette, mein Herr", antwortete diese artig.

„Du hast recht, ich bin durchgefroren und ich habe auch Hunger, ich will mich gerne an deinen Tisch setzen und essen und mit dir auf die Rückkehr deines Vaters warten."

„Schön. Mein Vater wird auch erschöpft nach

Hause kommen. In einer solchen kalten Nacht ist der Arme unterwegs, aber er muss doch die gute Nachricht der Weihnacht all denen sagen, die versteckt in Höhlen leben, weil sie so grausam verfolgt werden. Ach wissen Sie, mein Herr, es ist so schrecklich für die armen Menschen. Wenn man sie findet, werden sie misshandelt und als Sklaven verschickt. Die Kinder werden von den Eltern getrennt. Ich habe jedes Mal Angst, wenn mein Vater fortgeht. Aber er muss doch diese armen Leute trösten."

Gabriel blieb der Bissen im Hals stecken. Er erinnerte sich sehr gut daran, wie er einmal mit seinen Leuten einen nächtlichen Gottesdienst hatte auffliegen lassen. Er hatte noch die Schreie der Menschen im Ohr und auch die letzten Worte des Predigers. „Vignancourt, warum verfolgst du mich? Du nennst dich doch selbst einen Christen!"

Es hatte ihm den Appetit verschlagen, er wollte nur noch fort und machte sich auf den Weg zur Tür. Aber als er Droulettes enttäuschtes Gesicht sah, schnürte es ihm den Hals zu: „Bitte gehen Sie noch nicht. Bitte lesen Sie mir zuerst noch die Weihnachtsgeschichte vor. Mein Vater wird spät heimkommen und ich kann noch nicht lesen. Wenn Sie mir nicht vorlesen, werde ich kein Weihnachten erleben."

Sie legte eine alte, schlecht gedruckte Pergamentbibel vor Gabriel auf den Tisch. Er getraute sich zunächst nicht, die Bibel zu berühren und darin zu blättern. War es doch verboten, eine Bibel zu besitzen. Gerade dies war ein Grund, warum die Anhänger des protestantischen Glaubens verfolgt wurden. Dann sah er wieder die erwartungsvollen Augen Droulettes, und er begann mit bisher nicht gekanntem Respekt in dem Buch zu blättern, dann fing er an zu lesen: „Es begab sich aber zu der Zeit …" und dann:

„Und es waren Hirten in derselben Gegend, die hüteten des Nachts ihre Herde …"

Als er fertig war mit Lesen, blieb er lange in Gedanken versunken. Die Worte aus dem Lukasevangelium waren ihm zu Herzen gegangen. „Ich glaube, dass ich einer von Euch werden könnte … mein Kind", hörte er sich sagen. Erschrocken über seine eigenen Worte, sah er auf. Droulette war eingeschlafen, ihr Kopf lag auf den Armen, ihre Locken umgaben sie wie ein Heiligenschein.

„Schlaf weiter, mein Kind", sagte er leise. „Hab Vertrauen. Ich werde mich darum bemühen, dass deinem Vater und der ganzen Familie nichts passiert. Ich verspreche es mit der Hand auf der Bibel."

Vor dem Gehen schrieb er auf ein Blatt Papier: „Der Besucher wird für dich und deinen Vater beten. – Versteckt euch, es könnten noch andere Besucher kommen!"

Er verbeugte sich vor dem hübschen schlafenden Kind wie vor einer Königin, verließ die armselige Hütte und machte sich auf den Weg zu den wartenden Kameraden. „Ich habe niemand gefunden, wir gehen zurück in unsere Herberge", sagte er. „Dort ist noch etwas Gänsebraten für uns übrig."

Die anderen drei ließen sich das nicht zweimal sagen. Der Rückweg war für Gabriel leichter, er trug in seinem Herzen eine neue Kraft und ein neues Licht, ein Weihnachtslicht.

Auf der anderen Seite des Berges kam inzwischen ein anderer Mann eilig herunter, mit einem Buch unterm Arm und lief in Richtung des armseligen Hauses, wo sein Kind schlief.

Es war bald Morgen und Weihnachten, das 1703te Weihnachten seit der Geburt des Kindes, von dem die Engel gesungen hatten „Ehre sei Gott in der Höhe und Frieden auf Erden den Menschen seines Wohlgefallens."

Besondere Eindrücke von Weihnachten in aller Welt

Weihnachten wird heute weltweit gefeiert, auch in Ländern, in denen das Christentum nicht verbreitet und darum der ursprüngliche Sinn von Weihnachten vielen Menschen nicht bekannt ist. In vielen Ländern mit christlicher Tradition haben sich über die Jahrhunderte wunderschöne Bräuche entwickelt, die uns besondere Aspekte des Weihnachtsfestes zugänglich machen.

✳ Polen

In Polen gehören das Weihnachtsfest und die Oblate untrennbar zusammen. In kunstvoll gestalteten Models werden sie gebacken und veranschaulichen das Weihnachtsgeschehen. Im völkerkundlichen Museum in Krakau werden wertvolle Exemplare solcher Oblaten – sowie die Gegenstücke, das Model – aus den vergangenen Jahrhunderten ausgestellt. Kommt man in ein Haus zu Besuch, so wird man vom Gastgeber zur Begrüßung mit einer Oblate beschenkt, die miteinander geteilt wird. Auch beim weihnachtlichen Festmahl ist der feierlichste Moment das Teilen der Oblate: der Vater erhebt sich, bricht ein Stück ab und reicht sie mit einem Segenswunsch weiter. Dieser Brauch ist eine Erinnerung an das Abendmahl, das Jesus vor seinem Tod mit seinen Jüngern gefeiert hat.

Am 24. Dezember wird den ganzen Tag gefastet. Das Festmahl beginnt, sobald der erste Stern am Himmel zu sehen ist. Unter der weißen Tischdecke wird vor dem Aufdecken des Geschirrs Stroh ausgelegt – in Erinnerung an Heu und Stroh der Krippe. Zum polnischen Weihnachtsbrauch gehört auch, bei Tisch einen Platz frei zu lassen, „damit Christus mit am Tisch sein kann". Die Zahl zwölf taucht als weihnachtliches Symbol auf. Meistens werden zwölf Gerichte serviert: weil das Jahr ebenso viele Monate hat; weil Jesus zwölf Jünger hatte; weil das Volk Israel aus zwölf Volksstämmen besteht.

✳ Österreich

In Österreich gibt es einen Ort namens Christkindl.
Internationale Bekanntheit erhielt der Ort, seitdem 1950 die österreichische Post ein Sonderpostamt Christkindl dort einrichtete. Dieses Postamt (4411 Christkindl) ist in jedem Jahr zwischen dem ersten Adventssonntag und dem 6. Januar geöffnet und versieht die Briefsendungen, die darüber verschickt werden, mit einem Sonderstempel. Pro Jahr erhalten etwa 2 Millionen Sendungen diesen Sonderstempel.

Der Ort verdankt seinen Namen einer wundersamen Heilung. Ferdinand Sertl, Kapellmeister und Betreuer der Feuerwache, lebte im 17. Jahrhundert in Steyr in Oberösterreich. Da er an Epilepsie litt, war er nicht gerne unter Menschen. In einem kleinen Wald fand er einen Platz, um alleine zu sein. Er befestigte an einem Fichtenstamm ein Bild der Heiligen Familie, dort hielt er seine persönliche Andacht und betete um Genesung. 1695 kaufte er ein kleines, aus Wachs geformtes Christkindl und versteckte es in einer von ihm selbst gestemmten Höhle in demselben Baum. Sertl pilgerte nun mehrmals wöchentlich dorthin. Seine epileptischen Anfälle ließen nach und hörten schließlich ganz auf. Er war überzeugt, dass dies auf seine Gebetszeiten im Wald zurückzuführen sei. Seine Heilung sprach sich schnell herum, und so wurde 1699 um den Baum eine hölzerne Kapelle errichtet. Später wurde dort eine große Kirche erbaut. Heute findet sich dort eine Krippe mit beweglichen Figuren. Durch eine ausgeklügelte Mechanik mit Fahrradketten, Wellen und Zahnrädern bewegen sich beinahe 300 aus Lindenholz geschnitzte Figuren und stellen auf dem Hintergrund der biblischen Landschaft Szenen der Bibel dar.

Durch die Einrichtung des Weihnachtspostamtes Christkindl im Jahr 1950 trug die Österreichische Post dazu bei, dass das kleine Barockjuwel in aller Welt bekannt wurde.

✳ Frankreich – Hirtenzeremonie in Les Baux / Provence

Das Dorf Les Baux liegt auf einem Hügel. Viele Menschen von außerhalb kommen mit Laternen und erklimmen den Weg nach oben. Die Hirtenzeremonie in Les Baux in der Mitternachtsmesse ist zweifelsohne eines der bekanntesten Brauchtümer rund um die Weihnacht in der Provence. Während des Gottesdienstes ziehen Schäfer und Schäferinnen mit einer Schafherde ein, auf einem Wagen liegt das jüngste neugeborene Schaf der Herde. Die Hirten stellen sich um die Heilige Familie und das Kind in der Krippe herum auf, singen und spielen die Weihnachtsgeschichte. Die Zeit um Weihnachten ist auch die Zeit des Lammens. Der Priester nimmt das jüngstgeborene Lamm vor dem Altar in seine Arme, erzählt von dem weiten Weg, den es mit seiner Herde zurücklegte.

Während der Messe werden Lieder auf Provenzalisch gesungen, die „Noëls". Sie werden in Dialogform gesungen und lehnen sich stark an das Weihnachtsgeschehen an.

✵ Irland

Auf der gesamten Insel gibt es kaum Tannenbäume, deshalb muss in Irland zur Weihnachtszeit die Stechpalme zum Ausschmücken der Häuser und Ställe herhalten. Das Reizvolle an diesem Schmuck ist, dass die roten Beeren der Stechpalme durch das feuchte Inselklima bis Weihnachten erhalten bleiben. Im Zusammenspiel mit den weißgetünchten Häusern mit den Reetdächern, den geklinkerten Fußböden in Hausfluren und Stuben und dem brennenden Kamin sieht dies besonders hübsch aus.
Im strenggläubigen Irland sind großartige Geschenke verpönt. Dort ist das weihnachtliche Geschehen von Bethlehem das Wichtigste. Liebe und Fürsorge finden ihren Ausdruck in Form von selbst gestrickten Socken, Handschuhen und Pullovern aus der Wolle der eigenen Schafe.
Ein Brauch zum irischen Weihnachtsfest ist besonders zu Herzen gehend: Sowie die Dämmerung kommt und der ständige Wind, der über die Insel weht, stiller wird, wird der Tisch neu gedeckt, und große, mindestens einen halben Meter lange Kerzen werden in die Fenster gestellt, damit diese die ganze Nacht brennen können. Die Haustür wird nicht verschlossen. So sollen Maria und Josef den Weg in die Geborgenheit eines jeden irischen Hauses finden können.

Aus Deutschland haben die Iren die Tradition des Adventskranzes importiert. Allerdings findet man diese nur in den Kirchen, wobei die Farbe der Kerzen von Bedeutung ist: An den ersten zwei Adventssonntagen werden violette Kerzen entzündet, die Besonnenheit und Buße symbolisieren. In der dritten Woche ist es eine rosa Kerze. Sie steht für die Vorfreude auf das Fest. Die Adventszeit endet mit der vierten Kerze, wiederum in violetter Farbe. Am 24. Dezember feiern viele Iren während der Mitternachtsmesse die Geburt Christi mit dem Entzünden einer weißen Kerze, die in der Mitte des Kranzes steht.

✵ Norwegen

Am Heiligen Abend wird um 17 Uhr in allen Kirchen Norwegens Weihnachten eingeläutet. Eine halbe Stunde lang läuten die Glocken in den Dörfern und Städten.
Schon viele Wochen vorher sind die Familien damit beschäftigt, Geschenke für Weihnachten

NORWEGEN

herzustellen und Vorräte für den langen Winter zuzubereiten: Käse und Würste, Brot und Plätzchen, kleine farbige Kerzen für den Baum. Eine der schönsten Sitten in Norwegen ist die Beteiligung der Tiere an der Weihnachtsfreude, weil sie bei der Geburt des Christkindes zugegen waren. Alle Tiere auf dem Bauernhof werden liebevoll versorgt und bekommen Extrafutter, auch die Vögel. Eine Garbe, die von der letzten Ernte aufgehoben worden ist, wird im Hof an der Spitze einer hohen Stange angebracht, am Weihnachtsmorgen ist jeder Giebel, jedes Tor und jede Scheuneneinfahrt mit einem Bündel Getreide geschmückt – dem Weihnachtsmahl für die Vögel.

SINTERCLAAS UND PIET

✳ Schweden

In Schweden ist der eigentliche Höhepunkt der Weihnachtszeit der 13. Dezember, der Luzia-Tag. Er ist eine Erinnerung an Luzia, die als Märtyrerin starb. Sie versorgte ihre verfolgten Glaubensgeschwister, die sich in Katakomben verstecken mussten, und brachte ihnen Nahrung und Kleidung. Um die Hände frei zu haben und den Weg im Dunkeln zu finden, trug sie einen Lichterkranz auf dem Kopf.

Für die älteste Tochter der Familie ist der Luzia-Tag ein ganz besonderer Tag. Am Morgen des 13. Dezember darf sie als Erste aufstehen. Sie trägt in Erinnerung an Luzia einen Kranz aus Preiselbeerzweigen, in dem brennende Wachskerzen befestigt sind. So kommt sie in die Schlafräume der Eltern und Geschwister und bietet Kaffee und Weizenbrot an.

Luzia heißt Lichtträgerin. Der Name leitet sich von der Lichterkrone ab, die sie auf dem Kopf trägt. Heutzutage gehen die Kinder in Schweden mit ihren Lichterkronen auch in die Krankenhäuser und Altenheime, um den Menschen dort Freude zu bringen.

✳ Niederlande

Auch in Holland ist der Höhepunkt der Weihnachtszeit schon vor dem 24. Dezember. Die spannende Zeit beginnt Mitte November. An einem Samstag, drei Wochen vor dem Nikolausfest, kommt Sinterclaas mit einem Boot aus Spanien und besucht Dörfer und Städte. Sinterclaas ist im Bischofsgewand gekleidet, um an den Bischof Nikolaus zu erinnern, der den Kindern und Armen zu Lebzeiten viel Gutes getan hat. Auf seinem Boot liegen Geschenke und als Helfer hat der Nikolaus die schwarzen Pits dabei. Das sind Diener des Sinterclaas (die Gesicht und Hände schwarz gefärbt haben). Die Kinder dürfen von diesem Tag an, an dem Sinterclaas gelandet ist, jeden Abend ihre Stiefel vor die Türe stellen. Bis zum 5. Dezember legt Sinterclaas (fast) jeden Abend ein Geschenk in die Schuhe. Am 5. Dezember fährt Sinterclaas wieder mit seinem Boot zurück. Deswegen ist der 5. Dezember der große Geschenk-Abend, der Pakjes-Abend.

Am Heiligabend gibt es dann keine Geschenke mehr. Dieser wird eher besinnlich gestaltet – in Gedenken an das Kind in der Krippe, in Freude über die Geburt von Jesus. Am 25. Dezember wird dieses Ereignis mit Gottesdiensten, Festessen und Weihnachtsbaum begangen.

✲ Griechenland

Das Weihnachtsfest startet in Griechenland mit der Tradition des Kalandasingens, die den Kindern besonders viel Freude bereitet: Am 24. Dezember ziehen die Kinder mit Instrumenten wie Glöckchen, Schellenringen und Trommeln durch die Straßen ihrer Stadt. Sie gehen von Haus zu Haus und singen „Kalanda", so genannte Lobgesänge auf das Kind in der Krippe. Dafür erhalten die Kinder von den Bewohnern kleine Geschenke.

Sie sammeln Geld und spenden es für einen guten Zweck. Der Weihnachtsmann kommt am Neujahrstag. Es ist in Griechenland der Heilige Basilius, der die Geschenke in der Nacht vor das Bett legt. Darum wird auch Basiliuskuchen gebacken. In diesem Kuchen wird eine Goldmünze eingebacken. Wer sie findet, soll das ganze Jahr über Segen erleben.

✲ Spanien

In Spanien liegen die Hauptfeierlichkeiten auf dem 5. und 6. Dezember. Es gibt keinen Advent, dafür aber „Reyes Magos" – die Heiligen Drei Könige.

Ähnlich wie in anderen Ländern sind die Weihnachtskrippen auf Rathausplätzen meist schon ab dem 8. Dezember, dem Gedenktag der Empfängnis der Maria, zu bewundern. Doch für viele Spanier geht Weihnachten erst am 22. Dezember mit der großen Weihnachtslotterie los. Heiligabend wird in der Regel der Familie gewidmet und mit einem üppigem Essen und Cava (Schaumwein) sowie Langusten gefeiert. Turrón, eine Art Mandeltafel, darf natürlich auch nicht fehlen und rundet das Essen als Nachtisch ab.

Geschenke gibt es jedoch nicht am Heiligen Abend. Die große Bescherung findet am 6. Januar, dem „Dreikönigstag" statt. Deswegen stellen die Kinder am Vorabend ihre Schuhe auf das Fensterbrett oder auf den Balkon und füllen sie mit Stroh und Hafer für die Reittiere von Caspar, Melchior und Balthasar. Am nächsten Morgen finden sie darin ihre Geschenke – vorausgesetzt, sie waren brav. Ansonsten bekommen sie „Kohle", eine schwarze Süßigkeit.

Am 5. und 6. Januar finden Weihnachtsaufführungen und Umzüge statt. Spektakulär ist dieser in Dénia. Dort kommen die Könige mit einer Fähre an Land und bahnen sich dann, oft auf Kamelen oder Elefanten, einen Weg durch die Menge.

✲ Italien

In Italien liegt ein Schwerpunkt des weihnachtlichen Feierns auf den Krippen. Die Weihnachtszeit beginnt in Italien am 6. Dezember und endet am 6. Januar. Weit wichtiger als der Tannenbaum ist für die Italiener die Krippe – eine Erinnerung an den Heiligen Franz von Assisi, der die erste Krippenszene nachstellen ließ. Die Krippen werden miteinander aufgebaut. Jede Kirche und jeder, der es sich leisten kann, wetteifert mit den Nachbarn um die schönste und lebendigste Krippe.

24 Stunden vor Heiligabend wird streng gefastet. Bei Sonnenuntergang eröffnet ein Kanonenschuss auf dem Kastell Angelo in Rom die heilige Zeit. Um 9 Uhr abends finden feierliche Gottesdienste statt.

Der traditionsreichste ist in der Basilika St. Maria Maggiore in Rom, in der die erste Krippe in Italien aufgebaut wurde. In der Basilika sollen sich die Überreste der Krippe von Bethlehem befinden. Bischof Liberius soll sie im Jahr 360 geschenkt bekommen haben.

Neapel gilt als Zentrum der Krippenkunst. Dort gibt es ein großes Museum mit Krippen aus vielen Jahrhunderten, gefertigt aus Alabaster, Perlmutt, Marmor oder Holz.

Die Geschichte von der alten Befana gehört bei den Kindern in Italien ebenfalls zu Weihnachten dazu. Nach einer Legende saß Befana vor langer Zeit in ihrem Häuschen am Webstuhl. Da klopf-ten die drei Weisen an ihre Türe und baten Befana, nach Bethlehem mitzukommen, um das neugeborenen Königskind zu sehen. Aber Befana wollte ihren Stoff erst zu Ende weben. Die Weisen gingen schon voraus. Als Befana fertig war, lief sie hinter den drei Weisen her. Aber sie fand den Weg und auch das Kind nicht. Seitdem zieht sie durch die Welt. Jedes Jahr am 6. Januar kommt sie an den Häusern vorbei und legt den Kindern gute Sachen in die Strümpfe.

✳ Russland

In der Zeit der kommunistischen Regierung war es nicht erlaubt, von Weihnachten zu reden. „Väterchen Frost und Babuschka" waren die Gabenbringer. Sie kamen am Neujahrstag und beschenkten die Kinder.

Das große Weihnachtsfest wurde allen Verboten zum Trotz am 6. Januar in der russisch-orthodoxen Kirche gefeiert. Es ist nach Ostern das zweitwichtigste Fest.

Viele Eltern und Großeltern haben aber in der Legende von Babuschka die Geschichte von der Geburt des Jesuskindes „versteckt" und so trotzdem von den eigentlichen Wurzeln des Weihnachtsfestes erzählt. Die Legende von Babuschka hat dieselben Inhalte wie die „Geschichte der Hexe Befana" in Italien.

RUSSLAND

❋ USA

In den USA gibt es den Heiligen Abend nicht. Das Weihnachtsfest beginnt am frühen Morgen des 25. Dezember.

Am Abend vorher legen Kinder Wunschzettel an den Kamin oder auf das Fensterbrett und hängen Strümpfe auf in der Erwartung, dass Santa Claus mit seinem Rentierschlitten vom Nordpol kommt und diese füllt. Für die Tiere des Santa Claus stellen Kinder Kekse und Milch bereit. Sie achten auch darauf, dass die Vorgärten beleuchtet und geschmückt sind, damit Santa Claus den Weg findet.

Auch in den USA gibt es interessante Weihnachtsorte, so z. B. das Holy Land Experience in Florida. Ein Vergnügungspark aufgebaut wie ein Freilichtmuseum, in der biblische Landschaften und Szenen aus biblischen Geschichten dargestellt oder dramaturgisch aufgearbeitet sind. Der Stall von Bethlehem liegt nur ein paar Schritte entfernt von Golgatha. In der detailgetreu nachgebauten Via Dolorosa von Jerusalem, dem Kreuzweg Jesu, kann man sich mit römischen Soldaten in historischen Kostümen unterhalten, die Heiligen Drei Könige treffen, die Übergabe der Zehn Gebote miterleben. Vor dem Tempel des Herodes stehen Klappstühle und ein Imbissstand. Eine verkleidete Amerikanerin spielt eine jüdische Händlerin und serviert Hot Dogs.

Die Initiative geht zurück auf Marvin Rosenthal, der mit dem Park ein ernsthaftes Anliegen verbindet: Unterhaltsam, lehrreich und glaubensstärkend soll der Park sein. Er selbst wuchs als Jude auf und konvertierte dann zum Christentum, ist heute Prediger und Seelsorger. Angegliedert an den Park ist ein Museum mit Sammlerstücken, die sich sehen lassen können: 12 000 Bibelfragmente, Schriftrollen und archäologische Funde, dazu noch seltene Bibelausgaben aus dem Mittelalter.

❋ Papua Neuguinea

Den jungen Gemeinden in Neuguinea war es ein Anliegen, traditionelle und vielleicht schon in Vergessenheit geratene Bräuche aus ihrem Volksstamm mit in das Weihnachtsgeschehen einzubeziehen. Eine solche eindrückliche Weihnachtsfeier auf der Insel Lihir / New Ireland schildert Joseph Hopfgartner: Der Auftakt des Weihnachtsgottesdienstes fand im Freien statt mit Lesungen und Gesängen.

Während der Liturgie stürmen zwei Männer in voller Kriegsbemalung zur Krippe, schwenken drohend Äxte und Speere und verkünden damit Krieg und Feindschaft.

Dann werden sie plötzlich ganz still, senken ihre Waffen und legen sie ehrfürchtig neben die Krippe mit den Worten: „Diese Waffen brauchen wir nicht mehr." Und zur Krippe gewandt verneigen sie sich dankbar und sagen: „Du hast uns den Frieden gebracht."

Wie in jedem Gottesdienst dort üblich, findet am Schluss die Gabenprozession statt, bei der die Gottesdienstteilnehmer unter Gesang und Trommeln Geld oder Früchte als Opfer zum Altar bringen. Doch bei diesem Weihnachtsgottesdienst geschieht etwas Ungewöhnliches: Ein Mann schreitet langsam und feierlich nach vorne, bis vor die Krippe. Dort bleibt er stehen. Alle sind überrascht und verfolgen gespannt seine Bewegungen. Langsam setzt er eine kleine Flöte an den Mund und beginnt zu blasen. Kaum sind die ersten Töne erklungen, wird es im gefüllten und manchmal lebhaft lauten Kirchenraum ehrfürchtig still. Alle scheinen zu verstehen, was dieses Flötenspiel zu bedeuten hat. Der Mann gibt die Erklärung selbst am Ende seines Spiels: Er verneigt sich vor dem Kind in der Krippe ganz tief und sagt: „Du hast dich so arm für uns gemacht, dass wir jetzt für dich Flöte blasen müssen."

Die „Armenflöte" geht auf einen sehr alten Brauch zurück: wenn eine Familie Hunger litt, durfte der Familienvater zu den Nachbarn gehen und diese Flöte spielen. Jeder Nachbar gab ihm dann zu essen. So brachte der alte Mann diesen Brauch in die Weihnachtsliturgie ein und machte damit deutlich: Jesus macht sich arm für uns, wurde bedürftig, erniedrigt sich tief – Zeichen seiner Liebe und seiner Nähe zu uns.

✵ Brasilien

In den ersten Dezembertagen versammelt der Pater die Gläubigen nach der Messe und fragt, wer an welchem Tag das Jesuskind zu Besuch haben möchte. Die Ankunft von Christus verändert in den Häusern ein wenig den gewohnten Rhythmus. Das Haus wird gründlich geputzt, der Hof gefegt. Ein grüner Zweig wird mit Papier und bunten Kugeln geschmückt und im Zimmer aufgehängt.

Abends kommt eine Prozession von Singenden und Betenden ins Haus. Das Jesusbildnis wird für 24 Stunden auf einen Tisch mit weißer Decke gestellt. Am nächsten Tag wird es in ein anderes Haus gebracht.

Weihnachten dauert in Brasilien von Heiligabend bis zum Tag der Heiligen Drei Könige am 6. Januar. An Heiligabend geht es vor der Kirche bunt her: eine Musikkapelle, Versteigerung von Tieren und Lebensmitteln.

Am nächsten Tag feiert dann die Familie mit Plastikbaum und Watteschnee, mit Geschenken, die der Weihnachtsmann bringt – das alles in großer Hitze, die nicht zulässt, dass man die Fenster schließt. Alles in allem ist es ein Fest der Freude und der Ausgelassenheit, das für ein paar Tage das Leid vergessen lässt .

✵ Mexiko
PIÑATA, POSADA und PASTORELA

„**Piñatas**" gehören in Mexiko zu jedem Fest dazu. Ursprünglich war eine Piñata ein Tonkrug, der mit Samenkörnern gefüllt war. Marco Polo soll sie aus China mitgebracht haben. Meist hatte sie dort die Form einer Kuh. Mit buntem Papier und anderen dekorativen Dingen beklebt, begrüßte man mit ihr das neue Jahr. Sie war mit Samenkörnern gefüllt, die sich nach dem Zerschlagen über die Erde verstreuten und zur Begrüßung des Neuen Jahres Hoffnung auf eine gute Ernte verschafften. Anfang des 16. Jahrhunderts nutzten spanische Missionare die „piñata" und wandelten diese Zeremonien ab. Heute ist die „piñata" ein hohler Pappmachékörper in Form eines siebenzackigen Sterns. Die sieben Zacken stehen für die sieben Todsünden: Habgier, Völlerei, Trägheit, Stolz, Neid, Zorn und Lust. Eine solche Stern-Piñata wird, als Zeichen für die Versuchungen, mit Süßigkeiten und kleinen Geschenken gefüllt. Ähnlich wie bei dem Spiel „Topfschlagen" schlagen Kinder, deren Augen verbunden sind, abwechselnd

mit einem Stock auf die Piñata ein, bis sie zerbricht und es Überraschungen regnet. Die Piñata hängt dabei meist an einem Seil über den Kindern, und ist nur mit einem Stock erreichbar. Jeweils einem Kind werden die Augen verbunden, und jedes Kind darf dreimal versuchen mit einem Stock die Piñata zu treffen und dabei zu zerbrechen. Sprechgesänge wie: „Los, schlag, verlier nicht deine Seele …" untermalen seine Bemühungen. Zerbricht die Piñata, dürfen alle Kinder so viel aufheben, wie sie erwischen können. Dahinter ist eine religiöse Symbolik verborgen. Das Schlagen des Stockes gegen die **piñata** symbolisiert den Kampf gegen die Mächte der Versuchung. Der Stock, der zum Schlagen benutzt wird, symbolisiert die Kraft, die Gott gibt, um das Böse zu bekämpfen, die verbundenen Augen den Glauben. „Piñatas" gehören zu jedem Kinderfest. Oft in Form von Märchen- oder Comicfiguren, in der Zeit vor Weihnachten aber häufig in Form eines Sterns, der an den Stern von Bethlehem erinnert.

Die **„Posadas"** beginnen neun Tage vor Heiligabend in Erinnerung an die neun Monate Schwangerschaft Marias. „Posada" bedeutet Herberge und es wird dabei die Herbergssuche von Maria und Josef nachgespielt. Es finden öffentliche Posadas statt, die anschließend in einer Pastorela (religiösen Theateraufführung) auf einem Platz enden. Eine kleine Gruppe mit typischen Kostümen, deren Hauptdarsteller Josef und Maria auf einem Esel sind, führt den Umzug an. Sie spielen auf selbstgemachten Instrumenten und singen dazu: „Im Namen des Himmels, wir bitten um Herberge."
In den Dörfern gestaltet sich der Brauch häufig so, dass neun Familien ausgewählt werden, die in den neun Posada-Tagen „Los Peregrinos" (Pilger) für einen Tag und eine Nacht aufnehmen.

Die Pilger symbolisieren Josef und Maria. Die Dorfgemeinschaft zieht mit den „Peregrinos" zu den Häusern der ausgewählten Familien. Dort bitten sie singend um Einlass – von innen wird singend geantwortet. Eine Strophe hier – eine dort. Schließlich öffnet die Familie die Tore und lässt alle Pilger zum Ausruhen ein. Dann wird „Ponche" serviert. Ein warmes, nicht-alkoholisches Getränk aus Äpfeln, Zuckerrohr, Rosinen und Tecojocotes.

Die **Pastorelas** sind ursprünglich eine religiöse Theateraufführung aus dem Spanien des 16. Jahrhunderts. Missionare brachten die Pastorelas während der Kolonialisierung nach Mexiko. Diese Theateraufführungen sollten der Bevölkerung Themen aus der Bibel, sowie Gut und Böse anhand des Teufels und des Erzengel Gabriels vorführen. Der Teufel versucht die Hirten vom rechten Weg zu locken – die sieben Todsünden im Schlepptau. Doch das Gute (in Gestalt des Erzengels Gabriel) siegt immer gegen das Böse.

✳ Indien

In Indien leben rund zwei Prozent Christen. Allerdings gelingt es ihnen mit ihrer Begeisterung für Weihnachten, auch die Angehörigen aus anderen Religionen anzustecken. Zu den Weihnachtsfeierlichkeiten in den Kirchen kommen auch Menschen, die anderen Religionen angehören. Weihnachten bringt die Menschen zusammen. Auch in Schulen und Universitäten ist diese Begeisterung für Weihnachten zu finden. Für die Schüler und Studenten werden Weihnachtsprogramme organisiert – mit Singgottesdienst und Krippenspiel.

Diese Faszination von Weihnachten erleben auch die Gemeinden. Wo sonst zweitausend Menschen am Gottesdienst teilnehmen, kommen an Weihnachten annähernd zehntausend. Großbildleinwände ermöglichen, dass alle dem Gottesdienst folgen können. Viele junge Leute nehmen sich extra frei, um am Weihnachtsliedersingen teilnehmen zu können. Die Vorbereitung auf das Fest braucht viel Organisation. So gibt es Komitees, die die Kirche dekorieren, andere kümmern sich ums Essen, auch für die Armen, wieder andere organisieren das große Weihnachtsliedersingen, stellen Essensstände auf und eine Geschenke-Ecke. In dieser Zeit sind die Kirchen fast rund um die Uhr geöffnet – bis sie an Weihnachten mit bunten Lämpchen beleuchtet und mit Girlanden und Ballons geschmückt sind.

Auch der Herrnhuter Weihnachts-Stern ist in vielen Teilen Indiens bekannt. Er kam mit den Missionaren von Herrnhut dorthin und schmückt zur Weihnachtszeit nicht nur Kirchen und Gemeindehäuser, sondern auch die Häuser der Christen, ob sie reich sind oder in Elendsvierteln leben. Weihnachten ist für die Menschen wie eine Insel des Aufatmens, ein Herausgenommenwerden aus den täglichen Mühen, ein besonderer Tag der Hoffnung und der Freude.

In manchen Gemeinden dauert der Christnacht-Gottesdienst bis Mitternacht. Dann wird die Geburt von Jesus bekannt gegeben, indem ein Feuerwerk gezündet wird.

✳ Australien

Wohl in keinem anderen Land der Welt wird der Traum von weißen Weihnachten intensiver geträumt als auf dem fünften Kontinent. Weihnachten wird hier im Sommer bei Tagestemperaturen um die 40 Grad gefeiert. Mitte Dezember endet das Schuljahr und erst Mitte Februar müssen die Kinder wieder die Schulbank drücken. Australien zieht sich ins Privatleben, an den Strand zurück. Natürlich findet auch im heißen Australien Weihnachten nicht ohne Weihnachtsmann statt. Der kommt allerdings nicht in schweren Stiefeln und Pelzjacke, sondern im Nylonkostüm, das so leicht wie nur möglich ist. Im Familienkreis findet das Fest ohne jeden Pathos statt. Bei heißen Sommertemperaturen in Schlips und Kragen zu schwitzen, geht über die Vorstellungskraft der Australier. In Shorts und T-Shirts wird das Weihnachtsfrühstück im Garten oder auf dem Balkon serviert. Ihre Geschenke finden die Kinder am Morgen des ersten Feiertags unter dem Plastikbaum. Zum Mittagessen kommt dann die gesamte Bekanntschaft und Verwandtschaft zusammen, aber nicht zum traditionellen Karpfen oder Gänsebraten. Das wäre bei dieser Hitze selbst für die stärksten Mägen eine zu große Herausforderung. Man organisiert entweder im Garten, noch besser am Strand ein Barbecue. Dabei hat dann die gesamte Festgesellschaft bunte Papierhütchen auf. Ausgelassenheit herrscht überall. Die ethnische Vielfalt der Bevölkerung sorgt für einen weiteren Farbtupfer über Weihnachten. Es gibt Gottesdienste nach byzantinischem Brauch mit Weihnachtsprozessionen, Christmet-

HERRNHUTER STERN

ten nach katholischer, lutherischer oder calvinistischer Liturgie.
Wegen der großen Hitze kommt der Weihnachtsmann nicht mit einem Rentier-Schlitten, sondern wird von Kängurus, Boomers genannt, gezogen.

CHINA

✳ China

Chinesen lieben das Fest der Feste. Zwar steigt die Zahl der Christen in China stetig an, prozentual gesehen sind aber immer noch wenige Chinesen Christen. Die Weihnachtsmesse ist in den vergangenen Jahren jedoch sehr bekannt geworden. Die meisten Kirchenbesucher sind nur neugierig, was da in der Kirche passiert. Die christlichen Gemeinden freuen sich aber, ihren Zeitgenossen auf diesem Weg von der Geburt des Christus und der Botschaft der Erlösung, Befreiung und Liebe erzählen zu können.

Weihnachten hat in China keine Tradition. Aber inzwischen gibt es auch einige Chinesen, die sich zu Weihnachten einen kleinen Plastik-Weihnachtsbaum ins Wohnzimmer stellen. Öffentliche Plätze, große Straßen, Hotels und Geschäfte sind mit Lichterketten, echten und künstlichen Tannenbäumen dekoriert. Manchmal schweben Riesenballons in Form eines Weihnachtsmanns über große Einkaufszentren. In Geschäften sind die Verkäufer als Weihnachtsmänner verkleidet und in Gaststätten tragen die Bedienungen Weihnachtsmann-Mützen. Der Weihnachtsmann wird „Dun Che Lao Ren" genannt und steckt die Geschenke in Socken, die die Kinder aufgehängt haben. Dieser Brauch kam aus den USA ins Reich der Mitte.

Weihnachtsgebet

Herr Jesus Christus, du wurdest von einer hebräischen Mutter geboren.
Babylonische Weise huldigten dir.
Du warst voller Freude über den Glauben einer syrischen Frau und eines römischen Hauptmannes. Die Griechen, die dich suchten, hast du freundlich aufgenommen.
Dein Kreuz trug ein Afrikaner.
Herr, wir danken dir, dass die Botschaft von Weihnachten auch zu den Kelten, Goten und Germanen gekommen ist und wir heute in einer weltweiten Familie zu dir gehören.
Deine Liebe kennt keine Grenzen.
Amen.

Das Friedenskind

In vielen Urreligionen gibt es verblüffende Anknüpfungspunkte für den christlichen Glauben. Davon berichtet Don Richardson in vielen seiner Berichte. Er war als Anthropologe und Missionar zum Stamm der Sawi in Neuguinea gekommen und erlebte dort ein Weihnachten der besonderen Art.

1962 begann Don Richardson mit seiner Frau Carol und zwei weiteren jungen kanadischen Missionaren seine Arbeit unter dem Volk der Sawi auf der Insel Neuguinea. Je mehr sie von den Bräuchen und Riten der Sawi erfuhren, desto mehr wuchs ihr Entsetzen. Die Sawi waren Kopfjäger und Menschenfresser. Es galt dort als Heldentat, wenn ein Mann sich mit einem Feind, dem er schaden wollte, zunächst anfreundete, „ihn vor dem Schlachten mit Freundschaft mästete", wie die Sawi es formulierten, um dann den Ahnungslosen ohne Vorwarnung hinterhältig zu töten und hinterher zu verspeisen.

In den ersten Wochen ihres Wirkens unter den Sawi waren Don und seine Mitarbeiter häufig besorgt, ob ihre zerstückelten Körper nicht auch bald als Mahlzeit auf den Feuerstellen der Sawi braten würden. Doch sie stellten bald fest, dass sie völlig sicher waren, denn sie waren geschätzte Außenseiter und sorgten für einen ständigen Vorrat an Rasierklingen, Äxten und Spiegeln.
Die Wohnstätte der kleinen Truppe wurde bald so populär, dass drei verfeindete Stämme einander immer näher rückten und ihre Lager ganz in der Nähe der Hütten der Missionare aufschlugen.

Doch damit fingen die Probleme an. In den ersten zwei Monaten zählte Don 14 blutige Kämpfe, die in Sichtweite seines Hauses ausgetragen wurden. Schon kleinste Feindseligkeiten bei Begegnungen unterwegs wie ein mürrisches Wort oder ein böser Blick mündeten in kriegerische Auseinandersetzungen. Um das Kampffeld herum standen dann die Sawi-Frauen und feuerten ihre Männer an. Krieg war für die Sawi eine Art Sport und ein Weg zur Anerkennung. Leichen spielten keine Rolle.
Nach fünf Monaten zog Don eine nüchterne Bilanz. All seine Versuche, die Leute zum Frieden zu bewegen, hatten nichts genützt. Er hatte schlimme Verletzungen behandelt, hatte hunderte von Penicillinspritzen gegeben, hatte die Sawi um Frieden angefleht, manchmal war er unbewaffnet mitten unter die Speerwerfer getreten und hatte sich dazwischengeworfen. Er hatte an ihr Gewissen appelliert, doch das verstanden sie am wenigsten. Grausamkeit war für die Sawi kein Fehlverhalten oder moralisch verwerflich, sondern ein erstrebenswertes Ideal. Je grausamer, desto höher in der Hierarchie.
Das Training für den Krieg begann bei den Sawi in der frühen Kindheit. Kinder wurden dazu erzogen, sich zu rächen, wenn sie verletzt oder beleidigt wurden. Mit Legenden und Geschichten, die den Verrat rühmen, wurde das Verhaltenstraining ideologisch untermauert.

Noch enttäuschender war es für Don, dass auch seine Erzählungen von Gott und Jesus Christus den Sawi eher langweilig erschienen. Nacht für Nacht versuchte er, seinen Wortschatz in der Sawi-Sprache zu erweitern, um die Sawi für

Jesus zu begeistern. Doch vor dem Hintergrund der Ideologie der Grausamkeit, empfanden sie für Jesus keine Sympathie. Nur die Erzählung von Judas fesselte sie. Judas war ein grausamer Verräter und darum hochgeschätzter Held, war es ihm doch gelungen, Jesus hinters Licht zu führen und ihn an seine Feinde auszuliefern. Eine Freundschaft monatelang vorzutäuschen und dann mit einem Mord oder einem Verrat zu beenden, war eine hohe Kunst. Jesus dagegen, der sich widerspruchslos abführen ließ und dann gegenüber seinen Feinden auch noch von Vergebung sprach, sahen sie als Schwächling an. Don war über die Reaktionen der Sawi verwundert, enttäuscht und frustriert zugleich. Er sah seine Bemühungen als gescheitert, seine Mission als missglückt an.

So kam er zu dem ernüchternden Ergebnis, dass er seine Zelte abbrechen müsse, damit in der Region wieder Frieden einkehren könne. Einzeln hielt er den verfeindeten Stämmen Haenam und Kamur eine Ansprache, in der er seinen Entschluss darlegte. Die Belagerung seiner Station durch verfeindete Stämme würde zu immer mehr Blutvergießen führen. Erst wenn er wieder weg sei, könnten die Stämme wieder zu mehr räumlicher Distanz finden und die tödlichen Kämpfe würden ein Ende nehmen.

Sein Entschluss, fortzugehen, löste aufgeregte Diskussionen aus. Bis in die Nacht hinein konnten er und seine Frau die Verhandlungen hören. Mitten in der Nacht wurde er von einer Delegation der Stammesführer herausgebeten: „Verlass

uns nicht. Morgen werden wir Frieden machen." Don war nicht sonderlich überzeugt von der Ankündigung, doch am nächsten Morgen erlebte er eine ganz neue Seite der Sawi-Kultur. Als die Morgenröte kam, war es so tödlich still, wie sonst nur vor einem Kampf. Mahaen, Krieger aus dem Stamm der Haenam, kam mit seiner Frau aus seinem Haus, auf dem Rücken trug er einen seiner Söhne. Langsam ging er auf das Dorf Kamur zu. Seine Frau Syado schluchzte heftig. Auch die Leute von Kamur kamen langsam aus ihren Häusern. Hunderte von Augen beobachteten Mahaen und seine weinende Frau. Als Syado die Bewohner von Kamur erblickte, fing sie an zu zittern, riss ihren kleinen Sohn von den Schultern ihres Mannes und rannte mit ihm zurück nach Haenam. Dabei schrie sie laut. Andere Haenam-Frauen drückten ihre Babys fest an sich und schrien vor Furcht. Männer begannen hin und her zu laufen. Das Dorf befand sich in einem Aufruhr.

Nun ereignete sich eine ähnliche Szenerie im anderen Dorf Kamur. Don beobachtete wie ein Mann mit Namen Kaiyo mit einer schnellen Bewegung in sein Haus ging und gleich darauf wieder mit seinem sechs Monate alten Sohn auf dem Arm herauskam. Die Mutter hatte es zunächst nicht bemerkt, aber als sie entdeckte, was da vor sich ging, schrie sie laut auf und rannte hinter ihm her. Das Baby war ihr einziges Kind. Kaiyo aber ging entschlossen weiter. Bald erreichte er die wartenden Menge zwischen den Häusern der Haenam. Seine Frau brach weinend zusammen.

Auch Kaiyo kostete diese Tat eine große Überwindung, er liebte sein Kind. Die Männer von Haenam standen vor ihm und betrachteten erwartungsvoll das Baby. Kaiyo sah seinen Feinden prüfend in die Augen und rief dann „Mahaen, wirst du das Versprechen der Kamur und deinen Leuten in Hamaen vertreten?" – „Ja", antwortete dieser, „das werde ich." – „Dann gebe ich dir meinen Sohn und mit ihm meinen Namen", sagte Kaiyo. Er hielt ihm sein Kind hin, Mahaen nahm es vorsichtig in die Arme. Die Menge geriet in eine große innere Erregung. Dann verschwand Mahaen mit dem Kind und kam kurze Zeit danach wieder mit einem seiner Kinder, ebenfalls einem kleinen Jungen und rief: „Kaiyo, wirst du das Versprechen der Hanaem unter deinem Volk Kamur vertreten?" „Ja", sagte Kaiyo und nahm das Kind. „Dann gebe ich dir meinen Sohn und damit meinen Namen." Kaiyo nahm das Kind vorsichtig auf und trug es zurück in sein Dorf.

Mahaen aber rief die Bevölkerung der Hamaen auf. „Diejenigen, die dieses Kind als eine Grundlage des Friedens anerkennen, sollen kommen und ihre Hände darauflegen." Alle Mitglieder des Stammes stellten sich ausnahmslos hinter Mahaen und legten einer nach dem anderen die Hände auf Kaiyos Sohn. Dies war der Friedensschluss mit Kamur. Die gleiche Zeremonie fand in Kamur statt, sobald Kaiyo mit dem Kind von Mahaen zurückkehrte.

Jeder hatte sein Kind als Friedenskind gegeben. Don Richardson fragte, warum das nötig gewesen sei. Darauf erklärte man ihm: „Ihr wolltet Frieden, aber ohne ein Friedenskind können wir keinen Frieden machen."

Diese Zeremonie stürzte Don in tiefes Grübeln. Wenn er gewusst hätte, dass sein Ruf nach Frieden dazu führen würde, dass Väter ihre Kinder ihren Feinden überlassen, Mütter in Trauer gestürzt werden und Babys in fremden Familien aufwachsen würden, hätte er dann Frieden gefordert?

Doch die Sawi waren glücklich. Sie sangen und tanzten in ihren Dörfern und feierten den Friedensschluss mit einer bewegenden Zeremonie.

Don beobachtete in den folgenden Wochen und Monaten das Verhalten der Sawi. Den Friedenskindern wurde kein Schaden zugefügt. Beide Dörfer würden solange den Frieden respektieren, so lange diese Kinder lebten. Don gewann immer mehr Achtung vor den Sawi. Neben der gewalttätigen Seite hatten sie auch eine Seite der Verlässlichkeit: Wenn ein Mann seinen eigenen Sohn seinen Feinden übergab, konnte man diesem Mann trauen. Und jeder, der seine Hand auf das so übergebene Kind legte, war verpflichtet, gegen den Geber keine Gewalt zu üben.

Zwei Monate nach diesem Friedensschluss hielt Don den Männern wieder eine Ansprache. Er erklärte ihnen, dass sie nicht die Einzigen seien, die herausgefunden hatten, dass der Friede ein Friedenskind brauche: „Weil Gott wollte, dass die Menschen Frieden mit ihm und untereinander fänden, hat auch er ein Friedenskind ausgewählt, das den Frieden für immer begründen soll. Aber wer war geeignet als Friedenskind? Was meint ihr? Ihr habt nicht irgendein Kind genommen, sondern euer eigenes Kind. So hat es Gott auch gemacht. Er hat seinen Sohn Jesus als Friedenskind erwählt."

Nun gerieten die Sawi in Aufregung. War das der Jesus, von dem Don schon einmal erzählt hatte? War das der, der von Judas verraten worden war? Als Don daraufhin bejahte, entrüsteten sich die Sawi über Judas. Er hatte das Friedenskind verraten, das dürfe man nicht machen! Don atmete auf. Endlich war Judas kein Held mehr für sie. Und Don führte weiter aus: So wie die Sawi ihre Hände auf das Friedenskind legen konnten und mit ihm einen Bund schließen konnten, so konnten sie auch ihre Hände auf diesen Jesus legen, und für immer Frieden mit Gott und untereinander schließen.

In den nächsten Monaten sprach Don in den Sawi-Dörfern über das Friedenskind Gottes. Nach und nach wollten die Sawi mit diesem Jesus Frieden schließen und seine Liebe annehmen. Am Weihnachtsabend des ersten Jahres unter den Sawi veranstaltete Don ein großes Fest. Dazu luden sie Sawis aus allen Dörfern ein. Das Flussufer war übersät mit leuchtend bemalten Kriegern, die schwer bewaffnet waren und jeden anderen nervös betrachteten. Die Sawi, die mit Jesus Frieden geschlossen hatten, begrüßten ihre Feinde mit einem Lächeln und Geschenken aus Käferlarven und Hirschfleisch. Am Abend erhob sich ein Prediger aus dem Stamm der Sawi und las den erstaunten Besuchern die Weihnachtsgeschichte, die Geburt des Friedenskindes Gottes vor: „Denn uns ist ein Kind geboren, ein Friedenskind ist uns gegeben."

Nach einer Erzählung von Philip Yancey

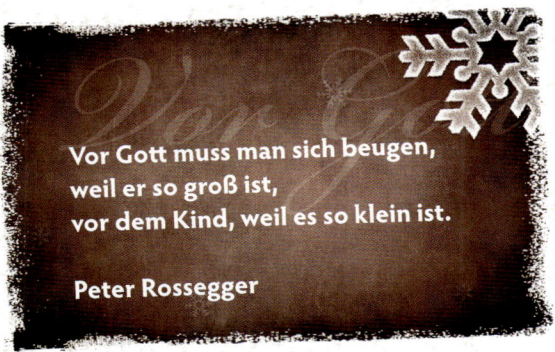

Vor Gott muss man sich beugen, weil er so groß ist, vor dem Kind, weil es so klein ist.

Peter Rossegger

Weihnachtsmärkte

Pünktlich zum ersten Advent, wenn die dunkelste Zeit des Jahres mit Lichterketten erhellt wird, beginnt die Zeit der Weihnachtsmärkte. Dann zieht der Duft von Bratäpfeln und Glühwein, von Schmalzgebäck und Lebkuchen durch die Straßen. Etwa 2500 Märkte öffnen in Deutschland zur Adventszeit ihre Pforten und laden zum Bummeln ein.

Seit dem Mittelalter wird in Stadtchroniken von Weihnachtsmärkten berichtet.

Der älteste Weihnachtsmarkt in Deutschlands soll der Striezelmarkt in Dresden sein, der bereits 1434 erwähnt wurde. Eine noch frühere Nennung gibt es aber vom Frankfurter Weihnachtsmarkt aus dem Jahr 1393. Überall dort, wo sich die Weihnachtsmärkte schon sehr früh entwickelt haben, also Berlin und Dresden, Nürnberg und Frankfurt am Main, konzentrierten sie sich um den großen Platz vor den Kirchen und Domen der Städte. Nach dem weihnachtlichen Kirchenbesuch wurde die Kauflust der Stadt- und Landleute angereizt. Für Gesinde und Dienstmädchen war die Weihnachtszeit Zahlzeit, also eine der wenigen Zeiten, zu der sie mehr als das Nötigste in bar zur Verfügung hatten. So wurden die Märkte dazu genutzt, sich mit winterlichem Bedarf einzudecken. Inzwischen decken die Christkindlmärkte jedoch vor allem den Bedarf nach festlicher Stimmung: in der Masse der Besucher untertauchen, sich von Stand zu Stand schieben lassen, die anheimelnd erleuchteten Stände besuchen, den Duft von Glühwein und Gewürzen schnuppern, den Klängen von Posaunenchören oder Drehorgeln lauschen und nach weihnachtlichen Leckereien wie Lebkuchen oder Honigkuchen Ausschau halten.

Doch längst steht diese einmalige Atmosphäre nicht nur im Mutterland der Weihnachtsmärkte hoch im Kurs – auch im Ausland will man vor Weihnachten nicht mehr auf diesen Teil deutscher Kultur verzichten. Die Tradition der Weihnachtsmärkte findet inzwischen auch in anderen Ländern Gefallen. In Frankreich und Italien, in Polen und England gibt es nun Weihnachtsmärkte nach deutschem Vorbild. Und sogar in Übersee wie z. B. in den USA oder in Japan erfreut man sich des deutschen Brauchs. Die Amerikaner sind 1996 auf den Geschmack gekommen: Im amerikanischen Bundesstaat Indiana ebenso wie in Chicago finden Weihnachtsmärkte nach dem Nürnberger Vorbild statt – auf dem „Christkindlmarket" in Chicago bieten vor allem deutsche Händler ihre Waren an: Handgeblasene Christbaumkugeln und

Nussknacker, Kuckucksuhren und Räuchermännchen. Holzschnitzer demonstrieren ihr Handwerk. Natürlich fehlen auch die deutschen Spezialitäten nicht: Kartoffelpuffer, „German Burger" (Bierfleisch mit Tzaziki) und Nürnberger Bratwürstel. Zum Weihnachtsmarkt gehört auch ein buntes Veranstaltungsprogramm mit Blaskapellen und Chören, die deutsche Lieder singen. In New York wird die deutsche Weihnachtstradition auf dem „Holiday Market" am „German Christmas Stand" mit Elisen-Lebkuchen, Spekulatius und Zimtsternen präsentiert.

Ein Zeichen der fortschreitenden Globalisierung: auch in Japan ist der deutsche Weihnachtsmarkt angekommen. Lebkuchen und Stollen finden auch bei den Japanern Gefallen. Der „German Christmas Market" hat in vielen japanischen Städten Einzug gehalten, ob in Sapporo oder Tokio. Überall kann man deutsches Weihnachtsgebäck und -schmuck kaufen, Spielwaren und Dekorationen aus „good old Germany". Der größte deutsche Weihnachtsmarkt außerhalb Deutschlands findet in Großbritannien statt. Der „Frankfurt Christmas Market" in Birmingham hat sich dort schon länger etabliert, aber auch andere Städte haben längst diese deutsche Weihnachtstradition übernommen. An den Ständen gibt es dort Weihnachtsdekoration, Bratwurst, Stollen, Lebkuchen und deutsches Bier zu kaufen.

Die Entstehung des Früchtebrots

„Doofe Nuss!", zischelten die acht getrockneten Pflaumen in dem kleinen, leicht muffeligen Leinensäckchen. „Doofe Nuss!" Die zwölf dicken Walnüsse ließen sich nicht drausbringen. Sie plumpsten kräftig auf die getrockneten Früchte und murmelten nur: „Alte Pflaumen!" Diese waren daraufhin beleidigt und schwiegen schmollend. Warum mussten sie jetzt überhaupt in diesem Säckchen liegen? Wieso blieben sie nicht dort, wo sie bisher ganz gut lagen – in der hintersten Ecke auf dem untersten Fach des Kellerregals von Witwe Gütlein? Dort lagerten sie schließlich schon ziemlich lang. Witwe Gütlein hatte sie irgendwann dort hingelegt und dann einfach vergessen. Doch jetzt, als im ganzen Dorf wegen der schlechten Ernte im letzten Herbst große Hungersnot herrschte, waren die alten

Pflaumen wieder wichtig geworden. Sie merkten es an dem Freudenschrei, den Witwe Gütlein ausstieß, als sie die Früchte fand. „Jetzt schau her", rief sie, „da hab ich ja noch was! Na, da wird sich Bäcker Gutbrot aber freuen! Das ist genau das Richtige! Nun kann ich doch noch was zum Heilig-Abend-Brot beisteuern." So kramte sie ihr altes kleines Leinensäckchen aus einer Schublade und ließ die dunklen Trockenfrüchte hineinwandern. „Jetzt will ich das schnell zum Bäcker bringen", murmelte sie. Warum sie das tat? – Am vierten Adventssonntag standen die hungernden Leute von Gebersheim nach dem Gottesdienst vor der Kirche zusammen und dachten an den Heiligen Abend, der in vier Tagen gefeiert werden sollte. „Wie sollen wir Heiligabend feiern ohne Festtagsschmaus?", fragten sie. Weihnachten ohne Weihnachtskekse? Sogar ohne Brot? „Das wird ein armes Weihnachten", dachten sie und waren traurig. Bis irgendjemand auf die großartige Idee kam: „Wir könnten doch zusammenlegen, was wir zu Hause noch an Essbarem finden. Wir bringen

es zu Bäcker Gutbrot, und der soll dann sehen, ob er nicht ein besonderes Brot für alle hungernden Leute in Gebersheim backen kann; am Heiligen Abend nach dem Gottesdienst soll es ausgeteilt werden." Darum war jetzt Witwe Gütlein mit ihrem Leinensäckchen unterwegs zum Bäcker. Die getrockneten Pflaumen hatten wieder leise zu schimpfen begonnen, weil die Nüsse sie so drückten. Aber es dauerte nicht lange, da war Witwe Gütlein beim Bäcker angekommen. Der wartete in seiner Backstube vor den leeren Regalen. Eine große Schüssel hatte er bereitgestellt, und darin landeten nun die Trockenfrüchte. „Au", schrie eine Pflaume, „wo sind wir hier? Was wird mit uns?" Sie wollte gerade noch lauter protestieren, als fünfzehn Mandeln in die Schüssel flogen. Diese schauten ganz verdattert und stammelten: „Entschuldigung." „Wo kommt ihr denn her?", fragten die Pflaumen. „Wir kommen aus der Backzutaten-

kiste von Frau Müllerschön", erzählten sie. „Wir lagen ganz unten, waren ganz allein. Tut uns leid, dass wir euch jetzt Platz in der Schüssel wegnehmen müssen." „Dummes Gequatsche", gaben die Pflaumen sofort zurück. „Macht euch wenigstens nicht so breit – au!!" Die getrocknete Pflaume konnte ihren Satz nicht vollenden; denn ein langes Etwas hatte sie getroffen. „Was bist denn du für eine schwere lange Stange, du stinkst ja mächtig", bäffte die Pflaume gleich los und regte sich noch mehr auf. Die Stange begriff zunächst gar nicht, dass sie gemeint war. Erst, als die anderen getrockneten Pflaumen auch moserten, räusperte sie sich, blickte grimmig und doch stolz auf die Mandeln und Pflaumen hinunter und erklärte: „Ich bin eine Zimstange, sieht man doch, oder? Wart ihr denn noch nie beim Apotheker Zipperlein? Da komme ich nämlich her! Ich bin ein ganz besonderes Gewürz und meine kleinen Freundinnen habe

ich auch mitgebracht." Während die Zimtstange sich brüstete, landeten viele kleine Gewürznelken in der Schüssel. „Ih", zischten die Pflaumen, „es wird ja immer schlimmer!" Die große Zimtstange fuhr dazwischen: „Spielt euch nicht so auf, ihr alten Pflaumen! Wir sind schließlich für den guten Geschmack da!" Die Stange wollte eigentlich noch mehr erklären, doch da kamen die getrockneten Birnenschnitze dazwischen und mit ihnen ungezählte Rosinen und einige kleingehackte Feigen. Die Pflaumen lagen jetzt ganz unten. Ihr Gezeter klang schon ziemlich erstickt: „Was wollt ihr denn hier? Wir waren zuerst da, ihr ungehobelten Birnen! Und ihr, ausländisches Fremdobst, warum seid ihr eigentlich hier? Feigen, Rosinen, igitt! Was wollt ihr in unserer Schüssel?" „Eure Schüssel?", gab eine besonders kecke Rosine zurück. „Dass ich nicht lache! Wir kommen aus dem Haus von Bürgermeister Ortlieb. Jawohl! Seine Frau hat uns vor Monaten schon für teueres Geld erstanden." Dabei erwähnte die Rosine nicht, dass sie längst zur Seite geschoben und ver-

gessen und jetzt erst auf der Suche nach Essbarem wieder entdeckt worden waren. Sie fuhr stattdessen fort: „Wir sind wertvoll. Wertvoller als ihr. Weit gereist. Besonders aromatisch. Klein und süß. Jawohl!" „Ach was", fuhr da eine Birne dazwischen, die eben von einer kleinen Gewürznelke unsanft gestochen wurde, „ihr seid auch nur getrocknete Trauben. Spielt euch nicht so auf. Wir sind viel stärker als ihr. Wir haben schließlich die wahre Größe! Ihr passt ja gerade mal in unser Kerngehäuse!" „Schämt euch", so mischten sich knirschend die Feigen ein, „Da, wo wir herkommen, im Orient, da streitet man sich nicht so sehr." Worauf Mandeln und Birnen heftig protestierten. So ging es noch eine ganze Weile in der Schüssel weiter. Sie prahlten und zankten, stießen und stritten sich um jeden freien Fleck. Sogar als ein Schuss Obstwasser über sie geleert wurde, heiterte sich ihre Stimmung nicht auf, sondern wurde nur noch bissiger. Bis auf einmal das runde, pausbäckige Gesicht von Bäcker Gutbrot über der großen Schüssel erschien. Seine Augen strahlten. „Na,

schau an", freute er sich, „was da alles zusammenkam. Wer hätte das gedacht! Was ihr wohl miteinander für ein Brot ergebt? Ein Brot mit Feigen und Zimt, mit Pflaumen und Nelken, mit Mandeln, Nüssen und Rosinen, habe ich noch nie gemacht. Aber jetzt seh'n wir mal, was ihr miteinander könnt." Die Früchte in der Schüssel kamen kaum dazu, sich verwundert anzusehen, da nahm Bäcker Gutbrot den letzten Sack Mehl, den der Müller ihm eben gebracht hatte, und schüttete das Mehl in die Schüssel. Da war auf einmal ein Husten und Schnauben; und als die starken Hände des Bäckers nun begannen, unter Zugabe von Wasser aus alledem einen Teig zu kneten, da war es zwischen den Früchten längst still geworden. Auch die Hitze des Backofens ließen sie schweigend über sich ergehen. Nur wo eine der Früchte wegen der Wärme besonders aufging und sich breiter machen wollte, stießen die anderen sie zurück. Aber es blieb ruhig, und alle waren gespannt, was nun kommen sollte. Nach dem Backen wurde es wieder kalt um die Früchte. Sehr kalt sogar. Sie merkten schnell, dass sie jetzt draußen in der schneidenden Winterluft waren. Abend war es geworden. Heiliger Abend. Bäcker Gutbrot hatte die Brote, die er meisterhaft aus all den Früchten, Mehl und Gewürzen zubereitet hatte, auf einen Tisch vor der Kirche ausgelegt. Als die Leute vom Gottesdienst kamen, begann der Bäcker, die wohlriechenden Brote aufzuschneiden und gleichmäßig an alle Gebersheimer zu verteilen. Wie die sich freuten! Ihre Augen strahlten, das Wasser lief ihnen im Mund zusammen, und auf einmal fingen sie an zu singen. Noch einmal – wie schon im Gottesdienst – stimmten sie Weihnachtslieder vor lauter Freude über das neue, besondere Weihnachtsbrot an. Und die Früchte hörten, wie Bäcker Gutbrot laut verkündete: „Dass wir so ein Brot haben, liegt an uns allen miteinander. Wenn jeder nur an sich gedacht hätte, müssten wir jetzt hungern. Aber weil wir zusammenlegten, was wir fanden, können wir jetzt genießen." Als das die gebackenen Pflaumen hörten, wurden sie ganz beschämt. Die Birnen flüsterten: „Verzeihung!" Und dann konnten sie auf einmal lachen. Die Mandeln freuten sich einfach mit. Die kleinen Gewürznelken fingen an zu tanzen und das Obstwasser grinste erleichtert. „Wir waren schön dumm", meinte eine Pflaume und gab einer Mandel einen schmatzenden Kuss. „Warum sind wir nicht früher draufgekommen, dass wir zusammen viel besser schmecken?" Und eine Birne dachte: „Hoffentlich gibt's so ein Brot nicht nur in Hungersnot."

Ulrich Mack

Weihnachtsbaum

Der Weihnachtsbaum ist untrennbar mit dem Weihnachtsfest verbunden, auch in Ländern ohne christliche Tradition werden die Straßen im Dezember mit festlich erleuchteten Weihnachtsbäumen geschmückt. Doch wo liegen seine Wurzeln?

Schon ganz frühe Darstellungen des Weihnachtsgeschehens zeigen häufig auch einen Baum bei der Krippe – zwar keinen Tannenbaum, dafür aber Palmen, denn das sind die Bäume, die im Heiligen Land wachsen. Das Zeichen der Palme auf Darstellungen der Geburt Jesu wurde von den Griechen und Römern in der Spätantike sofort verstanden. Sie kannten Palmzweige als Siegeszeichen bei sportlichen Wettkampfspielen. Wenn dieser Baum nun über dem Stall von Bethlehem erschien, dann war dies ein Zeichen dafür, dass mit der Geburt von Jesus Sieg und Frieden in die Welt gekommen ist.

In der jüdisch-christlichen Überlieferung wurzelt eine besondere Vorstellung vom Baum im 1. Buch Mose, in der Schöpfungsgeschichte. Dort wird der Urzustand der von Gott geschaffenen Welt als paradiesisch schöner Garten beschrieben, erfüllt mit duftenden Bäumen und Blumen und einer Vielzahl an friedlich beisammenlebenden Tieren. Zwei Bäume betont der biblische Bericht besonders: Der Baum der Erkenntnis und der Baum des Lebens. Vom Baum der Erkenntnis nahm Eva – trotz Gottes Verbot – eine Frucht und verleitete Adam, ebenfalls davon zu essen. Daraufhin wurden Adam und Eva aus dem Paradies vertrieben.

Im Spät-Mittelalter (ab dem 13. Jahrhundert) fanden im Dezember sogenannte Paradiesspiele statt. In diesen Spielen wurde eben dieses Geschehen im Paradies – der Urzustand, der Sündenfall und die Vertreibung aus dem Paradies – szenisch dargestellt. Dabei zogen die Schauspieler oft von Ort zu Ort oder führten die Spiele vor den Kirchen oder nach den Messen in der Kirche auf. Zur ständigen Theaterrequisite gehörte auch der Paradiesbaum, man nahm dafür einen in unseren Breitengraden leicht erhältlichen Tannenbaum und behängte ihn mit Äpfeln. Diese Theaterkulisse sah unserem heutigen Weihnachtsbaum schon sehr ähnlich. Statt Weihnachtsbaum wurde er in früheren Jahrhunderten auch „Lebensbaum" genannt. Unser heutiger Weihnachtsbaum geht in seinen Ursprüngen auch auf diese mittelalterlichen Spiele zurück.

Der Zusammenhang zwischen Weihnachten und Paradies, zwischen Christus, dem neuen Ort des Lebens, und dem Weihnachtsbaum wird auch darin deutlich, dass man früher den Christbaum häufig mit Oblaten geschmückt hat. Ein Hinweis auf Christus, der sich uns im Abendmahl schenkt und uns so neues Leben ermöglicht. So wie die Tanne uns nur dann Weihnachtsfreude bereiten kann, wenn sie abgehauen wird, so kann Christus nur Erlöser werden, indem er sich erniedrigt, geschlagen wird, den Weg ans Kreuz wählt.
In manchen Legenden ist auch davon die Rede, das Holz des Kreuzes und das der Krippe würden von ein und demselben Baum stammen. In manchen Kunstbildern ist immer auch ein Kreuz in der Nähe der Krippe. Ein Hinweis auf den Weg, den dieses neugeborene Kind nehmen wird.

Mit den Jahren wurde der Paradiesbaum immer schmucker: (vergoldete) Nüsse, Festgebäck und Süßigkeiten machten die „paradiesische" Funktion des Baumes für die Gläubigen deutlich. In „Silber"papier und in „Gold"papier eingewickelte Früchte dieses Baumes sind so zu den Vorlagen für Christbaumkugeln und anderen Christbaumschmuck geworden. Aber auch Gebäck, Zuckerwerk, Marzipan, Figuren aus Models oder Schlingzeug (kunstvoll verschlungene Teigfiguren) wurden an den Baum gehängt. Süßes hatte in den früheren Jahrhunderten einen unvergleichlich höheren Stellenwert als heute. Speisen und Gebäcke aus Zucker, Mandeln, edlen orientalischen Gewürzen, aus Tragant und Kakao waren lange ein Privileg des Adels, der reichen Klöster und der führenden Patrizierfamilien. Süßes am Baum verdeutlichte so den Reichtum Gottes. Am Ende der Weihnachtszeit, dem

6. Januar, durfte der Paradies- bzw. Christ- oder Weihnachtsbaum geplündert werden, d. h. die Früchte wurden „geerntet".

Im 16./17. Jahrhundert taucht der Paradiesbaum außerhalb der Kirche auf: bei Gemeinschaftsfeiern von Zünften und Bruderschaften. Er hatte sich vom Krippenspiel abgelöst, wurde Symbol der Advent- und Weihnachtszeit. Eine erste Erwähnung eines solchen Weihnachtsbaumes stammt aus einer Zunftchronik aus dem Jahr 1570. In einer Forstverordnung aus dem Elsass heißt es um 1580, dass es verboten sei, sich seinen Weihnachtsmaien – eine weitere Bezeichnung des Weihnachtsbaumes damals – aus dem Wald zu stehlen.

In vielen Gegenden war es bis ins letzte Jahrhundert Brauch, den Christbaum in ein „Paradeisgärtlein" zu stellen: ein Holzständer mit einem Zaun umgeben, um den Stamm herum Moos und darin Tiere und die Krippe. (s. Bild Seite 112) Der Weihnachtsbaum als Lebensbaum, und unter diesem das neugeborene Christuskind, der neue Adam (Römer 5,12ff.).

Manchmal wurde das Kreuz von Jesus in Malereien und Skulpturen zwischen dem 12. und 15. Jahrhundert als Baum oder als blättertreibender Baumstamm dargestellt. Dadurch sollte ausgedrückt werden, dass uns durch das Sterben von Jesus neues Leben und neue Kraft zufließen kann. Der Zustand der Gottesferne wird durch das Kommen von Jesus wieder aufgehoben. Jesus ist der neue Lebensbaum.

Umdeutungen des Paradiesbaumes gab es in der Geschichte immer wieder:
Während der Herrschaft der Nationalsozialisten in Deutschland hatten die Machthaber versucht,

den Weihnachtsbaum als „Jultanne" mit germanisch-heidnischem Hintergrund zu deuten. Ein Baum als Mittelpunkt des Feierns war besser zu verkraften als das Kind in der Krippe. Er wurde ein Zeichen deutscher Kultur, Symbol des Festes der Familie, des Friedens und der Harmonie. Unter diesem Zeichen konnten sich viele vereinen, auch die, die mit den biblischen Zusammenhängen nichts anfangen konnten.

Auch in der DDR-Zeit konnte ein Christbaum nicht mit der kommunistischen Ideologie vereinbart werden. Darum wurde dem Christbaum eine passende Geschichte und ein neuer Namen verpasst. Zunächst schnitten sie die gesamten christlichen Wurzeln des Christbaumes ab und erklärten seine Vergangenheit nur noch als Festbaum der Zünfte, der zum Kinderbaum geworden sei. In der Sowjetunion wurde er 1935 zu Silvester als Gabenbaum eingeführt. In der DDR wurde der Christbaum in „Schmuckbaum" umbenannt. Engel wurden zu „Jahresend-Flügelpuppen" oder zur „geflügelten Jahresendfigur" und zum „Jahresendflügelwesen".

Die Botschaft des Weihnachtsbaums

Hallo, liebe Weihnachtsleute,
darf ich mich euch vorstellen?
Ich bin ein Weihnachtsbaum, wie er in jedem eurer Wohnzimmer zur Weihnachtszeit stehen könnte.
Noch vor ein paar Wochen hatte ich meinen Platz draußen im Wald. Jetzt habe ich die würdevolle Aufgabe, euch als Weihnachtsbaum zu erfreuen – und auch ein wenig zum Nachdenken zu bringen.

Mein Kleid ist grün. Richtig lebendig grün. Mitten im Winter, wo sonst alles kalt und leblos scheint, bringe ich damit ein Zeichen des Lebens in eure Wohnstuben. Wenn ihr mein Grün seht, dann denkt daran: Hoffnung und neues Leben will auch durch Weihnachten zu euch kommen und alles Trostlose und Graue erhellen.

Meine Gestalt verjüngt sich nach oben. Mit meiner Spitze zeige ich nach oben. Damit will ich euch helfen, nach oben zu sehen. Blickt nicht nach unten, lasst euch nicht niederdrücken. Es gibt immer einen Grund zur Hoffnung. Bei Gott ist niemand am Ende. Wer auf ihn sieht, fängt an zu hoffen. Richtet eure Herzen auf ihn – nach oben.

Meine Zweige bilden immer wieder die Form des Kreuzes. Damit erinnere ich daran: Krippe und Kreuz gehören zusammen.

Weihnachten und Karfreitag kann man nicht trennen. Der Jesus, dessen Geburt wir an Weihnachten feiern, ist für euch ans Kreuz gegangen. Das Kreuz ist die Chance eures Lebens für einen Neuanfang. Meine Zweige wollen dafür ein Zeichen sein.

Wenn ihr mich zur Weihnachtszeit in euren Wohnungen aufstellt und schmückt, dann denkt an meine Farbe, an meine Figur und an meine Zweige. Ich will doch nicht vergeblich bei euch stehen.

Euer Weihnachtsbaum

Schmuck am Weihnachtsbaum

✱ Äpfel

Die erste Weihnachtsbaum-Dekoration waren Äpfel. Der Brauch kommt aus den Weihnachts-spielen des Mittelalters. Ein mit Äpfeln deko-rierter Baum gehörte dort zur Theater-Requi-site. Er erinnerte daran, dass es eine Frucht am Baum war, die Eva genommen hat und damit zum Ungehorsam gegenüber Gott verführt wurde.

Apfel heißt auf Lateinisch „malum". „Malum" kann man auch übersetzen mit **das Böse** – so wurde schon in der Wortgleichheit eine Verbin-dung zwischen der Versuchung und dem Apfel hergestellt.

Der Apfel war aber nicht nur Sinnbild der Versuchung und des Sündenfalls, sondern auch Bild für die Erlösung. In vielen Darstellungen der Kunst sieht man Jesus mit seiner Mutter Maria. Das Jesuskind greift nach dem rotbacki-gen Apfel, den ihm seine Mutter reicht. So wie er die Frucht vom Baum der Erkenntnis an sich nimmt, nimmt er auch die Sünde der Welt auf sich. Beides wird mit dem Apfel zum Symbol – Sündenfall und Erlösung.

✱ Kerzen

Als Weihnachtsbaum-Dekoration kennen wir sie seit dem 19. Jahrhundert. 1818 wurde das künstliche Stearin und 1830 das billige Paraffin erfunden, von da an wurde es mehr und mehr populär, Kerzen an den Baum zu stecken. Seit den 70er Jahren des 19. Jahrhunderts gab es auch Klemmlicht-Halter, die die Befestigung wesentlich erleichterten.

Kerzen am Baum sind nicht nur schön, sie vermitteln auch Geborgenheit und Wärme und haben einen tieferen Sinn. Weil sie das Dunkel hell machen, erinnern sie daran, dass Jesus von sich gesagt hat: „Ich bin das Licht der Welt. Wer an mich glaubt, wird nicht in der Dunkelheit tappen." Die ursprüngliche Farbe der Kerzen am Baum war rot, in Erinnerung an sein Blut Jesu, das er am Kreuz vergossen hat.

❄ Kugeln

Kugeln gab es nicht von Anfang an am Baum. Früher wurden die Bäume mit Backwerk, Zuckerwaren und Äpfeln geschmückt. Am 6. Januar wurde der Baum geschüttelt – "abge-erntet" und jeder durfte sich dann etwas davon nehmen. Matthias Claudius erzählt von einem Baum im Wandsbecker Schloss, an dem er „mit halsbrecherischer Kunst den schönsten Apfel vom Baum holte. So schön, so kunstreich, so vergoldet wie kein anderer." In den Glaskugeln wurde die Form des Apfels nachempfunden.

Bereits um 1600 entstand im Thüringer Wald eine Glasbläserindustrie. Neben Lampen wurde vor allem Glasschmuck für den Christbaum mundgeblasen. Erst nach dem zweiten Weltkrieg verlor Thüringen seine Monopolstellung für den gläsernen Christbaumschmuck.

Die Kugeln am Baum erinnern auch an die Geschichte der Weisen, die dem Kind in der Krippe unter anderem auch Gold brachten, das Kostbarste, das sie kannten.

❄ Sterne

Sterne für den Weihnachtsbaum werden aus den unterschiedlichsten Materialien gefertigt – aus Stroh, Papier, Goldfolie oder anderem. Eins haben sie alle gemeinsam: sie rufen uns die Geschichte ins Gedächtnis, als die Sternkundigen aus dem Orient kamen und vom Stern über Bethlehem den Weg gewiesen bekommen hatten. In Babylon wusste man viel über Sternenkunde, die Konjunktion der Planeten Jupiter und Saturn zeigte ihnen das besondere Ereignis der Geburt von Jesus an. Jeder Stern am Baum erinnert an diese Geschichte.

Besonders beliebt als Schmuck an Weihnachtsbäumen sind Strohsterne. Diese gehen zurück
auf das Heu und Stroh in der Krippe im Stall
von Bethlehem. Sie sollen ein Zeichen sein
dafür, dass Jesus in Armut geboren wurde und
sich nicht zu schade war, auch das Geringste mit
uns zu teilen.

Im Salzburger Land war es früher üblich, am
Weihnachtsabend nach dem Gottesdienst in
der Wohnstube Heu und Stroh aufzuschütten
und darauf zu schlafen – so war man dem Kind
in der Krippe nah und verstand etwas von dem
Wunder, dass dieses Kind in die Armut unserer
Welt herabgestiegen ist, um uns nah zu sein. In
den baltischen und slawischen Ländern ist es bis
heute Sitte, den Boden oder den Tisch mit Stroh
zu bedecken, um an Heu und Stroh der Krippe
zu erinnern.

✳ Lametta

Früher wurde Lametta Zischgold genannt. Es
gibt es seit dem 18. Jahrhundert. Hergestellt
wurde es ursprünglich in Metallschlägereien

in Fürth und Umgebung. Von dort aus fand
es mehr und mehr Verbreitung. Lametta wird
auch Engelshaar genannt - als Zeichen für die
himmlische Herrlichkeit, die in den Engeln bei
der Geburt von Jesus sichtbar wurde.

✳ Backwerk

Zu den ganz frühen Verzierungen des Christ-
baums gehörte Backwerk in Form von Oblaten, Springerle, Gebildbroten, Zuckerwerk
und Früchten. Der zuckersüße Reichtum sollte
das himmlische Geschehen oder die paradiesischen Zustände versinnbildlichen.

✳ Ketten

Zum Weihnachtsschmuck am Baum gehörten
früher auch bunte Papierketten. Sie wurden
an den langen Adventsabenden von Kindern
gebastelt. Diese Ketten wiesen darauf hin,
dass wir durch das Geschehen der Heiligen
Nacht von den Ketten der Schuld frei geworden sind. Der Brauch, silberne Ketten an den
Weihnachtsbaum zu hängen, ist ursprünglich
wohl aus Spanien zu uns gekommen. An der
großen Kirche San Juan de los Reyes in Toledo,
der einstigen Hauptstadt Spaniens, hängen
viele schwere Ketten. Mit diesen Ketten wurden einst die von den Berbereskes gefangenen Christen angeschmiedet. Nach langen
schweren Jahren der Gefangenschaft wurden
sie durch Christen-Fürsten losgekauft. Als
Zeichen der Dankbarkeit hängten die Befreiten
ihre Ketten an die Kirche.

Die Insel

„Geschafft! Endlich geschafft!"

Kay Noll drückt seine Zigarette im Aschenbecher aus und lehnt sich in seinem Lederdrehsessel, so weit es geht, zurück. Er blickt auf seinen leeren Schreibtisch, ganz ohne Aktenberge. Ein seltener Anblick.

„Geschafft."

Die Schneeflocken vor dem Fenster heben sich gegen den dunklen Himmel ab. Von unten werden sie durch die glitzernde Weihnachtsbeleuchtung angestrahlt. Zauberhaft, denkt Noll, und im nächsten Moment: romantischer Kitsch! Kay Noll tritt ans Fenster seines Büros und sieht elf Stockwerke weit hinunter auf die belebte Straße. Autos, Lichter, Menschen, Schneematsch. Ein Hasten überall. Er dreht sich langsam wieder um, ein leicht spöttisches Lächeln um die Lippen. Ein leicht gekünsteltes auch. Dieses Weihnachten wird anders als alle anderen. Weihnachten und Familie hat für ihn immer zusammen, gehört. Jedenfalls so lange die Kinder klein waren. Christbaum, Geschenke, gebratener Truthahn, strahlende Kinderaugen. Und seine Frau mit der neuen Goldkette.

Nein. Er schiebt die Bilder wieder aus der Erinnerung. Jetzt nur nicht melancholisch werden! Weihnachten wird diesmal ganz anders sein. Weihnachten wird gar nicht sein.

Eben hat er die Landkarten der irischen Westküste in die Seitentasche seines prallvollen Koffers gepackt. Dort, wo schon der Flugschein steckt. Und der Schlüssel.

Unwillkürlich ballt er die rechte Faust. Er hat es diesmal anders geplant. Was soll er auch feiern nach der Trennung? Er hat Julia im Oktober verlassen. Seit sie sich in einen anderen vernarrt hatte, fand er keinen Draht mehr zu ihr. Erst die heimlichen Seitensprünge. Dann die unheimlichen Redeschlachten. Er hatte die Erniedrigung nicht mehr ausgehalten. Ja, er hat sicherlich auch Schuld, war in den letzten Jahren zu wenig zu Hause. Aber jetzt gab es ja kein Zuhause mehr für ihn. Jedenfalls nicht an Weihnachten. Weihnachten wird es diesmal gar nicht. Ja!

Vor drei Wochen kam ihm die Idee. Der jährliche Weihnachtsstress stand ihm bevor. Die zahllosen Feiern – in seiner Softwarefirma, in seinen drei Vereinen, früher auch in den Schulen der Kinder. Nein, Weihnachten wird anders. Wird gar nicht. Kay Noll hat es vor drei Wochen beschlossen. Er wollte weg. Weit weg. In ein anderes Land. Am besten auf eine Insel. Wo garantiert kein Rummel ist. Kein Festplüsch. Wo Weihnachten nicht ist. Fast spielerisch gab er in der Internetsuchmaschine die Begriffe „Insel" und „kaufen" ein. Er war zuerst überrascht, wie viele Adressen sofort auf seinem Bildschirm standen. Er klickte sich durch. „Das gibt's nicht – ich kauf mir eine Insel!", dachte er und klickte weiter. Bis ihr Bild seinen Blick fesselte: Greenborn Island, etwa 400 Meter vor der Westküste Irlands gelegen. Ein altes Haus stand darauf, noch möbliert, seitdem der bisherige Bewohner vor einigen Wochen verstorben war. Die Bilder zeigten die dicken Mauern, die stabilen Fenster, die Wiesen und den leichten Hügel daneben. Ein richtiges kleines Eiland. Genau das Richtige! Noll schwärmte. Der Preis war hoch, aber angemessen. Am nächsten

Morgen bekam er per Mail die Antwort des Maklers. Seine Notare tätigten das Nötige. Nun gehörte ihm die Insel. Greenborn Island.

Kay Noll überwies insgesamt zehntausend Euro an vier Hilfsorganisationen. Und er ließ kurzerhand 350 Karten drucken. Ein etwas kitschiges Weihnachtsbild vorne und innen der Text: „Ich bin an Weihnachten nicht zu Hause. Bitte keine Geschenke und keine Post. Auch keine Mail. Ich bitte um Verständnis, dass ich keine persönlichen Grüße schreibe. Anstelle von Geschenken habe ich an vertrauenswürdige Organisationen gespendet. Frohe Weihnachten – wenn es so etwas bei euch gibt!
Bis nächstes Jahr – Kay Noll."

Jetzt, zwei Tage vor Heiligabend, ist es so weit. Er schließt sorgfältig sein Büro ab. Sein Rückzug beginnt. Sein Auszug aus Weihnachten. Wenn schon allein, dann richtig allein.

Als er in Galway das Flugzeug verlässt, bläst ihm der eisige Wind mit Wucht ins Gesicht. Es ist gut, dass er so viel warme Kleidung eingepackt hat. Das Taxi wartet schon auf ihn. Er hat alles gut organisiert. Auch den Einkauf von Lebensmitteln für zwei Wochen hat der Fahrer übernommen. An der brüchigen Schiffsanlegestelle liegt das Motorboot, das er gechartert hat. Nur noch 400 Meter bis zu seiner Insel. 400 Meter zur Freiheit! Zur Freiheit von Weihnachten und all dem Dumherum und der Festfassade. Soll Julia doch morgen mit ihrem

Neuen feiern. Ob seine beiden Kinder mit ihren Partnern zur Christmette gehen werden? So, wie sie es immer miteinander getan haben? Er weiß es nicht. Ob sie jetzt den Christbaum schmücken? Auf Greenborn Island gibt es keine Christbäume und keine Heiligabendglocken. Er braucht sie nicht.

Das Haus ist in besserem Zustand, als er es befürchtet hat. Holz für das Kaminfeuer liegt genügend da. Einen heißen Grog gönnt er sich. Morgen ist Heiligabend. Nein, morgen ist nichts. Ein Tag auf seiner Insel. Sonst nichts.

Am nächsten Morgen stürmt es draußen. Er hat es warm. Endlich ist er weg. Zeit zum Lesen. Er hat Bücher mitgebracht, aber noch mehr interessierten ihn die Bände auf dem Regal. Er kann fließend Englisch. Seine Frau hat ihm manchmal englische Krimis zu Weihnachten geschenkt. Er hat sich gefreut. „Nicht schon wieder an Weihnachten denken", denkt er. Ob seine beiden Kinder ihn wenigstens anrufen werden? Jetzt, wenn zu Hause das Feiern beginnt?

Draußen ist es auch auf seiner Insel dämmrig geworden. Der stürmische Wind hat sich gelegt. Nein, bitte keine Anrufe. Er nimmt sein Handy, schaltet es ab. Dann schaltet er es wieder an, aber wenigstens auf „lautlos". Alles Laute will er jetzt los sein. Er hört die Stille. Legt nochmals ein paar Scheite ins Feuer. „Zu Hause ..." – nein, er verbietet sich solche Gedanken. Er ist weg. Und Weihnachten ist nicht hier. Endlich. Er geht zur Tür, sieht zum dunklen Meer, atmet durch. Tief durch. Seine Insel. Seine einsame Insel. An die Einsamkeit wird er sich gewöhnen, hofft er. Er geht wieder in das Haus. Nacht ist es gewor-

den. Erst spät hört er das Tuckern des Motors. „Da ist doch was", denkt er, und geht zum Fenster. Lichter kann er sehen, sie kommen näher, das Tuckern wird lauter. Ein Boot legt auf seiner Insel an. „Was geht jetzt ab?", denkt er, öffnet die Tür und will schon seinen Ärger hinausrufen; doch die Männer sind lauter. „Hallo Jim, frohe Weihnachten!", ruft einer mit breitem irischem Akzent. „Da sind wir wieder", ruft ein anderer, „hast du den Grog schon heiß?" Und der dritte schwenkt ein dickes Paket: „Ich hab's dabei wie jedes Jahr, J... – das ist ja gar nicht Jim!" Die drei Männer bleiben verblüfft ein paar Meter vor Kay Noll stehen. „Wir – wir wollen zu Jim Deloy. Ist er nicht hier? Er ist doch immer hier!" Kay Noll stellt sich vor und erklärt ihnen, dass Jim Deloy vor ein paar Monaten gestorben ist. Und er, Kay Noll, hat die Insel gekauft. Die drei Iren sind verdutzt. „Aber – was machen wir jetzt?", fragt einer. „Wir haben immer hier gefeiert, bei Jim. Hier war unser Heiligabend. Aber jetzt ..."

Sie zögern, wollen zu ihrem Boot zurück. Aber Kay Noll, zuerst unschlüssig, hält sie zurück. Mit Gästen hat er am wenigsten gerechnet. Er wollte allein sein. „Bleibt doch hier", lädt er die drei schließlich ein. Bald sitzen sie in der warmen Stube. Noll stellt Gläser bereit, will den Grog holen. „Nein, lass mal!", unterbricht ihn der mit dem großen Paket. „Das kommt später. Erst das hier ..." – und er packt ein großes altes Buch aus. Eine Bibel. „Erst das hier. Heute ist doch Weihnachten!", murmelt er, und dann schlägt er die Bibel an der Stelle auf, die er jedes Jahr aufgeschlagen hat. Er beginnt zu lesen – in feierlichem altem Englisch. Kay Noll versteht jedes Wort, versteht die Botschaft. Er erinnert sich an den Wortlaut, den er auch immer an diesem Abend gehört hat: „Es begab sich aber zu der Zeit, dass ein Gebot von dem Kaiser Augustus ausging ..." Die Worte will er zuerst an sich abprallen lassen, aber es gelingt ihm nicht. Sie lassen etwas in ihm mitschwingen, etwas, das mehr ist als nostalgische Rührung. Viel mehr. „Da machte sich auf auch Josef ..." Wegziehen, raus aus dem Gewohnten. „... und sie gebar ihren ersten Sohn." Weit weg von zu Hause wird es Weihnachten. Damals in Bethlehem – und jetzt auf seiner Insel. Kay Noll spürt erstaunt, dass er sich dieser Gedanken nicht schämen muss. Weit weg von Marias Zuhause kommt das Kind zur Welt. Zu ihm sind diese drei Männer gekommen. Und weil sie gekommen sind, ist auf einmal alles irgendwie anders geworden. Noll hört der Geschichte weiter zu, die der Ire sehr langsam und feierlich liest. „... und legte ihn in eine Krippe, denn sie hatten keinen Raum in der Herberge." Keinen Raum, denkt er. Musste er erst eine Insel kaufen, um Raum zu bekommen für etwas, was ihn jetzt irgendwo in der Mitte seines Lebens berührt? Er lässt in seinen Augen erste Tränen zu. Da kommen diese drei Männer und bringen ihm das, wovor er eigentlich fliehen wollte. „Es waren Hirten auf dem Felde ..." – das könnte auch in Irland spielen, auf Greenborn Island. „Euch ist heute der Heiland geboren." Kay Noll hört es, hört jedes Wort. „Euch – heute ..." So habe ich es noch nie gehört, denkt er. Vielleicht braucht man erst die Stille einer Insel, um richtig zu hören. „Euch ... heute ... der Heiland. ... Ehre sei Gott..."

Der Ire schlägt die Bibel wieder zu, packt sie ein. „Jetzt der Grog", sagt er freundlich zu Noll, und seine Augen strahlen. Die anderen haben andächtig zugehört. „Frohe Weihnachten", sagen sie einander zu. Kay Noll geht zum Küchentisch, will den Grog holen. Da sieht er, dass sein Handy blinkt. Lautlos. Aber nun sieht er es. Schon zwei Anrufversuche waren es vorher. Er nimmt ab. „Hier Chris." Seine Tochter. „Hallo, Dad, frohe Weihnachten!" Ja, denkt er, frohe Weihnachten ist auch hier, auf meiner Insel. Ganz anders, als er es sich vorgestellt hatte. „Frohe Weihnachten", antwortet er froh, während er den dreien Grog einschenkt. „Euch auch frohe Weihnachten!" Das Gespräch dauert noch lange.

Ulrich Mack

Krippen

Kaum einer unserer Weihnachtsbräuche hat eine so wechselvolle Geschichte und war so umstritten wie die Darstellung des Weihnachtsgeschehens durch Krippen.

Weihnachtskrippen haben eine jahrhundertelange Entwicklungsgeschichte. Glasfenster, Reliefs, Vollplastiken und Gemälde, auch Ikonen in Kirchen, später auch Bilderbibeln veranschaulichen biblische Inhalte.

Die Vorformen unserer heutigen Krippen reichen zurück bis ins 4. Jahrhundert. Der lateinische Kirchenvater Hieronymus, einer der bedeutendsten Gelehrten seiner Zeit, schlug im Jahr 386 seinen Wohnsitz in Bethlehem auf und ließ über der Geburtsgrotte in einer Kuppel das ganze Geburtsgeschehen nachgestalten. Damit war ein Vorbild für spätere Krippendarstellungen geschaffen. Der Sinn für das „Historische", Authentische muss sehr früh aufgekommen sein: Bereits im 3. Jahrhundert erwähnt der Gelehrte Origenes, in Bethlehem könne jeder die Höhle zeigen, in der Jesus geboren wurde, und die Krippe, in die er gelegt wurde.

Die Menschwerdung Gottes war im 4. Jahrhundert ein Thema, das die Menschen so beschäftigte, dass sich auch die Kirchenväter im Konzil von Nicäa damit auseinandersetzen mussten. Dabei ging es – vereinfacht ausgedrückt – um die Frage, ob und wie Jesus Gott oder Mensch war. Ein Ergebnis des Konzils war das Nicänische Glaubensbekenntnis mit der Betonung, dass Christus wahrer Gott und wahrer Mensch sei. In diesem Zusammenhang war der Verweis auf die biblischen Berichte der Geburt wichtig: „Für uns Menschen und zu unserm Heil ist er vom Himmel gekommen, hat Fleisch angenommen durch den Heiligen Geist von der Jungfrau Maria und ist Mensch geworden" (aus dem Nicänum).

Von Bethlehem kam die Idee der Krippendarstellung nach Rom, wo Papst Liberius 352 n. Chr. die Basilika Santa Maria Maggiore mit einer eigenen Krippenkapelle errichten ließ, in der er angebliche Teile der Originalkrippe aufbewahrte. Diese Holzreste können heute noch besichtigt werden.
In Zillis (Schweiz) findet sich ebenfalls eine sehr frühe Krippenszene aus dem 4. Jahrhundert.

Auch Franz von Assisi war von der Idee bewegt, den biblischen Bericht möglichst lebensnah darzustellen. Im Jahr 1223 feierte er mitten im Wald von Grecchio in einer Höhle Weihnachten. Er stellte eine mit Heu gefüllte Krippe auf, legte einen Säugling aus dem Dorf hinein und stellte Ochs und Esel daneben. Vor diesem anschaulichen Bild predigte er seiner Gemeinde das Weihnachtsevangelium: „Weihnachten wird heute in der Kirche gefeiert – und das ist gut so. Aber angefangen hat es hier draußen – diese Krippe hier erzählt uns allen ganz anschaulich ein großes Geheimnis: Gott wird Mensch – aus Liebe zu uns." Diese Darstellung war schon ein Vorläufer unserer heutigen Krippenspiele.

Franz von Assisi hat damit einen Brauch übernommen, der bis dahin in den sogenannten Paradiesspielen gefeiert wurde. Am 24. Dezember, dem Adam und Eva-Tag, wurden die Folgen des Sündenfalls – die Vertreibung aus dem Paradies und der Verlust der Gemeinschaft mit Gott – vor Augen geführt. Am Nachmittag des 24. Dezembers wurden Hirtentänze aufgeführt. In manchen Weihnachtsliedern klingt das tänzerische Singen an: „Fröhlich soll mein Herze springen" oder „Nun freut euch liebe Christengmeind und lasst uns fröhlich springen". In späterer Zeit z. B. bei Grünewalds Madonna tanzt das Jesuskind selbst mit. Auch die Barockzeit und Lateinamerika kennen das tanzende Jesuskind.

In der Liturgie zur Feier der Geburt Christi am 25. Dezember wurde die Szenerie des Stalls von Bethlehem an einer Krippe im Chorraum aufgebaut. Als Hirten verkleidete Gläubige traten nach der Eröffnung der Messe vor und wurden gefragt: „Wen sucht ihr in der Krippe?" Worauf sie antworteten: „Wir suchen unseren Herrn und Heiland, ein Kind in Windeln gewickelt." Während solche Wortwechsel zu Beginn der Liturgie stattfinden konnten, wurden dem Volk nach dem Gottesdienst ganze Krippenspiele dargeboten.

In den Nonnenklöstern wurde im Mittelalter auch das Kindelwiegen gepflegt. Das Lied „Joseph, lieber Joseph mein, hilf mir wiegen mein Kindelein" ist ein Zeugnis dieses Brauches, bei dem das Krippenkind gewiegt und geherzt wurde. Aus diesem Brauch entstanden sogenannte „Fatschenkinder", kunstvoll gewickelte und geschmückte Babys, die an den neugeborenen Jesus erinnern. Fatschen heißt wickeln, auch das Fetschen- oder Pfetschenkind geht darauf zurück. Häufig bekam eine Nonne zu ihrer Einsegnung ein wächsernes geschnitztes Jesuskind als Seelentrösterchen.

Der Brauch des „Bornkindes" wird bis heute in manchen Gegenden noch gepflegt. Er entstand im 16. Jahrhundert. Das Bornkind, eine Darstellung des neugeborenen Kindes, war eine in der Wiege liegende Christusfigur oder eine Statuette des Jesuskindes, das anstelle des Kruzifixes auf den Altar gestellt wurde oder auf den Stufen des Altars lag. Es hebt segnend die rechte Hand und hält in der linken die Weltkugel mit dem Kreuzeszeichen seiner Herrschaft. Das Bornkind wurde im zentralen Teil der Liturgie des Weihnachtsgottesdienstes verehrt.

Die Jesuiten stellten 1562 in der St.-Clemens-Kirche zu Prag die erste Kirchenkrippe auf. Staunend standen die Gläubigen vor der für sie neuartigen Krippe.

Der Brauch der Krippen hat sich durch die Jahrhunderte gehalten. „Ein gross Canzel ist die Krippen", hieß es in der Barockzeit. Sie diente der Verkündigung und Andacht. In gewissem Sinn kann man auch bei der Aufstellung einer Krippe von einem Krippenspiel reden, denn die Szene kann immer wieder verändert werden. So blieb es häufig nicht bei der Darstellung des Weihnachtsgeschehens allein, sondern auch die Darstellung des Jesuskindes im Tempel mit Simeon und Hanna, der Kindermord von Bethlehem, die Flucht nach Ägypten und das Weinwunder auf der Hochzeit zu Kana waren beliebte Themen für Figuren-Szenen.

Martin Luther hegte gegen Krippendarstellungen theologische Bedenken. Heiligenfiguren waren verdächtig, der „Abgötterei" Vorschub zu leisten. Die protestantische Scheu vor der Entheiligung des Heiligen durch bildliche Darstellung haben es lange verhindert, dass Krippen in evangelische Häuser einzogen. So galt es noch

in den 50er Jahren des letzten Jahrhunderts als Zeichen der Zugehörigkeit zur katholischen Kirche, wenn eine Krippe in der Wohnung stand. Heute hat auch in evangelischen Haushalten niemand mehr Bedenken, eine Krippe aufzustellen.

Im Zuge der Aufklärung wurden Krippen verboten und erst 22 Jahre später unter König Ludwig I. wieder erlaubt. In der Zeit des Nationalsozialismus wurden Krippen unterm Tannenbaum in Weihnachtsgärtlein umdefiniert, geschnitzte Tiere statt des Stalls von Bethlehem. In der früheren DDR waren Krippen verpönt. Die Krippe – und Weihnachten mit ihr – hat demnach sowohl die Reformation, die Zeit der Aufklärung, die Umdeutung zur Zeit des Nationalsozialismus und die Verleugnung durch den Kommunismus überlebt.

☸ Krippen in aller Welt

Wo immer heute Weihnachten von seinem christlichen Ursprung her gefeiert wird, sind auch Krippen aufgebaut, denn sie sind eine wunderschöne Veranschaulichung des damaligen Wunders.

Für den Afrikaner haben Maria, Josef und die Hirten schwarze Hautfarbe. Bei den Chinesen tragen sie die typischen asiatischen Gesichtszüge. Mexikaner gestalten ihre Krippen mit bunten Farben. In Peru kann das Heilige Paar auch mal mit Häuptlingsfedern ausgestattet sein. Süddeutsche und Alpenbewohner verlegen das Weihnachtsgeschehen in die Winterlandschaft, die sie mit Wurzeln und Moos ausstaffieren. In der Lausitz sind die Kastenkrippen beliebt (siehe Bild unten). Egal ob Standbilder in Kastenkrippen, Pyramiden des Erzgebirges,

Figurenkrippen in Kirchen oder Gemeindehäusern – immer soll das Geschehen von Bethlehem in die eigene ganz persönliche Welt hereingeholt und dort wahr werden. So vielfältig sich die Formen der Darstellung im Lauf der Geschichte zeigten, sie waren immer eine Antwort auf das Wunder der Weihnacht, ein Ausdruck der Freude und Anbetung.

✳ Ochs und Esel an der Krippe

Im Weihnachtsevangelium steht, dass Jesus in eine Krippe gelegt wurde, daraus schließt man, dass Jesus in einem Stall oder in einem Raum zur Welt kam, in dem auch Tiere lebten. Aus dem Jahr 343 stammt ein Sarkophag, auf dem auch Ochs und Esel an der Krippe stehen. Das Jesuskind liegt bei diesen Darstellungen häufig in einem geflochtenen Korb, wie das aus Lebensgefahr gerettete Moseskind. Es gibt biblische Belege dafür, dass Ochs und Esel Mitbewohner der Heiligen Familie waren: Beim Propheten Jesaja (1,3) heißt es: „Ein Ochse kennt seinen Herrn und ein Esel die Krippe seines Herrn; aber Israel kennt's nicht." In Habakuk 3,2 steht: „Inmitten zweier Lebewesen sollst du erkannt werden." Einen weiteren Beleg finden wir im später als das Neue Testament verfassten Evangelium des Pseudomatthäus 14: „... legte ihren Knaben, den Ochs und Esel anbeteten, in eine Krippe. Da ward erfüllt, was durch den Propheten Jesaja gesagt worden ist."

Ochs und Esel sind auch symbolisch gedeutet worden. Mehrere Kirchenväter sehen im Ochsen das Sinnbild für das jüdische Volk, das unter dem schweren Joch des mosaischen Gesetzes lebte, während der Esel die Heiden verkörperte, die mit der Sünde des Götzendienstes beladen waren. Zugleich repräsentieren beide Tiere damit die Gruppen der jüdischen Hirten und der heidnischen Weisen, die zur Krippe eilten.

Die Tiere symbolisieren also zwei große Denkwelten der damaligen Zeit, denen die Geburt des Erlösers verkündet werden soll.
Und schließlich weist die Darstellung von Ochs und Esel noch auf einen geistlichen Zusammenhang hin. Rind und Esel waren in der Bibel damals die wichtigsten Nutztiere, aber sie galten als unverträglich und sollten deshalb nicht gemeinsam an einen Pflug gespannt werden. Wenn sie nun an der Krippe so einträchtig beieinander stehen, ist dies auch ein Ausdruck dafür, dass Gott mehr vermag als wir Menschen und nichts als völlig aussichtslos erscheint. In und durch den geborenen Gottessohn führt er Menschen zusammen, überwindet Spaltungen, heilt Wunden, schafft Versöhnung und bewirkt Einheit.
In manchen liturgischen Gesängen und Weihnachtsliedern wurde der Ruf des Esels nachgeahmt – „Ia" oder „Eia" wär'n wir da ...
In der katholischen Kirche gab es früher das „Eselsfest", an dem drei Wochen nach Weihnachten der Flucht nach Ägypten gedacht wurde.

Der Esel wird zum Christusträger

Eine Legende sagt, der Esel aus Bethlehems Stall sei es gewesen, der später Maria mit dem Kind nach Ägypten trug und 30 Jahre später auch Christus, als er in die Stadt Jerusalem einzog. Damals, am Palmsonntag, ritt Jesus ja tatsächlich auf einem Esel. Egal, ob es der aus dem Stall von Bethlehem war oder nicht – der Esel in der Bibel wird jedenfalls zum Christusträger. Christus sollte dorthin kommen, wo Menschen Gottes Nähe brauchen. Christus, der selbst kam, um unsere Last zu tragen, die Last unserer Schuld und unserer Verletzungen, soll überall dorthin getragen werden, wo Menschen weinen, weil sie nicht weiterwissen. Wo Menschen hungern, weil die Liebe der Reichen nicht bis zu ihnen reicht. Wo Menschen in verhärteten Beziehungen leben, weil sie nicht zur Versöhnung finden. Wo Menschen wie dumme Esel behandelt und geschunden werden. Überall dorthin soll Christus getragen werden. Wir sollen und können solche Esel werden – Christusträger in unserer Welt. Denn wo Christus hingetragen wird – im Glauben, in versöhnenden Worten und liebenden Taten –, lernen Menschen wieder zu lachen und zu vergeben. Dort bricht sich Freude Bahn und neue Liebe. Da wird es Weihnachten.

Der brasilianische Bischof Dom Helder Camara hat es einmal in einem Gebet formuliert:

Herr Jesus Christus,
du bist zu uns in die Welt gekommen –
auf einem Esel.
Du willst nicht über die Menschen herrschen,
sondern hast uns allen gedient.
Du bist unser Sündenbock
und Lastesel geworden;
du hast alles auf dich genommen am Kreuz.
Nun sind wir entlastet.
Dafür danken wir dir.
Aber nun wollen wir Lasten
tragen von Menschen,
die belastet sind.
Wir wollen ganz in deiner Nähe sein.
Lass uns deine Lastenesel sein, Christus.

Amen.

Herberge und Futterkrippe

Warum wurde Jesus eigentlich in eine Futterkrippe gelegt? Warum nicht in ein wunderbares edles Bett mit weichen Kissen wie für einen Königssohn? Wieso ist er in einer Herberge geboren, und nicht in einem Palast, wo ihn ein ganzer Hofstaat hätte umgeben und sich um das Wohl von Mutter und Kind hätte sorgen können?

Die Weihnachtsgeschichte macht deutlich, dass dies eine tiefe Bedeutung hat. Jesus kam nicht in einen abgeschiedenen Raum voller Pracht und Herrlichkeit, zu dem nur auserwählte Gäste Zutritt hatten, sondern er kam in eine Herberge für Tiere und Menschen, in einen so niederen Ort, in den jeder eintreten konnte.

Er kam, um allen zu begegnen – Armen und Reichen, Hirten und Königen, einfachen Leuten und hoch angesehenen Weisen aus dem Orient. Niemand soll der Zutritt zu diesem Kind verwehrt sein, keiner soll ausgeschlossen werden.

Egal, wie sehr unser Herz von Sorgen oder Ängsten beladen ist, wie belastet wir sind durch Schuld und Versagen – jeder darf und soll zu diesem Kind herantreten können. Wir dürfen dort abladen. Wir müssen den Ballast unseres Lebens nicht weiter mit uns tragen, sondern können ihn loswerden. Auch mit den Schätzen unseres Lebens und der Freude dürfen wir kommen. In Dankbarkeit können wir uns vor diesem Kind neigen. Die Hirten kamen und beteten an; die

Weisen beugten ihre Knie vor dem Kind. Wer diesem Kind begegnet, wird still und dankbar.

Jesus liegt in einer Futterkrippe. Warum nicht in einem wunderbar weichen, nur für ihn hergerichteten Babybett? Diese Krippe wurde zweckentfremdet. Normalerweise war sie dafür bestimmt, den Tieren Futter, Heu, Rüben und Grünzeug zu liefern, deren Hunger zu stillen. Nun liegt dieses neugeborene Kind darin.

Dies kann für uns zum Bild werden: Jesus will zur Nahrung für diese Welt werden. Er will unseren Hunger stillen. Er will uns das geben, was uns satt macht, uns Kraft und Mut zu Leben gibt. „Ich bin das Brot des Lebens", so hat er später von sich gesagt. Wer davon isst, wird satt. Wer Anteil hat an ihm, hat alles, was er zu einem erfüllten und sinnvollen Leben braucht.

Jeder darf an diese Krippe kommen, jeder hat Zutritt zu dieser Herberge. Jeder soll gesättigt werden in der Gegenwart des Kindes in der Krippe und des Mannes am Kreuz.

Das Kind in der Krippe gibt es wirklich

Obwohl ich noch sehr klein war, erinnere ich mich sehr deutlich an ein Erlebnis, das für mein ganzes späteres Leben von tief prägender Bedeutung war.

Es war an einem Ostersonntag.
Meine Eltern gingen mit mir spazieren und mein Vater machte sich einen Spaß daraus, mir immer wieder heimlich Ostereier auf den Weg zu legen.

Ich staunte über die kleinen Schätze am Wegrand in glitzerndes Stanniolpapier verpackt. Ich blieb davor stehen und mein Vater ermutigte mich, diese aufzuheben und mitzunehmen.
„Die hat der Osterhase für dich dahingelegt", sagte er.
„Gerade eben ist er vorbeigesprungen. Hast du ihn nicht gesehen?"
Ich schüttelte wahrheitsgemäß den Kopf und staunte jedes Mal aufs Neue, wenn ich wieder

ein Ei gefunden hatte. Wie schnell der Osterhase es doch fertigbrachte, sich unsichtbar zu machen!

Ein Ei ums andere lag da am Wegesrand – aber den Osterhasen konnte ich einfach nicht entdecken. Mein Vater tat noch ein Übriges, indem er immer wieder mit dem Finger in eine andere Richtung zeigte und sagte: „Da schau, da springt er gerade fort. Siehst du?" Aber ich konnte ihn nicht sehen. „War ich wohl dumm?", so fragte ich mich.

Am Abend plagte meinen Vater das schlechte Gewissen. Er sagte zu mir: „Du, ich muss dir was sagen. Den Osterhasen gibt es nicht. Ich habe die Eier auf den Weg gelegt." Ich erinnere mich noch gut an das Gefühl der Erleichterung, das

mich durchzog, nachdem mein Vater mir die Wahrheit gesagt hatte. Denn obwohl ich noch sehr klein war, war mir doch klar, dass es seltsam war, dass ich den Osterhasen nie entdecken konnte und mein Vater ihn jedesmal gesehen hatte.

Aber dann fingen meine Gedanken an zu arbeiten und einige Zeit später fragte ich meinen Vater. „Du Papa, sag mal, wenn es den Osterhasen nicht gibt, dann gibt es das Jesuskind auch nicht, stimmt's?"

Mein Vater schaute mich tief erschrocken und betroffen an.

„Doch, das gibt es natürlich", versicherte er mir. Ich schaute ihn fragend an. Wieso sollte es das eine geben und das andere nicht? Mein Vater

machte sich schreckliche Vorwürfe, weil er mich mit dem Osterhasenmärchen an der Nase herumgeführt hatte. Er schaute sehr traurig aus, und ich spürte, wie entsetzt er darüber war, was sein „Märchen" in mir ausgelöst hatte. Er entschuldigte sich bei mir und beteuerte mir immer wieder: „Das Kind in der Krippe gibt es wirklich, aber die Geschichte mit dem Osterhasen haben sich Menschen ausgedacht." Und dann erzählte er die Ostergeschichte zum allerersten Mal sehr ausführlich – von Jesus, seinen Wundern, seinem Leiden, seinem Verspottetwerden, von seiner Liebe zu uns Menschen, von seinem Sterben und seiner Auferstehung.

Ich spürte, mit welcher Ernsthaftigkeit mein Vater darum bemüht war, mir die Wahrheit zu sagen, wie sehr er sich bemühte, das Geschehen auf meinen kindlichen Horizont herunter zu übersetzen. Er zeigte mir Bilder aus einer ganz alten Bibel, illustriert von Schnorr von Carolsfeld und erzählte mir lange und ausführlich. Wahrscheinlich dachte er, ich sei zu klein, um dieses Geschehen zu verstehen, aber ich habe damals in einer kindlichen Weise sehr tief begriffen, wie bedeutsam das Sterben von Jesus für meinen Vater war – und dass es darum für alle Menschen etwas sehr Wichtiges ist.
Sein Erzählen hatte fast etwas Heiliges an sich, er war dabei getrieben von einer tiefen Ernsthaftigkeit und persönlich engagiert. Es war ihm extrem wichtig, dass ich den Unterschied zwischen Märchen und biblischer Wahrheit lerne. Auch wenn ich später in meiner Jugend einige Jahre bewusst ohne Gott gelebt habe, an der Wahrheit der biblischen Aussagen habe ich nie mehr gezweifelt.
Das Verhalten meines Vaters hat mich selbst im Umgang mit biblischer Wahrheit tief geprägt.

Ich leide darunter, wenn ich höre, wie Kindern in der Advents- und Weihnachtszeit vom Weihnachtsmann, Christkind oder Engeln als Geschenkebringer erzählt wird oder wenn an Ostern der Osterhase gefeiert wird.

Wenn wir Weihnachten und Ostern zu einem Märchen machen, dann nehmen wir den Kindern und uns selbst die Chance, dass diese Feste auch mit uns als Erwachsene, mit unserem Alltag und seinen Problemen, mit unserem Leben und mit Sterben etwas zu tun haben könnten.

Denn wenn dieses Feste auf einer Märchengeschichte oder Märchenfiguren wie Christkind, Weihnachtsmann, Nikolaus oder Osterhase basieren, dann bauen Kinder zu diesen Figuren eine innere Beziehung auf, die mit Vorfreude, Erwartung, Spannung und Aufregung zu tun haben. Sobald die Kinder aber aus dem Märchenalter herauswachsen, verlieren sie den inneren Bezug zu solchen Figuren und damit auch zu Weihnachten oder Ostern.

Wenn aber Weihnachten von Anfang an den Geburtstag von Jesus zum Thema hat und Ostern das Sterben und Auferstehen von Jesus, dann gewinnen die Kinder den inneren Bezug zu dem Kind in der Krippe und dem Mann am Kreuz. Vorfreude, Spannung und Erwartung, aber auch Nachdenkliches, Schweres und Leid haben dann schon bei Kindern mit Jesus zu tun.

Weihnachten bedeutet, Gott erniedrigt sich. Er wird klein wie ein Kind, niemand braucht vor ihm Angst zu haben. In Jesus, im Kind in der Krippe, ist Gott ganz nah, begreifbar geworden. Ich bin von Gott angenommen und geliebt unabhängig von meiner Leistung. Ich bin schon vor meiner Geburt geliebt. Weihnachten ist nicht nur einfach ein Kinderfest, sondern es hat mit unserem ganzen Leben von Anfang bis Ende zu tun.

Damit bauen wir Kindern auch eine Brücke, auf der sie gehen können, wenn sie erwachsen werden, wenn alles Kindliche nicht mehr zählt. Die Freude an Weihnachten kann bleiben, denn sie beruht auf Tatsachen, die für Kinder und Erwachsene gelten.

Mein Vater versuchte, uns das Weihnachtsgeschehen immer wieder kreativ und fantasievoll nahezubringen. Deswegen habe ich mich auch immer wieder ganz besonders auf Heiligabend gefreut. Meine Erlebnisse als Kind haben mich tief geprägt: Bis heute ist es mir deswegen wichtig, unseren eigenen und anderen Kindern diese Inhalte wahrhaftig und gleichzeitig kreativ nahe zu bringen. Denn: Das Kind in der Krippe gibt es wirklich.

Weihnachten feiern

Weihnachten ist zuerst das Fest der Geburt von Jesus. Es ist schön, wenn es auch in der Gestaltung des Heiligen Abends zum Ausdruck kommen kann, dass wir nicht uns selbst feiern, sondern den Herrn der Welt.

✳ **Einige Vorschläge zur Gestaltung**

✳ Das Essen sollte nicht zur Hauptsache werden. Viele Frauen haben gerade mit der Vorbereitung des Essens unendlich viel Stress und sind dann an Heiligabend fix und fertig. Weihnachten besteht dann vor allem aus Essen und Geschenken und hat mit dem eigentlichen Inhalt nicht mehr viel zu tun. Weniger kann gerade an diesem Abend mehr sein. Manche Familien haben die Tradition eines einfachen Weihnachtsgerichts, das es nur an Heiligabend gibt.

✳ Vor der Bescherung ein Vorprogramm gestalten: Gäste oder Kinder können um einen kleinen Programmbeitrag gebeten werden, der die Themen von Weihnachten vor Augen führt: eine Geschichte, ein Quiz, ein Rätsel, ein Spiel, ein besonderes Lied.

✳ Die Weihnachtsgeschichte aus dem Lukasevangelium vorlesen (s. S. 70f.).

✳ Ein Stegreifspiel miteinander gestalten: Die Weihnachtsgeschichte in Abschnitten miteinander lesen und die einzelnen Szenen – evtl. in wechselnden Rollen – darstellen. Nur wenige Utensilien sind dafür nötig (ein Stock und Hut für die Hirten, einen Umhang für Josef oder eine Stola für Maria, ein weißes Gewand für die oder den Engel). So holen wir die Geschichte von damals in unsere Gegenwart.

✳ Ein Würfelspiel, immer bei Sonderfeldern (oder bei einer Sechs) darf der Nächste ein Geschenk auspacken

✳ Weihnachtsrätsel- oder Wortspiele

✳ **1. Flüsterspiel**
Ein Begriff, der mit Weihnachten zu tun hat wird dem Nebensitzer ins Ohr geflüstert. Was dieser verstanden hat, sagt er wieder im Flüsterton weiter. Beim letzten kommt möglicherweise ein völlig anders Wort am Ende an.

✳ **2. Pantomime-Ratespiel**
Ein Festgast wird aus dem Raum geschickt. Die anderen denken sich etwas aus, was mit den Vorbereitungen auf Weihnachten zu tun hat. Diesen Begriff versuchen sie pantomimisch darzustellen. Nur anhand der Bewegungen muss erraten werden, welcher Begriff gemeint ist.

✳ **3. Zeitungsspiel**
Jeder bekommt eine Zeitung, eine Schere und Klebstoff sowie ein oder zwei Bögen weißes Papier. Aus der Zeitung soll jeder Wörter ausschneiden und versuchen, die Weihnachtsgeschichte von Bethlehem in kurzen Sätzen aufzukleben. Danach liest jeder den anderen vor, was er zusammengeklebt hat.

❄ 4. Weihnachtsschlange

Der Erste nennt ein Wort, das mit Weihnachten zu tun hat. Der Nächste muss den Endbuchstaben dieses Wortes nehmen und mit diesem ein neues Wort beginnen. Gleiche Wörter sind verboten. (Beispiel: Nikolaus – Sternsinger – Rosine – Einkaufsrummel – Lametta – Apfel usw.)

❄ 5. Weihnachts-Alphabet

Dieses Spiel ähnelt dem vorigen. In der Reihenfolge des Alphabets oder an den Buchstaben von „Weihnachten" entlang müssen Wörter genannt werden.

❄ 6. Weihnachts-Puzzle

Ein Weihnachts- oder Adventsbild aus einer Zeitschrift oder Zeitung in 10-20 Teile zerschneiden. Danach versuchen alle miteinander, das Bild wieder zusammenzusetzen. Man kann auch für jeden ein Puzzle vorbereiten und dann um die Wette puzzeln.

Ein Geschenk für Jesus

Michael war krank.

Sein Kopf tat weh, sein Hals brannte und er fühlte sich so schwach, dass er kaum im Bett sitzen konnte.

Und in fünf Tagen war schon Weihnachten. Draußen hörte er die Kinder im Schnee spielen. Wie gerne wäre er da jetzt dabei. Aber dazu war er viel zu krank. Hoffentlich war er an Weihnachten wieder gesund. Er wollte so gerne dabei sein, wenn das Krippenspiel aufgeführt wurde.

Dieses Jahr spielte er nicht mit, aber seine große Schwester und sein Bruder. Und das wollte er unbedingt sehen. Seine Schwester spielte die Maria und sein Bruder würde ein König sein.

Seine Schwester kam leise ins Zimmer. „Hallo Maria", sagte er. Seine Schwester lachte. „Ich heiße immer noch Sara, ich spiele die Maria nur an Heiligabend. Das kommt bestimmt vom Fieber, dass du das jetzt verwechselst." – Fieber hin oder her, Michael war eben so in Gedanken beim Krippenspiel und bei Weihnachten gewesen, dass es ihm ganz egal war, ob seine Schwester Sara oder Maria hieß.

„Maria Sara", krächzte er leise, „an Weihnachten feiern wir doch den Geburtstag von Jesus, stimmt's?" „Ja", lächelte sie, „aber das weißt du doch. Oder bist du schon so krank, dass du das auch verwechselst?"

„Nein, aber ich will wissen, warum wir an Weihnachten die Geschenke bekommen und nicht Jesus." Sara sah ihn nachdenklich an. Die Frage war gar nicht so einfach zu beantworten. „Ich will mal drüber nachdenken", sagte Sara.

Sie ging hinaus und Michael fiel in einen fiebrigen Traum.

Er träumte von seinem Geburtstag. Er träumte davon, wie er Einladungen an hundert Freunde schrieb. Er träumte, wie die Freunde hinter seinem Rücken tuschelten und sich supertolle Geschenke ausdachten. Er träumte davon, wie seine Mutter und seine Schwester schon tagelang vorher Hunderte von Kuchen backten. So viele Kuchen hatte es noch nie an einem Geburtstag gegeben. Das Haus von Michael wuchs in seinen Träumen zu einem Schloss und in jedem Raum standen verhüllt Geschenke und zugedeckte Platten mit Gebäck. Das wird ein besonders tolles Fest geben, dachte Michael im Traum. Und dann endlich kam der Festtag. Michael war schon so aufgeregt! Irgendetwas ganz Besonderes musste es mit diesem Fest auf sich haben. Die Gäste kamen in Scharen. Michael ging hinaus in die Empfangshalle seines Traum-Schlosses, um seine Gäste zu begrüßen – aber seltsam. Es kam ihm vor, als hätte er einen Tarnumhang an. Niemand sah ihn und niemand beachtete ihn. „Bin ich denn unsichtbar?", fragte er sich in seinem Traum.

Die Gäste begrüßten sich gegenseitig herzlich und überreichten sich die tollsten Geschenke – lauter Sachen, die Michael sich schon lange wünschte. Die Gäste gingen alle nach und nach in die festlich geschmückten Räume. Michael stand immer noch in der Empfangshalle, um auf die letzten Gäste zu warten. Irgendjemand musste ihn doch entdecken und begrüßen.

Doch es kam niemand mehr. Und dann kam das Schlimmste.

Die Festgesellschaft war inzwischen in den Räumen verschwunden, die große Tür fiel zu – und Michael stand draußen. Er hämmerte an die Tür

und rief. „Lasst mich rein, das ist doch mein Geburtstag!"
Doch niemand bemerkte sein Klopfen. Die Gäste machten drinnen einen solchen Lärm, dass sie ihn nicht hören konnten. Michael weinte verzweifelt. Er hämmerte und hämmerte an der Tür, doch es war umsonst.

„Na na, Michael, was ist denn los?", sein Vater redete beruhigend auf ihn ein und streichelte über seine Stirn. „Du musst ja etwas Fürchterliches geträumt haben. Schon seit zwei Minuten schlägst du wie wild auf deine Bettdecke und rufst: ‚Lasst mich rein, lasst mich rein.'"

Michael war froh, dass er wieder wach war. Immer noch liefen ihm ein paar Tränen über das Gesicht. So ein schrecklicher Traum. Und er erzählte seinem Papa alles, was er geträumt hatte. Papa hörte gut zu.
Und dann sagte Michael: „Weißt du Papa, schon die ganze Zeit denke ich darüber nach, warum die Menschen sich gegenseitig an Weihnachten Geschenke machen, obwohl das doch der Geburtstag von Jesus ist. Nach diesem Traum kann ich mir noch viel mehr vorstellen, wie schlimm das für Jesus ist, wenn die Menschen seinen Geburtstag feiern und ihn dabei gar nicht beachten – so wie das in meinem Traum war. Ich war wie unsichtbar für meine Gäste. Ist es heute nicht auch so, dass viele Menschen heute Weihnachten feiern und gar nicht an Jesus denken?"

Papa nickte nachdenklich.
„Papa, mit was können wir Jesus denn an Weihnachten eine Freude machen? Was können wir ihm denn zum Geburtstag schenken?"

Papa sagte, „Du stellst wirklich gute Fragen, Michael. Und auch ganz wichtige Fragen. Das Wichtigste, was wir Jesus schenken können, ist unser Herz. Vielleicht klopft er gerade auch an deine Herzenstür, so wie du im Traum an die verschlossene Tür. Jesus wünscht sich, dass wir ihm diese Türe aufmachen, ihn in unser Herz, in die Mitte unseres Leben einladen, damit er in uns wohnen kann. Das ist das allerschönste Geschenk, das wir ihm machen können."

Michael nickte. Das konnte er gut verstehen – obwohl er Fieber hatte.
Michael dachte viel über seinen Traum nach und über ein Geschenk für Jesus – und jeden Tag fühlte er sich ein bisschen besser. An Heiligabend durfte er mit in die Kirche und das Krippenspiel ansehen.
Die Kinder sangen am Schluss das Lied: „Ihr Kinderlein kommet" – alle sieben Strophen. Michael wusste gar nicht, dass das Lied so viele Strophen hat.

Die fünfte und sechste Strophe gefielen Michael ganz besonders:
Was geben wir Kinder, was schenken wir dir, du bestes und liebstes der Kinder, dafür? Nichts willst du von Schätzen und Reichtum der Welt. Ein Herz nur voll Demut allein dir gefällt.

So nimm unsre Herzen zum Opfer denn hin; wir geben sie gerne mit fröhlichem Sinn; und mache sie heilig und selig wie deins, und mach sie auf ewig mit deinem in eins.

Das war genau das, was sein Papa auch gesagt hatte. Jesus wollte unsere Herzen haben. Michael konnte dieses Lied aus vollem Herzen bejahen; es war für ihn wie ein Gebet. So hatte Michael ein wunderbares Geschenk für Jesus an diesem Weihnachtsfest: sein Herz.

Weihnachtslieder

Die Lieder, die das Weihnachtswunder besingen, sind voller Jubel und Freude, sie sind beschwingt und nachdenklich, fröhlich und besinnlich.

Viele der Weihnachtslieder erzählen, was an Weihnachten geschah. Wenn wir sie singen oder hören, werden wir selbst mitten in das Geschehen hineingenommen. Vor allem die Formulierungen „heute" und „wir" versetzen uns in den Stall, an die Krippe, zu den Hirten oder auf den Weg der Weisen. Solche Erzähllieder sind z.B.:
„Was soll das bedeuten, es taget ja schon" – „Hört der Engel helle Lieder" – „O Bethlehem du kleine Stadt" – „Stern über Bethlehem" – „Herbei o ihr Gläubigen" – „Kommet ihr Hirten" – „Ihr Kinderlein kommet" – „Stille Nacht, heilige Nacht" – „Wisst ihr noch wie es geschehn".

Ähnlich nah am Geschehen sind **Krippenspiellieder**, in denen in verteilten Rollen gesungen wird wie z. B. bei Martin Luthers Lied „Vom Himmel hoch, da komm ich her" oder „Vom Himmel kam der Engel Schar" – „Freuet euch ihr Christen alle" – „Der Heiland ist geboren" – „Uns wird erzählt von Jesus Christ".
Ein besonders bekanntes Beispiel ist der „Quempas" (von dem lateinischen Liedanfang „quem pastores laudavere"): „Den die Hirten lobeten sehre", bei dem sich Singgruppen in die vier Ecken der Kirche verteilen und einander von der Geburt des Kindes zusingen und die Gemeinde jeweils mit dem Kehrvers antwortet: „Gottes Sohn ist Mensch gebor'n".
Zu den Weihnachtsliedern gehören auch **Anbetungslieder**, wie z. B. „Ich steh an deiner Krippen hier" – „Nun singet und seid froh" – „Zu Bethlehem geboren" – „Gelobet seist du, Jesu Christ" – „Lobt Gott ihr Christen alle gleich" – „Wunderbarer Gnadenthron".

Auch **Lieder mit symbolischer Aussage** finden wir unter den Weihnachtsliedern: „Es ist ein Ros entsprungen" oder „Freu dich Erd und Sternenzelt".

Einen besonderen Trostcharakter haben **Lieder mit seelsorgerlicher Ausrichtung**: „Fröhlich soll mein Herze springen" , „Sieh nicht an, was du selber bist" und „Weil Gott in tiefster Nacht erschienen" oder „Dies ist die Nacht, da mir erschienen" .

So kommt Freude und Leid, Schönes und Schweres in den Weihnachtsliedern vor. Unser ganzes Leben mit all seinen Ereignissen, Sehnsüchten und Enttäuschungen spiegelt sich in den Liedern der Weihnacht wider und findet darin Antworten.
Der Trost, der uns hier begegnet: Weihnachten ist ein schönes Fest. Aber das Kind, das da geboren wird, steigt auch in die Tiefen unseres Lebens hinab und begleitet uns auf schweren und dunklen Wegen. Dieses Kind ist Jesus, der Wege der Armut, der Dunkelheit und des Leids auf sich genommen hat und am Kreuz gestorben ist, um auch in schwierigen Zeiten uns nahe zu sein.

1: Sieh nicht an, was du selber bist
in deiner Schuld und Schwäche.
Sieh den an, der gekommen ist,
damit er für dich spreche.
Sieh an, was dir heut widerfährt,
heut, da dein Heiland eingekehrt,
dich wieder heimzubringen
auf adlerstarken Schwingen.

2: Sieh nicht, wie arm du Sünder bist,
der du dich selbst beraubtest.
Sieh auf den Helfer Jesus Christ!
Und wenn du ihm nur glaubtest,
daß nichts als sein Erbarmen frommt
und daß er dich zu retten kommt,
darfst du der Schuld vergessen,
sei sie auch unermessen.

3: Glaubst du auch nicht, bleibt er doch treu,
er hält, was er verkündet.
Er wird Geschöpf - und schafft dich neu,
den er in Unheil findet.
Weil er sich nicht verleugnen kann,
sieh ihn, nicht deine Schuld mehr an.
Er hat sich selbst gebunden.
Er sucht: du wirst gefunden!

4: Sieh nicht mehr an, was du auch seist.
Du bist dir schon entnommen.
Nichts fehlt dir jetzt, als daß du weißt:
Gott selber ist gekommen!
Und er heißt Wunderbar, Rat, Kraft,
ein Fürst, der ewigen Frieden schafft.
Dem Anblick deiner Sünden
will er dich selbst entwinden.

5: Wie schlecht auch deine Windeln sind,
sei dennoch unverdrossen.
Der Gottessohn, das Menschenkind
liegt doch darin umschlossen.
Hier harrt er, daß er dich befreit.
Welch' Schuld ihm auch entgegenschreit -
er hat sie aufgehoben.
Nicht klagen sollst du: loben!

Jochen Klepper

Von vielen Weihnachtsliedern wissen wir nichts mehr über die Hintergründe ihrer Entstehung, aber von einigen gibt es interessante Geschichten über den Anlass der Dichtung.

✺ Es ist ein Ros entsprungen

Eine Legende besagt, dass ein einfacher Mönch aus Trier der Urheber dieses Liedes sei. Er habe im verschneiten Klostergarten am Heiligen Abend eine erblühte Rose entdeckt und darüber ein Gedicht geschrieben und die Melodie dazu komponiert.

Die Rose, von der hier gesungen wird, meint aber eigentlich das Reis, einen neu treibenden Zweig, den Schössling, aus dem etwas Neues hervorwächst. Von einer neuen Zeit, einer neuen Entwicklung spricht der Prophet Jesaja. 700 Jahre vor Christi Geburt war das Volk Israel in einer schwierigen weltpolitischen Lage. Das Reich Juda stand kurz vor der Eroberung durch die Assyrer; dem Volk drohte Vertreibung und Gefangenschaft. Die Lage schien aussichtslos. In diese Situation hinein hatte der Prophet Jesaja die Geburt von Jesus und das Aufblühen eines neuen Zweiges vorhergesehen: „Und es wird ein Reis hervorgehen aus dem Stamm Isais und ein Zweig aus seiner Wurzel Frucht bringen" (Jesaja 11,1). Der jetzige Zustand ist nicht das Ende, es wird neue Hoffnung für das Königshaus Davids geben. Isai war der Vater des Königs David – und Jesus, der aus diesem Geschlecht stammt, war der neue Zweig, den der Prophet vorhersah. Der besseren Singbarkeit wegen wurde aus Isai in dem Lied von Bruder Laurentius „Jesse". Sieben Jahrhunderte nach den Prophetien Jesajas erfüllten sie sich bis ins letzte Detail. Das Kind Jesus, der Messias und Sohn Gottes, wird in Bethlehem geboren, in der Stadt Davids. Den „Nazarener" wird man ihn nennen, denn in Nazareth in Galiläa wird er aufwachsen. Der Name „Nazareth" wird abgeleitet von dem hebräischen Wort „neuer Zweig". Mit ihm beginnt eine neue Zeit, ganz so wie Jesaja es schaute, eine Epoche voller Hoffnung und Zuversicht. Die Dichtung dieses Liedes nimmt das Geheimnis, das Rätselhafte der Verheißung und Erfüllung auf. So bilden die ersten beiden Strophen eine poetisch dichte Einheit: achtmal erklingt der Vokal – a – (zart – Art / bracht – Nacht / sagt – bracht / Rat – Magd) und verbindet so klanglich das Rätsel von Strophe eins mit seiner Lösung in Strophe zwei. Daher ist auch anzunehmen, dass das Lied ursprünglich nur aus zwei Strophen bestand.

1. Es ist ein Ros entsprungen
aus einer Wurzel zart,
wie uns die Alten sungen,
von Jesse kam die Art
und hat ein Blümlein bracht,
mitten im kalten Winter,
wohl zu der halben Nacht.

2. Das Blümlein, das ich meine,
davon Jesaja sagt,
hat uns gebracht alleine
Marie, die reine Magd;
aus Gottes ewigem Rat
hat sie ein Kind geboren,
welches uns selig macht.

3. Das Bümelein so kleine,
das duftet uns so süß,
mit seinem hellen Scheine
vertreibt's die Finsternis.
Wahr' Mensch und wahrer Gott,
hilft uns aus allem Leide,
rettet von Sünd und Tod.

4. O Jesu, bis zum Scheiden
aus diesem Jammertal
lass dein Hilf uns geleiten
hin in den Freudensaal,
in deines Vaters Reich,
da wir dich ewig loben.
o Gott, uns das verleih!

✳ Ihr Kinderlein kommet

Dieses Lied stammt von Christoph von Schmid. Er lebte von 1768-1854 und war einer der erfolgreichsten und bekanntesten deutsche Kinder- und Jugendschriftsteller der ersten Hälfte des 19. Jahrhunderts. „Ihr Kinderlein kommet" ist sein bekanntestes Werk.

Christoph von Schmid war der älteste Sohn eines Ratschreibers zu Dinkelsbühl. In diesem reizvollen mittelfränkischen Städtchen findet sich auch ein Standbild von ihm: ein Domherr, von Kindern umringt, denen er biblische Geschichten erzählt und mit denen er singt. 1791 wurde er zum Priester geweiht und brachte es in seinem geistlichen Amt so weit, dass er 1827 zum Domkapitular von Augsburg berufen wurde. Er hätte ein noch höheres Amt bekommen können, wenn er es nicht immer wieder abgelehnt hätte.

Seine Liebe galt der Jugend. Morgens um vier Uhr – egal zu welcher Jahreszeit – saß er schon am Schreibtisch und schrieb für seine jungen Freunde. Er sagte einmal: „Nur die Zeit von morgens vier bis acht Uhr am Tag gehört mir. Darum muss ich sie nützen." Etwa 50 Jugendbücher und manche Gedichte für Kinder stammen aus seiner Feder.

Das Krippenlied „Ihr Kinderlein kommet" schrieb er in Thannhausen a. d. Mindel, wo er als Distrikts-Schulpastor tätig war.

„Ihr Kinderlein kommet" führt in eindrücklicher Weise die ganze Szenerie von Bethlehem vor Augen. Beim Schreiben dieses Liedes soll er sich an eine Krippenausstellung in seiner Heimatstadt erinnert haben, die er mit gerade 10 Jahren miterlebt und die ihn tief beeindruckt hatte. Beim Singen hat man den Eindruck, als wollte der Liederdichter auch uns nach Bethlehem mitnehmen. Die Verse bringen uns an die Krippe. Dort können wir stehen oder die Knie beugen, wir können anbeten wie die Hirten, die Hände erheben und wie sie auch loben.

Meistens wird heute nur noch die erste, manchmal auch die zweite Strophe gesungen. Insgesamt hat dieses Lied aber sieben Strophen, die alle so schön sind, dass wir sie nicht in Vergessenheit geraten lassen sollten.

Christoph von Schmid.
Stahlstich von Karl Mayer etwa aus dem Jahre 1850.

CHRISTOPH VON SCHMID

Ihr Kinderlein kommet, o kommet doch all,
zur Krippe her kommet, in Bethlehems Stall.
und seht, was in dieser hochheiligen Nacht
der Vater im Himmel für Freude uns macht.

O seht in der Krippe im nächtlichen Stall,
seht hier bei des Lichtleins
hellglänzendem Strahl
in reinlichen Windeln das himmlische Kind
viel schöner und holder, als Engel es sind.

Da liegt es, das Kindlein, auf Heu und auf Stroh.
Maria und Joseph betrachten es froh,
die redlichen Hirten knien betend davor,
hoch oben schwebt jubelnd der Engelein Chor.

O beugt wie die Hirten anbetend die Knie,
erhebet die Hände und danket wie sie;
stimmt freudig, ihr Kinder, -
wer sollt sich nicht freun? -
stimmt freudig zum Jubel der Engel mit ein.

O betet: Du liebes, du göttliches Kind,
was leidest du alles für unsere Sünd!
Ach hier in der Krippe schon Armut und Not,
am Kreuze dort gar noch den bitteren Tod.

Was geben wir Kinder, was schenken wir dir,
du bestes und liebstes der Kinder, dafür?
Nichts willst du von Schätzen
und Reichtum der Welt?
Ein Herz nur voll Demut allein dir gefällt.

So nimm unsre Herzen zum Opfer denn hin;
wir geben sie gerne mit fröhlichem Sinn.
ach mache sie heilig und selig wie deins,
und mach sie auf ewig mit deinem in eins.

✳ O du fröhliche

Gedichtet von Johannes Daniel Falk, gilt es als das typische deutsche Weihnachtslied. Dabei war es ursprünglich nicht für Heiligabend geschrieben, sondern ein Dreifeiertagslied, das auch zu Ostern und Pfingsten gesungen werden konnte, basierend auf der Melodie eines sizilianischen Fischerliedes. In der zweiten Strophe dichtete Falk: „Gnadenbringende Osterzeit, Welt lag in Banden, Christ ist erstanden." Und Strophe drei: „O du fröhliche, o du selige gnadenbringende Pfingstzeit, Christ, unser Meister, heiligt die Geister, freue, freue dich, o Christenheit."
Heute ist es nur noch als Weihnachtslied bekannt und wird neben „Stille Nacht" am häufigsten gesungen, meist zum Ausklang des Gottesdienstes.

Falk lebte 1768 bis 1826 und war Sohn eines armen Perückenmachers aus Danzig. Ein städtisches Stipendium verhalf ihm zum Abitur und Studium. Falk konnte, trotz religiöser Erziehung, mit dem christlichen Glauben nichts mehr anfangen. Er arbeitete für verschiedene Zeitschriften und entwickelte sich zum bissigen Satiriker. Er schrieb Theaterstücke und gab die „Taschenbücher für Freuden des Scherzes und der Satire" heraus. 1806 erlebte er die Besetzung Deutschlands durch Napoleon. Das Jahr 1813 bedeutete für den spöttischen Gottesleugner von Weimar die Wende. Nach der Völkerschlacht bei Leipzig ging eine Seuche durchs Land. Vier seiner Kinder im Vorschulalter starben innerhalb weniger Wochen. Als dann auch noch seine älteren Kinder sterbenskrank wurden und er selbst wochenlang zwischen Leben und Tod schwebte, klagte er: „Will das ein Gott der Liebe sein, der solches zulässt?" Für ihn schien es grausam und unbarmherzig. Doch genau diese schwere Zeit wurde für den Satiredichter zur Wendezeit. „Meine Dichtung", so schrieb Falk, „hat jetzt ein anderes Gewand angezogen, wie auch der Mensch sich gewandelt hat, seit ich unter dem Kreuz einst den Herrn recht erkannt habe." Wenig später gründete er die „Gesellschaft der Freuden in Not", nahm Waisenkinder auf und eröffnete den „Lutherhof". Später hat er dazu einmal gesagt: „Gott hat mir meine Kinder genommen, damit ich mich den verlorenen und heimatlosen zuwende." Bis zu seinem Tod betreute Falk dort mehr als 500 Kinder, die er meist verwahrlost von der Straße holte. Einem Freund schrieb er: „Könnten Sie uns sehen, Sie würden sich freuen und Gott preisen. Kinder von Räubern und Mördern singen Psalmen." Nach dem Modell Falks gründete später Johannes Hinrich Wichern, der Erfinder des Adventskranzes, das „Rauhe Haus" in Hamburg.

Falk war begeistert davon, wie schnell seine Kinder das Lied lernten und aufnahmen: „Ich freue mich der brünstigen Andacht, mit der die Kinder meine Lieder singen. Sonderlich mit dem Dreifeiertags-Lied ist es mir geglückt. Ich sprach es den Kindern in der Sonntagsschule zweimal vor, da konnten es alle." Später hat Heinrich Holzschuher noch zwei weitere Weihnachtsstrophen dazu gedichtet. Diese Fassung ist die uns heute bekannte.

> O du fröhliche, o du selige,
> gnadenbringende Weihnachtszeit!
> Welt ging verloren, Christ ist geboren:
> Freue, freue dich, o Christenheit!
>
> O du fröhliche, o du selige,
> gnadenbringende Weihnachtszeit!
> Christ ist erschienen, uns zu versühnen:
> Freue, freue dich, o Christenheit!

> O du fröhliche, o du selige,
> gnadenbringende Weihnachtszeit!
> Himmlische Heere jauchzen dir Ehre:
> Freue, freue dich, o Christenheit.

✳ Vom Himmel hoch da komm ich her

Dieses Lied stammt wie viele andere von Martin Luther. Viele bis dahin bekannte Weihnachtslieder waren noch lateinisch verfasst und konnten so zwar gesungen, aber nur von den wenigsten verstanden werden. Der große Reformator wollte jedoch, dass auch der einfache Kirchenbesucher den Gottesdienst aktiv mitgestalten, im Herzen mitgehen konnte. Es genügte Luther nicht, nur die Bibel ins Deutsche zu übersetzen, er kreierte zusätzlich noch viele Lieder, er übertrug lateinische Hymnen in deutsche Lieder. Das erste lutherische Gesangbuch wurde 1542 gedruckt. Martin Luther war es wichtig, den Glauben auch im Alltag zu gestalten – in kleinen liturgischen Feiern versuchte er, die Inhalte umzusetzen.

So geht das Lied „Vom Himmel hoch" auf eine Weihnachtsfeier im Hause Luther zurück, wo er in Form eines Singspiels den Verkündigungsengel auftreten ließ, der den Kindern von der Geburt von Jesus erzählt. Für das Weihnachtsfest im Jahr 1535 hat Luther dieses Lied gedichtet. Er wollte der Weihnachtsfeier damit noch einen ganz besonderen Höhepunkt geben. Nach der Bescherung erzählte er seinen Kindern die Geschichte von der Heiligen Nacht, von Maria und Josef, von Bethlehem und den Hirten auf dem Feld, von den Engeln und den himmlischen Chören. In diesem Moment tat sich die Tür auf, herein trat ein als Engel verkleideter Mann und sang die ersten Strophen des neuen Liedes:

LUTHER MIT FAMILIE

„Vom Himmel hoch, da komm ich her,
ich bring euch gute neue Mär;
der guten Mär bring ich so viel,
davon ich singen und sagen will.

Euch ist ein Kindlein heut geborn,
von einer Jungfrau auserkorn,
ein Kindelein so zart und fein,
das soll eu'r Freud und Wonne sein.

Es ist der Herr Christ, unser Gott,
der will euch führn aus aller Not,
er will eu'r Heiland selber sein,
von allen Sünden machen rein."

Die Kinder hörten andächtig zu. Nun sollten die
Kinder auf die ersten Strophen antworten. Die
Melodie war allen bekannt, denn sie stammte
von einem der beliebten Volks- und Tanzlieder.
So brauchte Vater Luther den Kindern nur
noch Satz für Satz vorzusagen, und sie konnten
antworten mit:

„Sei mir willkommen, edler Gast!
Den Sünder nicht verschmähet hast,
und kommst ins Elend her zu mir:
wie soll ich immer danken dir?"

✵ Stille Nacht

Dieses Lied ist sicherlich das bekannteste Weihnachtslied der Welt.
Kein anderes ist in so viele Sprachen übersetzt.
Bei internationalen Begegnungen an Weihnachten ist es das einzige Lied, das alle miteinander
– jeweils in ihrer Sprache – singen können.
Doch als das Lied in den Tagen des Christfestes
1818 geschrieben, komponiert und schließlich
zum ersten Mal gespielt und gesungen wurde,
war das Leben der armseligen Vorstadtge-
meinde Oberndorf an der Salzach ähnlich wie
im Stall von Bethlehem von Armut und Impro-
visationskunst geprägt. Oberndorf gehörte
einst zur Stadt Laufen auf der anderen Seite
des Flusses und damit zum Erzbistum Salzburg.
Durch den »Wiener Frieden von 1815« wurde
Laufen bayerisch und Oberndorf österreichisch.
Oberndorf wurde so von seiner Pfarrkirche
getrennt. Deshalb versammelte
sich die weihnachtliche
Gemeinde in der schon
halb verfallenen St.
Nikolaus-Kirche. Die
Orgel war schadhaft
und verstimmt, fast
unbrauchbar. Die
Oberndorfer hatten
auch keinen Pfar-
rer, sondern nur
einen Hilfspriester
namens Joseph
Mohr. Die Orgel
wurde nicht von
einem Kantor,
sondern vom jun-
gen Lehrer Franz
Gruber gespielt.

Lehrer Franz Gruber
komponierte hier
am 24. Dez. 1818
die Melodie.

Arnsdorf

Die Entstehungsgeschichte des Liedes verdanken wir wohl jener Orgel, die 1818 genau am Tag der Christmette ihren Geist aufgab. So waren der Hilfspriester Josef Mohr und Franz Gruber gezwungen, den Weihnachtsgottesdienst in anderer Form musikalisch zu gestalten: mit Gitarre und Gesang.

Franz Grubers Strophen, die er wohl schon zuvor gedichtet hatte, inspirierten den Kantor zu der bis heute bekannten Melodie des Liedes. So standen die beiden dann miteinander vor der versammelten Festgemeinde und sangen dieses Lied, mit der leisen Gitarrenbegleitung. Die Atmosphäre, die dadurch entstand, berührte die Herzen der Menschen in ganz besonderer Weise. So prägte dieses Lied mit seiner Behutsamkeit die Christmette und erzählte von dem Wunder der Geburt Christi. Die Menschen verstanden dadurch etwas von der Heiligkeit des Geschehens dieser Nacht und waren tief ergriffen.

Johann Hinrich Wichern trug wesentlich zur Verbreitung des Liedes bei, als er es in die Liedersammlung der Franckschen Stiftungen aufnahm. In der Agentur des Rauhen Hauses wurde es 1844 zum ersten Mal gedruckt.

> Stille Nacht, heilige Nacht!
> Alles schläft, einsam wacht
> nur das traute hochheilige Paar.
> Holder Knabe im lockigen Haar,
> schlaf in himmlischer Ruh,
> Schlaf in himmlischer Ruh.

> Stille Nacht, heilige Nacht!
> Hirten erst kundgemacht,
> durch der Engel Halleluja
> tönt es laut von fern und nah:
> Christ, der Retter ist da,
> Christ, der Retter ist da!

> Stille Nacht, heilige Nacht!
> Gottes Sohn, o wie lacht
> Lieb aus deinem göttlichen Mund,
> da uns schlägt die rettende Stund,
> Christ in deiner Geburt,
> Christ in deiner Geburt!

✳ Fröhlich soll mein Herze springen

Paul Gerhardt hat dieses Lied gedichtet. Nach Martin Luther gehört er zu den bekanntesten Liederdichtern Deutschlands. Bis zu seinem Tod im Jahre 1676 dichtete Gerhardt rund 130 Lieder, darunter auch einige für die Weihnachtszeit.

Dieses Lied war für die damalige Zeit etwas ungewöhnlich.

Denn der hüpfende springende Rhythmus brauchte eine neue Strophenform. Johann Crüger, der etliche Texte des Liederdichters vertont hat, setzte das Springen musikalisch um. Seine rhythmische Melodie macht etwas deutlich von dem, was Weihnachten in uns bewirken will: anhalten, nachdenken, fröhlich weitergehen. „Fröhlich soll ... mein Herze springen. Dieser Zeit, ... da vor Freud ... alle Engel singen. Nach jeder Zeile scheint man im Singen innezuhalten, um dann wieder fröhlich hüpfend in die Melodie einzusteigen. Paul Gerhardt wollte damit die Bedeutung von Weihnachten ausdrücken. Weihnachten will mich ergreifen, zum Innehalten und Staunen führen, und mir dann neu Freude und Mut zum Vorwärtsgehen geben. „Hört, hört, ... wie mit vollen Chören ... alle Luft ... laute ruft: ... Christus ist geboren."

Der Text, in Ich-Form geschrieben, nimmt mich persönlich mit zur Krippe, lädt mich ein, am Geschehen Anteil zu nehmen.

Die ersten Strophen beschreiben noch, ab der Strophe 6 werden die „Umstehenden" eingeladen, mitzukommen „Ei so kommt ... und lasst uns laufen. Stellt euch ein ... Groß und Klein ..." und das Wunder von Bethlehem zu bestaunen. Ab Strophe zehn wird das Lied zum Gebet. Jesus wird persönlich angesprochen. „Süßes Heil, ... lass dich umfangen. Lass mich dir, meine Zier, unverrückt anhangen ..."

Die letzte Strophe nimmt die Perspektive der Ewigkeit auf: „... mit dir ... will ich endlich schweben ... voller Freud ... ohne Zeit ... dort im andern Leben."
So wird aus der Betrachtung und dem Weg zur Krippe ein persönlicher Weg des Glaubens und des Gebets.

✻ Ich steh an deiner Krippe hier

Auch dieses Lied stammt von Paul Gerhardt. Es ist ein Andachts- und Anbetungslied voller Hingabe und Zärtlichkeit! „Selten", so formuliert der Berliner Bischof Wolfgang Huber, „wurde eindringlicher besungen, was es heißt, vor der Krippe Jesu zu stehen."

1. Ich steh an deiner Krippen hier,
o Jesu, du mein Leben;
ich komme, bring und schenke dir,
was du mir hast gegeben.
Nimm hin, es ist mein Geist und Sinn,
Herz, Seel und Mut, nimm alles hin
und lass dir's wohlgefallen.

2. Da ich noch nicht geboren war,
da bist du mir geboren
und hast mich dir zu eigen gar,
eh ich dich kannt, erkoren.
eh ich durch deine Hand gemacht,
da hast du schon bei dir bedacht,
wie du mein wolltest werden.

In der zweiten Strophe wird die vorgeburtliche Dimension unseres persönlichen Lebens besungen. Schon bevor ich entstand, war ich schon bei Gott geplant und gewollt, ja war schon meine Beziehung zu ihm sein ausdrücklicher Wille. Dass jeder Mensch dazu berufen ist, im Gegenüber zu Gott zu leben, wird in der Anbetung an der Krippe bewusst.

3. Ich lag in tiefster Todesnacht,
du warest meine Sonne,
die Sonne, die mir zugebracht
Licht, Leben, Freud und Wonne.
O Sonne, die das werte Licht
des Glaubens in mir zugericht',
wie schön sind deine Strahlen!

Auch das Leid ist bei diesem Kind nicht ausgeklammert. Die Strahlen seiner weihnachtlichen Liebe können mich auch in den dunklen Bereichen meines Lebens erreichen.

4. Ich sehe dich mit Freuden an
und kann mich nicht satt sehen;
und weil ich nun nichts weiter kann,
bleib ich anbetend stehen.
O dass mein Sinn ein Abgrund wär
und meine Seel ein weites Meer,
dass ich dich möchte fassen!

Eine innige Zwiesprache mit dem Kind, die alles andere ausblendet. Übrig bleibt nur das göttliche Kind und der menschliche Betrachter und darin stilles Staunen und Anbeten.

Das ursprüngliche Lied von Paul Gerhardt hatte fünfzehn Strophen, die ganz im barocken Stil der damaligen Zeit ein Detail nach dem anderen betrachtend abtastet. „Vergönne mir, o Jesulein, dass ich dein Mündlein küsse", heißt es in einer Strophe. „die Händlein" des Jesuskindes werden beschrieben, schließlich kommen noch „die Äuglein" in den Blick. All das mag in heutigen Ohren kitschig klingen. Daher hat man im evangelischen Gesangbuch sechs der fünfzehn Strophen gestrichen und manche Textpassagen modernisiert. So endet das Lied heute mit der Strophe neun, die eine Einladung an das Kind in der Krippe, ein Gebet der Hingabe an dieses Kind ist und weit über Weihnachten hinaus Freude für unser Leben verheißt.

9. Eins aber hoff ich, wirst du mir,
mein Heiland, nicht versagen:
dass ich dich möge für und für
in, bei und an mir tragen.
So lass mich doch dein Kripplein sein;
komm, komm und lege bei mir ein
dich und all deine Freuden.

Der Theologe Dietrich Bonhoeffer schreibt Advent 1943 in der Haftanstalt Berlin-Tegel: „Man muss wohl lange allein sein und es meditierend lesen, um es aufnehmen zu können. Ein klein wenig mönchisch-mystisch ist es, aber doch gerade nur so viel, wie es berechtigt ist. Es gibt eben neben dem Wir doch auch ein Ich und Christus, und was das bedeutet, kann gar nicht besser gesagt werden als in diesem Lied."

Ein Kind als Rettung?

Dichter Nebel lag über der Nordsee. Möwen flogen kreischend vorüber. Sein Freund Peter stieß vom Land ab und steuerte das kleine Motorboot in die undurchsichtige feuchte Suppe hinein. Sein Kopf war schwer, mit glasigen Augen sah er verdrossen in die Wellen. Ihm war kalt. Von der ganzen Weihnachtsfeier war ihm nichts geblieben als ein Brummschädel und ein leeres Herz.

Das Christfest war für den Fischer Johannsen immer einer der schwierigsten Tage im Jahr. Um sich abzulenken, traf er sich jedes Jahr mit seinen Freunden im Wirtshaus. Die niedrige Kate lag oben auf den Dünen, die Fenster gaben den Blick zum Meer frei. Alle Erinnerungen und Sentimentalitäten konnte er so mit mehreren Flaschen Wein, Grog und Bier wegspülen.

Seit seine Eltern gestorben waren, hatte er niemanden mehr, der an Weihnachten an ihn dachte oder ein Geschenk für ihn vorbeibrachte.

So war er also mit seinen Saufkumpanen zusammengesessen; bis zum frühen Morgen hatten sie miteinander durchgehalten, hatten getrunken, geredet, gegrölt. Als er sich gerade entschlossen hatte, sich auf einen langen Heimweg von mehrere Stunden Fußmarsch am Strand entlang zu machen, hatte ihn einer seiner Trinkbrüder eingeladen, noch ein Stück mit dem Boot mitzufahren. Das kam ihm recht gelegen, denn der Strand hatte viele Buchten, die er sonst alle hätte auslaufen müssen, so konnte er seine Strecke abkürzen. Und dennoch – zu Hause würde niemand auf ihn warten, seine Hütte war kalt. Immer wieder dieselbe beißende Einsamkeit, und Weihnachten setzte noch eins oben drauf. Da wurde ihm die Leere seines Lebens noch mehr bewusst.

Doch – eines war gestern anders gewesen. Gegen Mitternacht hatten ein paar Mädchen der Heilsarmee die Wirtstube betreten und altbekannte Weihnachtslieder gesungen. Erinnerungen an die unbeschwerte Kinderzeit waren hochgekommen, manche der Männer hatten schon stark dem Alkohol zugesprochen und hatten geweint. Auch ihm waren die Augen feucht geworden, doch er hatte mit dem Handrücken die Tränen weggewischt und auf den Rauch geflucht, der die Augen zum Tränen brächte.

Nach den Liedern hatte eines dieser Mädchen eine kleine Ansprache gehalten, hatte von dem Kind erzählt, das vom Himmel kam, um uns zu helfen und von der Liebe Gottes, die Brücken zu uns Menschen schlägt. Sie hatte die Sehnsucht der Menschen nach der Liebe Gottes erwähnt, das Heimweh nach dem Vater im Himmel, das jeder Mensch in sich trägt. Sie hatte von den heimlichen Tränen gesprochen, die erst getrocknet werden, wenn wir uns vom himmlischen Vater umarmen lassen und seine Vergebung annehmen.

„Wer das Kind in Liebe ergreift, der hat nach Hause gefunden, der hat Heimat und Frieden. Dieses Kind kann jeden retten", so ungefähr hatte sie es formuliert. Einige Männer, die eben noch vor Rührung geweint hatten, hatten sie ausgelacht und ihr ein Glas Schnaps aufzwingen wollen – aber er, er hatte nicht gelacht. Er spürte, dass es stimmte, was sie sagte. Er hatte keinen Frieden im Herzen, da war nur Unruhe. Auch wenn er es nicht zugeben wollte – sie hatte doch recht: An diese Begebenheit dachte er jetzt während der Fahrt. Doch dann verscheuchte er die Gedanken wie eine lästige Fliege, die den Kopf umkreist. „Pah. Kinderei! Wie soll ein Kind uns helfen können. Selbst ist der Mann. Sündengewinsel ist nicht Männerart, wir sind hart im Nehmen. Ich brauche doch kein Kind, das mir hilft. Ich würde es zurückstoßen und mich nur auf meine eigene Kraft verlassen."

Man musste sich schon sehr gut auskennen, um hier nicht die Richtung zu verlieren.
„Mehr links, Peter, wir kommen sonst vom Land ab." Sie fuhren stillschweigend weiter, bis ziemlich plötzlich der Kiel des Bootes im Sand knirschte. Das musste die Stelle sein, wo Johannsen aussteigen sollte. Schneller als gedacht waren sie angekommen.

Er sprang aus dem Boot, ein kurzer Gruß und Dank und er stapfte mit seinen Stiefeln durch seichtes Wasser auf das Land zu.

Als er festen Boden unter den Füßen hatte, schaute er sich nochmals nach dem Boot um, doch das war schon im dichten Nebel verschwunden. Er schritt kräftig aus, um zu seinem einsamen Haus zu kommen, das da vorne irgendwo im Nebel liegen musste. Er ging und ging. Doch – was war das? Plötzlich stand er wieder im Wasser. Er war doch nicht mehr so betrunken, dass er im Kreis ging, ohne es zu merken? Er kehrte um. Nach tausend Schritten war er wieder am Meer.
Da fingen seine Knie an zu zittern, ein Schrei des Schreckens kam aus seiner Brust. Er wollte seinen Freund Peter zurückrufen. Doch das war aussichtslos. Sein Ruf verhallte ungehört im dichten Nebel. Nur die Wellen rauschten und leckten nach ihm. Entsetzen ergriff ihn, er wusste, was das bedeutete – und er wusste jetzt auch, wo er war. Vor dem Strand gab es vorgelagerte Sandbänke, die während der Ebbe aus dem Meer herausragten. Sie dachten, am Strand zu sein, aber sie waren erst bis zu einer dieser Sandbänke gekommen. Im dichten Nebel war der Unterschied nicht auszumachen. Da saß er nun fest, und die Flut kam. Er konnte rufen, so viel er wollte, niemand würde ihn hören. In einer halben Stunde würde die Sandbank überspült sein.
Er sank verzweifelt in die Knie und stöhnte: „O Gott, nur das nicht. Ich kann doch noch nicht sterben. Es ist so vieles, was ich noch in Ordnung bringen muss, auch in mir …"
Wieder gingen ihm die Worte der Mädchen von der Heilsarmee durch den Kopf. „Welt ging verloren, Christ ist geboren …" Und dann hörte er deutlich die eine wieder sagen: „Ein

Kind kam vom Himmel, um uns zu helfen." Höhnisch hatte er aufgelacht. „Was kann mir das Kind von Bethlehem jetzt noch helfen? Den Alten im Lehnstuhl ja, aber mir? Frommes Gerede."

Und nun war es, als kämen seine eigenen Worte höhnisch zurück: „Hilf dir doch selbst mit deiner Kraft. Du bist doch stark. Schlag dir eine Brücke zum Strand, so weit kann es doch nicht sein." Er wusste, wie irrsinnig allein der Gedanke war. In dem eiskalten Wasser würde er nur ein paar Minuten überleben.

Starr vor Verzweiflung hockte er sich hin. Sein Verstand war plötzlich ganz klar: „Ich erlebe jetzt das, was jeder Mensch erlebt, bei mir geschieht es eben nur im Zeitraffer. Der Kreis, den ich gehen kann, wird immer enger, immer weniger Schritte kann ich machen – am Schluss bleibt nur ein kleines Fleckchen, auf dem gerade ein Lehnstuhl Platz hat – und dann kommt der Tod. Nur ich sehe es viel klarer vor mir wie die meisten Menschen. Diese verschließen ihre Augen vor dem immer enger werdenden Kreis. Sie sehen nicht, wie die Flut steigt. Sie tanzen, trinken, leben vor sich hin auf einer Sandbank des Todes – wie ein sorgloses ahnungsloses Kind. Und dann? Während die Flut steigt, kämpfen die Menschen auf der Sandbank, kämpfen die Völker gegeneinander und worum? Um wertlose Muscheln, um genügend Platz auf der Sandbank, sie wählen sich Regierungen, bauen Häuser wie Sandburgen, doch dann kommen Sturm und Wellen und alles wird fortgespült." Ein Wort aus vergangenen Zeiten kam ihm in den Sinn. „Himmel und Erde werden vergehen, aber meine Worte werden nicht vergehen." – Was ist das für ein Wort, so fragte er sich. Das Mädchen der Heilsarmee kam ihm wieder in den Sinn. „Ha, ein Kind", lachte er auf. „Wenn mir dieses Kind jetzt hier Hilfe brächte,

dann könnte ich an es glauben, aber wenn es mir nicht mal eine Brücke von hier zum Strand schlagen kann, wie soll ich dann glauben, dass es eine Brücke schlägt vom Himmel zu mir?" Ach wie grausam schnell das Leben zu Ende sein kann. Seine Gedanken überschlugen sich, er rannte wie ein Wahnsinniger umher in dem immer enger werdenden Kreis, schrie, rief, ja kreischte wie ein Irrer in alle Himmelsrichtungen.

Wind kam auf, der Nebel lichtete sich, wurde immer dünner und dünner. In der Ferne konnte er das Land erkennen, das feste, rettende Land. Und doch wusste er, dass er nicht mehr lange leben würde. Dort hinten wäre Rettung, sein Haus, aber zum Schwimmen war es zu weit. Er riss sich Jacke und Hemd vom Leib, winkte mit seinem Hemd wie mit einer Fahne. Aber nirgends Antwort, keine Gegenzeichen.

Noch zwanzig Schritte hatte er Spielraum. Das eisige Wasser würde in wenigen Minuten nach ihm greifen wie die kalte Hand des Todes. Stimmen des Meeres schienen ihn nachzuäffen „Was plärrst du wie ein Kind? Wie ein Hund jaulst du hier herum." – „Weil ich leben will", schrie es aus ihm. Wieder kamen ihm Worte des Mädchens in den Sinn. „Warum braucht jeder Mensch dieses Kind? Weil er leben will! Richtig leben, nicht nur so oberflächlich, sondern weil jeder Leben braucht, das gegründet ist. Leben, das ein Ziel in Gottes Ewigkeit hat." Er hörte das alles, doch was nützte ihm das jetzt noch?

Jetzt waren es nur noch fünf Schritte, die er gehen konnte. Nochmals schrie er in wilder Verzweiflung, die Adern an der Stirn traten hervor, voller Zorn, Wut und Angst zugleich. Nochmals winkte er mit seinem weißen Hemd. Ihm wurde immer kälter. Schon umspülten ihn die ersten Wellen. Verzweifelt sank er auf die Knie. So lag er da. Doch was war das? Ein Boot? Er legte die Hand über seine Augen. Kommt so der Tod? Mit irrwitziger Sinnestäuschung, mit gemeiner Vernebelung der Sinne? Da ruft jemand! Eine helle Kinderstimme tönte zu ihm herüber.

„Ein Kind, tatsächlich ein Kind – der Junge von Lukas Modersohn, der Sohn vom Nachbarn, zusammen mit seinem Vater Hans im Boot!" Er eilte zu dem Boot. Er konnte es nicht fassen. „Hans, wo kommst du her?" Er taumelte, ja fiel ins Boot. „Mein Junge hat Krabben am Strand gesucht, und da hat er in der Morgendämmerung in der Ferne was Ungewöhnliches auf der Sandbank entdeckt. Fast könnte es ein Mensch sein, hat er mir gesagt, mit dem Fernglas haben wir dann gesehen, dass da jemand in Not ist, und haben das Boot geholt." Johannsen zog den Jungen an sich und tat etwas, was er noch nie getan hatte, er küsste das Kind immer wieder auf sein blondes Haar.

Dem Junge wurde das unangenehm. Johannsen stammelte wieder und wieder: „Ein Kind kam, um mir zu helfen. Ohne das Kind wäre ich qualvoll gestorben. Ein Kind als Retter ..."

Am Ufer angekommen, drückte er dem Jungen fest die Hand, klopfte dem Vater voller Dankbarkeit auf die Schulter – und schenkte dem erstaunten Jungen seine Uhr. Dann ging er schnell zu seiner Hütte. Er wollte nicht, dass die beiden seine Rührung sahen.

Er schloss hinter sich zu, er musste jetzt ungestört sein, allein mit einem anderen. Er wollte jetzt nochmals richtig Weihnachten feiern – mit seinem Retter, mit dem Kind in der Krippe.

Nach einer Geschichte von F.G. von Rechenberg

Das große Wunder

Weihnachten
ist das große Wunder
der vergebenden Gnade Gottes:
den verlorenen Leuten
bietet er ewiges Leben.

Das ist das Wunder
der Heiligen Nacht,
dass ein hilfloses Kind
unser aller Helfer wird.

Das ist das Wunder
der Heiligen Nacht,
dass in die Dunkelheit der Erde
die helle Sonne scheint.

Das ist das Wunder
der Heiligen Nacht,
dass traurige Leute
ganz fröhlich werden können.

Das ist das Wunder
der Heiligen Nacht:
Das Kind nimmt unser Leben
in seine Hände,
um es niemals wieder loszulassen.

Friedrich von Bodelschwingh

Des Klosterbauern Heiligabend

Der Wind tobte mit aller Gewalt gegen den Wald, und eine Eiseskälte war in seinem Brausen. Der Klosterbauer war mit seinem Pferdefuhrwerk unterwegs in diesem Wald. Er mummte sich tiefer in seinen Pelz, denn nun würde bald die freie Straße kommen. Heute schmerzte ihn die alte Stelle wieder besonders heftig – oben in der Lunge dicht unterm Schulterknochen. Ob die Arbeit in den letzten Tagen zu viel für ihn gewesen war? Oder ob eine neue Erkältung in ihm steckte? Wenn der stechende Schmerz kam, dann wühlte auch immer der alte Hass in ihm gegen Christian, der an allem schuld war. Letzten Herbst waren es nun 16 Jahre her, dass dieser ihm das Messer in die Lunge gejagt hatte. Er hatte ihm Katrin, die seither seine Frau war, nicht gönnen wollen. Christian hätte sie selbst gerne zur Frau genommen. Und darum war es zu einem schlimmen Streit gekommen und Christian hatte den Klosterbauern mit einem Stich in die Lunge schwer verletzt. Seit dieser Verletzung war der Klosterbauer wie ein Baum, der einen tiefen Hieb ins Mark bekommen hatte und nun nicht mehr recht gedeihen wollte. Was war er doch für ein Kerl gewesen! Man hätte zwei aus ihm machen können – und jeder Teil wäre noch ein ganzer und kräftiger Mann geworden. Seit jener Nacht im Steindorfer Gasthaus zum Krug war das vorbei. Seit jener Nacht hatte er aber auch Christian nicht mehr gesehen! Wer weiß, was aus dem geworden war. Der alte Lehrer Weißiger hatte ihm bereits auf der Schulbank ein schlimmes Ende prophezeit.

Merkwürdig – den ganzen Tag heute schon musste der Klosterbauer an seinen Feind, den Christian, denken. Das kam bestimmt von den Schmerzen. Er konnte sich gar nicht von den Gedanken an die damalige Nacht losreißen – immer wieder hielt in die Erinnerung gefangen. Dabei war doch heute Heiligabend, **der** Abend im Jahr, an dem die Engel regieren sollten und das Kind in der Krippe.

Jetzt hatte der Klosterbauer mit seinem Gefährt die offene Landstraße erreicht. Er fuhr richtig zusammen, so schneidend und wild pfiff der Wind über die Hochebene. Die Pferde schnaubten erschrocken und wurden schneller. Der Bauer musste an die denken, die heute kein Zuhause hatten. Wer in dieser Nacht vor Kälte und Hunger auf der Landstraße zusammenbrach, um den war's geschehen.

Ihm aber wurde auf einmal so richtig weihnachtlich ums Herz, denn er dachte an sein Zuhause, an Katrin, seine Frau, und an seine Kinder, Greta und Heinrich.

Er knallte so heftig mit der Peitsche, dass die Pferde zu plötzlich in den Galopp fielen und er Mühe hatte, sie zu zügeln.

In der Ferne blinkten die Lichter von Steindorf auf. Der Wind trug den Klang von Glocken her. In Steindorf läuteten sie also schon die Christvesper ein, dachte er. Nicht lange danach hörte er auch, jedoch nur schwach wegen des Windes, die Glocken des eigenen Dorfes.

In einer Stunde war also auch daheim Christvesper ...

Immer heller blinkten die Lichter seines Dorfes durch die Winterluft. Unwillkürlich blickte er jetzt zum Himmel auf. Wie die Sterne so klar funkelten! Ihm war, als sei der Himmel heute besonders schön und feierlich in seinem Blinken.

Doch da – nur um Fußesbreite hätte es beinahe ein Unglück gegeben. Die Pferde waren plötzlich mit einem mächtigen Satz zur Seite gesprungen. Vor etwas Schwarzem am Wegrand hatten sie gescheut. Er riss die erschrockenen Tiere wieder auf die Mitte der Straße, brachte sie zum Stehen und blickte zurück. War das etwa ein Mensch, der da lag? Er zügelte die Pferde, um sich zu vergewissern. Ja, tatsächlich, da lag ein Mensch. Heute am Heiligen Abend und in dieser Kälte. Schnell band er die zitternden Tiere an einem Baum fest. Dann ging er zurück zu dem am Boden liegenden Menschen und beugte sich über ihn. Es kam ihm vor wie ein Spuk. Da lag doch genau der, an den er heute schon den ganzen Tag hatte denken müssen. Da lag

Christian! Der Christian! Lag da als elender und verkommener Landstreicher. Der Klosterbauer beugte sich tiefer zu ihm nieder. Ein widerlicher Branntweingeruch schlug ihm ins Gesicht. Da lag er, schlief und schnarchte.

In der Seele des Klosterbauern tobte ein Sturm. Der alte Hass war wieder da, wühlte und wühlte in ihm und beherrschte ihn schließlich ganz. Wie mit Messern bohrte es ihm jetzt unter der Schulter. Hass und Schmerz schaukelten sich gegenseitig in ihm hoch: „Du elender Kerl, dein Stich ist schuld an allem", schrie es in ihm. Er streckte sich wieder, musste aber schnell die Schulter wieder einziehen, so mächtig war der Schmerz. Und aus ihm heraus brachen die Worte: „Du niederträchtiger Kerl, du gemeiner Schuft, zu

einem Krüppel hast du mich gemacht. Es wäre eine Sünde, wenn ich dir helfen würde. Du bist selbst schuld an deinem Elend, Christian. Du hast nun deinen gerechten Lohn. Es geschieht dir recht, wie du nun daliegst und hier erfrierst." Mit einem Ruck wandte er sich um und ging wieder zu seinen Pferden. Und kurz darauf jagte er mit seinem Gefährt dem Dorf zu.

Wenig später saß der Klosterbauer in der Kirche. Schräg hinter ihm auf der Frauenseite saß seine Frau. Die Kinder standen oben im Chor unter den Sängern. Katrin starrte mit angsterfüllten Augen zu ihrem Mann hinüber. Was war nur mit ihm geschehen? Er war heimgekommen wie ein Verstörter und wie ein Schwerkranker. Und sie hatte sich doch so auf den Heiligen Abend gefreut. Die Kinder waren ihm fröhlich entgegengesprungen, aber er hatte sie, ganz gegen seine sonstige Gewohnheit, barsch zur Seite geschoben, sodass Greta gleich zu weinen anfing und Heinrich ihm aus dem Weg ging. Was war nur geschehen? Als sie ihn fragte, hatte er sie nur angefahren: „Weib, lass das Fragen!" Und seine Augen hatten unruhig geflackert. War das ein Heiligabend! Die Bäuerin hätte ihre Verzweiflung am liebsten laut herausgeschrien. Andauernd blickte sie zu ihrem Mann hinüber. Der aber starrte nur in sein Gesangbuch, doch sie sah, dass er mit den Gedanken nicht beim Gottesdienst war. Aber wo nur waren seine Gedanken!?
Jetzt sang die Gemeinde das Anfangslied. Die Bäuerin wollte mitsingen, aber ihre Kehle war wie zugeschnürt. Der Bauer dagegen sang mit, aber seine Stimme hatte etwas Wildes und Hartes in sich. Nach dem Eingangslied sangen die Kinder auf der Empore das alte Lied: „O du fröhliche ..."

Der Klosterbauer stierte in den Kerzenschein auf dem Altar.
Da, was war das! Mitten in dem Schein sah er auf einmal etwas Dunkles. Er fasste sich an die Stirn und strich darüber hin, als wollte er etwas fortwischen. Aber das Dunkle blieb. Und es nahm mehr und mehr Form und Gestalt an. Der Bauer erschrak. Das war ja Christian! Er wischte sich den Schweiß von der Stirn. Es war ihm, als hätte er Fieber. Die Kerzen tanzten vor seinen Augen, und das Dunkle richtete sich mit einem Mal auf und ein fahles Gesicht starrte ihm entgegen wie das eines Toten.
Den Bauern schüttelte es. Das Buch in seiner Hand begann zu zittern, sodass der Müller und der Weidehofbauer, die neben ihm saßen, ihn erschreckt ansahen. Er gab sich einen Ruck, um sich wieder zu fassen.
Inzwischen stand der Pfarrer auf der Kanzel und begann mit der Weihnachtspredigt.
"Wenn ich mit Menschen- und mit Engelszungen redete und hätte der Liebe nicht? ..."
Der Bauer fuhr heftig zusammen bei diesen Worten. Da war Christian wieder.
Der Nordwind krachte gegen die Kirchenfenster. In diesem furchtbaren Wind lag Christian draußen auf der Landstraße. – „Und hätte der Liebe nicht ..."
Wie aus weiter Ferne drangen die Worte an sein Ohr. Leise und weich klangen sie und waren doch wie Keulenschläge. Draußen lag Christian und musste wie ein Tier elend verrecken. Und der Klosterbauer saß hier in der Kirche an Heiligabend und war, ja, war sein Mörder. Wie furchtbar das klang: Mörder! Mörder!
Die Worte des Pfarrers klangen hell und feierlich: „Wenn ich mit Menschen- und mit Engelszungen redete ..."
Mörder! Mörder!, dröhnte es in dem Bauern tief drinnen.

Heftig wandte er sich um. Seine Frau starrte ihn mit entsetzten Augen an. Oben auf der Empore standen seine Kinder ... Und ihr Vater war schuld am Tod eines Menschen. Und das alles heute an Heiligabend!

„Und hätte der Liebe nicht ..."
Viele aus der Gemeinde blickten jetzt auf ihn und es entstand eine Unruhe.
Da war es ihm mit einem Mal, als würde er von innen heraus emporgerissen, er sprang auf, drängte stürmisch an dem Müller vorbei und stürmte mit wilden Sätzen aus der Kirche hinaus.
Mit einem Schrei sprang die Bäuerin auf und jagte hinter ihm her.
Aber der Klosterbauer war schon in der Dunkelheit der Nacht verschwunden.

Spät abends noch drängten sich die Menschen um den Eingang des Klosterbauernhofs. Was war nur geschehen? Wo war der Bauer? Drinnen saß die Bäuerin und war verzweifelt. Plötzlich wankte aus der Dunkelheit der Landstraße her eine Gestalt – wie es schien mit letzter Kraft. Einige Männer liefen ihm entgegen. Er schien eine schwere Last zu tragen. Da brach er auch schon zusammen und stürzte mit seiner Last zu Boden. Es war der Klosterbauer und die Last, die er mit letzter Kraft geschleppt hatte, war ein Mensch, der völlig erstarrt war. Neben dem lag der Bauer nun bewusstlos.
Die Männer trugen beide in das Haus zur Klosterbäuerin.

Es war der Morgen des zweiten Weihnachtstages. Die Glocken läuteten wieder zum Gottesdienst. Da endlich erwachte der Klosterbauer aus seiner tiefen Bewusstlosigkeit. Er hatte mit dem Tod gerungen – und Christian auch.
Die Bäuerin saß mit verweinten Augen neben dem Bett ihres Mannes. Bleich und eingefallen sah sie aus. Das ganze Erlebnis mit ihrem Mann und mit Christian war fast zu viel für sie gewesen.
Jetzt aber, als der Bauer nach zwei langen Nächten und Tagen, in denen er in tiefer Bewusstlosigkeit gewesen war, seine Augen zum ersten Mal wieder aufschlug, hätte sie vor Freude beinahe laut aufgeschrien.
Die ersten Worte ihres Mannes waren: „Lebt Christian?"
„Ja, er lebt!"
„Gott sei Dank!"
Dann fielen ihm vor Erschöpfung die Augen zu und er sank in einen tiefen Schlaf.
Am nächsten Morgen erwachte er sonderbar gestärkt. Seine erste Frage war wieder nach Christian.
Da gab Katrin ihm einen Zettel, der war mit ungelenken Buchstaben beschrieben. Die Worte lauteten: „Klosterbauer. Ich kann dich nicht wiedersehen. Ich bin ein Schandkerl im Vergleich zu dir! Ich bitte dich, sei mir nicht böse und vergib mir. Christian!"
Kein Wort sagte der Klosterbauer und hielt lange das Blatt in den Händen. Müsste er nicht auch Christian bitten: „Sei mir nicht mehr böse und verzeih mir ....", weil er ihn draußen hatte liegen lassen?
Nun war er im Reinen mit ihm und er fühlte, dass kein Hass mehr in ihm war.
Lange lag er nachdenklich da. Ihm war, als sei ein richtiges Christfest in seinem Herzen angebrochen. Er lächelte seiner Frau müde zu und sagte zu ihr: „Katrin, morgen werde ich dir alles erzählen."

Nach einer Erzählung von
Reinhold Braun

Vom Sinn des Schenkens

Weihnachten und Geschenke gehören für die meisten Menschen untrennbar zusammen.

Schenkenkönnen und Beschenktwerden ist etwas Schönes. Auch der Ursprung von Weihnachten liegt in einem großen Geschenk: Gott schenkt sich uns, er kommt zu uns in seinem Sohn. Die Freude darüber drückt sich in den Geschenken aus, die wir einander an Weihnachten machen.

Doch Schenken ist manchmal gar nicht so einfach. Denn nicht alle Geschenke erhalten die Freundschaft, sondern sie müssen in einem angemessenen Rahmen geschehen. Wird ein zu wertvolles oder überschwängliches Geschenk überreicht, fühlen sich die Beschenkten dem anderen unterlegen, vielleicht fühlen sie sich sogar beschämt oder gedemütigt. Denn ein zu übertriebenes Geschenk kann dem Beschenkten vermitteln: Wir stehen über dir. Wir sind die Wohltäter, du stehst in unserer Schuld. Bis dahin, dass die Beschenkten das Gefühl haben, durch zu kostbare Geschenke in eine innere Abhängigkeit zum Schenkenden zu geraten. Das ist mit der Grund, dass es z. B. in Neuguinea früher Krieg gab, wenn ein Stamm dem anderen ein zu wertvolles Geschenk überreichte, das der beschenkte Stamm nicht erwidern konnte.

Der gegenteilige Effekt kann entstehen, wenn der Beschenkte den Eindruck hat, dass der Schenkende sich keine wirklichen Gedanken gemacht hat, dass er nur schenkt, um eine Pflicht zu erfüllen oder einen guten Eindruck zu machen.

Ein Geschenk erfreut darum am meisten, wenn man das Gefühl hat, dass sich der andere in mich hineinversetzt hat. Dass er Energie und Zeit investiert, nachgedacht und sich Mühe gegeben hat, mir etwas zu schenken, an dem ich mich wirklich freue.

Dabei ist es für die Schenkenden oft das Schönste, wenn sich der Beschenkte wirklich freut. Laut einer Umfrage des Allensbacher Instituts steht die Freude über ein gemachtes Geschenk deutlich höher als die über ein erhaltenes Geschenk.

Die sprachliche Grundbedeutung des Schenkens kann darauf ein erhellendes Licht werfen: Diese hat zu tun mit dem „schief halten" eines Trinkgefäßes, damit etwas „eingeschenkt" werden kann. So bedeutet Schenken im ursprünglichen Sinn: jemandem etwas geben, der sich bereithält und sich öffnet. So drückt ein Geschenk etwas davon aus, in welcher Beziehung Schenkende und Beschenkte zueinander stehen.

Der Beschenkte ist bereit, etwas von mir anzunehmen und sich darüber zu freuen. Und der Schenkende ist bereit, dem anderen etwas Wertvolles zu geben. So stärken Geschenke unsere Beziehungen und fördern den Zusammenhalt.

Gottes Geschenke

An Weihnachten schenkt sich uns Gott
– bedingungslos.
Er gibt aus freien Stücken,
er holt uns da ab, wo wir stehen.
Er gibt uns das, was wir für ein gelingendes Leben
brauchen: Wegweisung durch seine Gebote, Vergebung
durch seine Barmherzigkeit, Kraft durch seine
Auferstehung, Liebe durch seine Hingabe an uns.
Das sind Gottes Geschenke an Weihnachten für uns.
Diese Geschenke bekommen wir,
ohne dass wir etwas dafür tun müssen.

Aber eine Beziehung drückt sich aus in der Gegen-
seitigkeit. Sie lebt vom Geben und Nehmen.
So freut sich Gott, wenn wir sein Geschenk annehmen
und unser Leben für ihn öffnen. Doch was
können wir Gott schenken?
Darauf gibt es eine ganz einfache Antwort:
uns selbst, unser Innerstes, das sich öffnet für
Gottes Geschenke und ihm antwortet mit Dankbarkeit,
mit Hingabe an ihn, mit Freude über ihn.
Unser Herz, das ihn einlädt, bei uns zu wohnen
und jeden Tag mit uns zu gestalten,
uns zu leiten und zu führen.

Paul Gerhardt formuliert es so:
Ich steh an deiner Krippe hier,
o Jesu, du mein Leben;
ich komme, bring und schenke dir,
was du mir hast gegeben.
Nimm hin, es ist mein Geist und Sinn,
Herz, Seel und Mut, nimm alles hin
und lass dir's wohlgefallen.

Von dem König, der Gott sehen wollte

Es gab einst einen Herrscher, der schon so viel erlebt hatte, dass ihm auch das Größte nicht groß genug war. So entstand in ihm der Wunsch, Gott sehen zu wollen. Darum befahl er seinen Weisen, ihm innerhalb einer bestimmten Frist dieses Begehren zu erfüllen.

Natürlich konnte das keiner. Und so fürchteten alle schon die Strafen, die der König aussprechen würde. Da kam ein Hirte vom Feld, der von der Idee des Königs gehört hatte. Und sagte: „Erlaube mir, König, deinen Wunsch zu erfüllen." – „Gut", entgegnete der König, „aber bedenke, es geht um deinen Kopf."

Der Hirte führte den König auf einen freien Platz und zeigte ihm die Sonne. „Sieh hin", sagte er. Der König hob seine Augen und wollte die Sonne sehen. Aber der Glanz blendete ihn, und er senkte den Kopf und schloss die Augen. „Willst du, dass ich erblinde?", sagte er zu dem Hirten. „Aber, König, das ist doch nur ein Ding der Schöpfung, ein schwacher Abglanz der Größe Gottes, ein kleines Fünkchen eines flammenden Feuers. Wie willst du mit deinen schwachen tränenden Augen Gott sehen? Suche ihn mit anderen Augen." Der Einfall gefiel dem König. Er sagte zu dem Hirten: „Ich erkenne

deinen Geist und sehe die Größe deiner Seele. Antworte nun: Was war vor Gott?" Nach einigem Nachdenken sagte der Hirte: „Sei nicht zornig wegen meiner Bitte, König, aber zähle." Der König begann: „Eins, zwei ..." – „Nein", unterbrach ihn der Hirte „nicht so, fange mit dem an, was vor eins kommt!" – „Wie kann ich denn? Vor eins gibt es doch nichts." – „Sehr weise gesprochen, Herr. Auch vor Gott gibt es nichts." Diese Antwort gefiel dem König noch besser als die vorhergehende. „Ich werde dich reich beschenken, vorher aber antworte noch auf eine dritte Frage: Was macht Gott?" Der Hirte sah, dass des Königs Herz weich geworden war. „Gut", sagte er, „auch darauf will ich dir antworten. Nur um eines bitte ich dich: Lass uns die Kleider für eine kurze Zeit tauschen." So tausch-

ten sie die Kleider. Und der Hirte sagte: „Das macht Gott: Er stieg vom Thron seiner Erhabenheit und wurde einer von uns. Er gibt uns, was er hat, und nimmt an das, was wir haben und sind."

Nach Leo Tolstoi

Weihnachtsstern-Parabel

Angelika lebte in Spanien und hatte zwei Tage nach Weihnachten Geburtstag. Die Nähe ihres Geburtstags zu diesem großen Fest überschattete so manches ihrer Geburtstagsfeste. Häufig passierte es, dass ihre Geschenke mit dem restlichen Weihnachtspapier in Rot und Grün eingepackt wurden. Ihre Freunde hatten zudem keine Zeit und keine Lust, mit ihre eine Geburtstagsparty zu feiern, denn sie waren mit ihren Weihnachtsgeschenken beschäftigt oder mit Verwandtschaftsbesuchen belegt. So war es für sie immer schwierig, Gäste an diesem Tag einzuladen.

Angelikas Eltern versuchten das Beste aus der Situation zu machen und bemühten sich, für sie einen ganz normalen Geburtstag auszurichten. Sie schmückten das Haus mit hellblauen und rosa Luftballons und die Mutter backte für sie eine schöne Geburtstagtorte. Ihr Vater achtete darauf, dass kein einziges Geschenk in Weihnachtspapier eingepackt wurde.

Auch ihre Tante Dorothea konnte sich gut in sie hineinversetzen, denn sie hatte kurz vor Weihnachten Geburtstag. So wusste sie, wie frustrierend es sein konnte, wenn alles andere wichtiger war als der eigene Geburtstag. Leider

lebte sie weit weg in Mexiko, deswegen schickte sie Angelika jedes Jahr zum Geburtstag ein Päckchen mit einem Schmuckstück mit einem Halbedelstein in ihrer Lieblingsfarbe – eisblau und glitzernd wie ein Diamant. Einmal war es ein Ring, dann ein Halsband oder ein Armband. Jedesmal war eine Karte dabei mit liebevollen Worten. Nie hatte die Karte irgendwelche Anklänge an Weihnachten, weder vom Motiv noch von den Farben her.

An ihrem zehnten Geburtstag jedoch enttäuschte ihre Tante sie zutiefst.

Ein Gärtner läutete an der Tür und überreichte ihr einen riesigen Weihnachtsstern – eine Topfpflanze. Auch die übliche Karte fehlte nicht. Doch Angelika war frustriert.

Ein Weihnachtsstern? Der passte zu Weihnachten und nicht zum Geburtstag. Sie trug die Pflanze nach drinnen und stellte sie direkt neben den Weihnachtsbaum. Sie versuchte den Kloß in ihrem Hals herunterzuschlucken. Was war nur in ihre Tante gefahren? Sonst hatte sie doch immer so darauf geachtet, dass sie an ihrem Geburtstag keinerlei Verbindung zu Weihnachten herstellte.

Der Dezember ging zu Ende, der Weihnachtsschmuck wurde wieder aufgeräumt, Angelika trug den Weihnachtsstern nach draußen und stellte ihn auf die Veranda. Schon bald rollten sich die roten und grünen Blätter ein, fielen ab und übrig blieb nur ein Strunk.

Mutter sagte: „Du solltest dich um deine Pflanze kümmern, sie ist schließlich lebendig."
Angelika sagte: „Sie hat Sonne und Wasser, also alles in Ordnung!"

Im Frühling fing die Pflanze wieder an zu wachsen und entwickelte viele grüne Blätter. In dieser Zeit wurde Angelikas Mutter sehr krank. Sie musste lange das Bett hüten. Deswegen machte sich ihre Tante Dorothea auf den weiten Weg von Mexiko nach Spanien, um der Familie zu helfen. Bei der Begrüßung umarmte sie Angelika und sagte: „Wie schön, dich wiederzusehen. – Du bist so groß geworden", und kniete vor sie hin. „Ich hoffe, die Pflanze, die ich dir geschickt habe, wächst genauso gut. In Mexiko werden diese Pflanzen bis zu drei Meter hoch." „Ja sie wächst", sagte Angelika trotzig. Ihr war es egal, wie hoch die Pflanze werden würde.

Der Frühling ging in den Sommer über, doch Angelikas Mutter ging es nicht besser. Deswegen blieb Tante Dorothea da, sie kochte, putzte und pflegte den Garten. Oft bemerkte Angelika, wie Tante Dorothea viel Aufhebens um ihren Weihnachtsstern machte. Sie schnitt die Stiele und goss ihn, doch Angelika war die Pflanze egal.
Als es Herbst wurde und die Blätter von den Bäumen fielen, musste Angelikas Mutter ins Krankenhaus, es ging ihr sehr schlecht, niemand wusste, wann die Mutter wieder heimkommen würde.

Angelika ging auf die Veranda und setzte sich auf eine Bank. Sie fühlte sich, als ob eine kalte Faust ihr Herz zerdrücken wollte, bis sie nicht mehr klar denken konnte. Sie blickte zu ihrer Pflanze und sah, dass die von ihr vernachlässigte Pflanze ein üppiges Blätterwerk entwickelt hatte.

Sie fand das gemein. Die Pflanze wuchs und gedieh und ihrer Mutter ging es so schlecht.

„Ich hasse dich", fuhr sie die Pflanze an, „Du lebst nicht, du bist nur ein dummes Unkraut." Sie nahm all ihre Kraft zusammen und trug die Pflanze in den Wald hinterm Haus. Angelika fand einen dunklen Platz unter einer Tanne, zu dem kein Sonnenlicht vordringen konnte. Dorthin verbannte sie den Weihnachtsstern. Ihr war es egal, wenn die Pflanze dort sterben würde. Sie wollte auch nicht die ständige Fürsorge von Tante Dorothea – weder für sie noch für diese Pflanze. Sie wollte ihre Mutter zurück.
Den ganzen Oktober, November und Dezember über brachte Tante Dorothea Angelika zur Schule und fuhr dann zum Krankenhaus. So war Angelika nachmittags oft alleine zu Hause, saß am Fenster und grübelte. Weihnachten rückte näher, doch niemand hatte Zeit, Plätzchen zu backen oder das Haus zu dekorieren. Sie waren alle mit ihren Gedanken und Gebeten bei der Mutter.

An Heiligabend rief der Vater aus dem Krankenhaus an und bat darum, ganz besonders intensiv für die Mutter zu beten. Es ging ihr schlechter als je zuvor. Angelika fiel auf ihre Knie, weinte und schrie zu Gott. Sie war tief verzweifelt und schlief schließlich auf dem Fußboden ein.

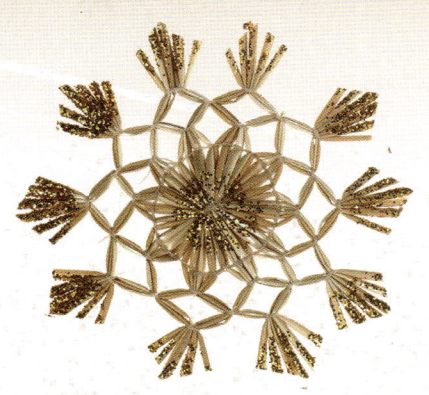

Am nächsten Morgen wurde sie durch eine sanfte Berührung geweckt. Tante Dorothea schüttelte sie: „Fröhliche Weihnachten, Angelika, Gott hat unsere Gebete erhört, deiner Mutter geht es besser."

„Oh wie schön", rief Angelika und warf sich ihrer Tante an die Brust. „Und Tantchen, es tut mir leid. Ich war so ärgerlich auf dich, ich wollte, dass du gehst. Ich wollte aus lauter Wut sogar die Pflanze töten, die du mir geschenkt hast."

Ihre Tante streichelten ihr übers Haar, doch bei dieser Bemerkung hielt sie inne und sagte: „Ich habe mich schon gefragt, wohin sie verschwunden ist."
Angelika strich sich ein paar Tränen aus den Augen: „Tief im Wald unter den Bäumen habe ich sie versteckt." Tante Dorothea schaute erstaunt: „Komm mit, zeig mir die Stelle."
Angelika führt ihre Tante zu dem Versteck, dabei plagten sie Schuldgefühle. Sie wusste doch, dass jede Pflanze Licht zum Leben braucht. Die Pflanze würde kaputt sein. Als Angelika den schattigen Fleck tief im Wald fand, sperrte sie den Mund vor Erstaunen auf. Der Weihnachtsstern stand noch dort, aber er sah nicht mehr so aus wie zu dem Zeitpunkt, als sie ihn dorthin verbannt hatte. Die vormals dürren und grünen Blätter hatten sich verwandelt und sahen aus wie roter Samt über einem grünen Smaragd.
Sie starrte auf die wunderschöne Pflanze und seufzte: „Ich dachte, sie würde sterben."
Tante Dorothea legte ihr den Arm um die Schulter: „Weihnachtssterne sind ganz besondere Pflanzen", erklärte sie. „Sie brauchen lange Phasen der Dunkelheit, um die wunderschönen roten Blätter zu entfalten. Wenn du sie auf der Veranda in der Sonne gelassen hättest,

würden die Blätter immer noch grün sein."
Sie drehte Angelika zu sich um und schaute ihr in die Augen: „Solche Pflanzen haben eine Botschaft an uns: die dunklen Zeiten im Leben brauchen wir manchmal, um unser wahres Wesen zu entfalten. So wie wir jetzt durch die Krankheit deiner Mutter manche dunklen Stunden hatten, so war auch die Welt im Dunkeln, bevor Jesus geboren wurde. Er hat durch Weihnachten Licht und Hoffnung gebracht. Das ist ein Grund, warum diese Pflanze eine Weihnachtspflanze ist. Sie ist ein Beispiel dafür, wie das Warten in der Dunkelheit Blüten hervorbringen kann."
Tante Dorothea und Angelika trugen die Pflanze zurück zum Haus und stellten sie an einen Platz, an dem sie jedem auffallen musste. Als es dunkel wurde, kam der Vater nach Hause und ein Lächeln huschte über sein müdes Gesicht. Er umarmte seine Tochter, wünschte ihr frohe Weihnachten und brachte die gute Nachricht, dass die Mutter bald wieder nach Hause kommen würde.

Tante Dorothea fügte hinzu: „Und ich werde jetzt eine Geburtstagstorte für deinen morgigen Geburtstag backen. Was für eine hättest du gerne, Angelika?" Mit einem Blick auf die Pflanze auf der Veranda antwortete sie verschmitzt: „Diese Jahr hätte ich gerne eine andere als sonst: eine, die so dekoriert ist, dass sie aussieht wie ein Weihnachtsstern."

Nach Angela Elwell Hunt

Weihnachten im deutschsprachigen Raum

Allerlei Kunstgewerbe und handwerkliche Fähigkeit haben darin gewetteifert, das Wunder der Heiligen Nacht anschaulich zu machen. In den Künsten des Webens und Töpferns, des Schnitzens und Drechselns, des Flechtens und Malens, der Glasbläserei und der Backkunst wird das Fest der Erscheinung Gottes ausgeschmückt.

❄ Erzgebirge

Das Erzgebirge ist ein regelrechtes Weihnachtsland. Die Bewohner dieses Landstriches haben sich schon immer mit diesem Fest in besonderer Weise identifiziert. Die Erzgebirgler waren arme Bergleute. Die Männer verbrachten die meiste Zeit ihres Lebens unter Tage, in der Dunkelheit im Stollen, fern vom erhellenden Tageslicht. Dort bauten sie unter schwerem körperlichem Einsatz das begehrte Erz ab. Früher waren zudem die Stollen schlecht gesichert. Nicht selten geschah es, dass Stollen einbrachen und so mancher der Kumpel seinen Tod im Berg fand. Die harte Arbeit wurde schlecht entlohnt. Was Licht und Helligkeit bedeuten, wie ein wenig Licht überlebenswichtig sein kann und Sicherheit, ja auch Freude vermitteln kann, konnten die Erzgebirgler elementar verstehen und begreifen. Möglicherweise verstanden sie darum die Botschaft von Weihnachten in viel tieferer Weise als andere Menschen, für die das Tageslicht selbstverständlich ist. Um ihren kargen Lohn aufzubessern, schnitzten die Familien an den langen Winterabenden Holzfiguren: Bergmänner, Lichterengel, Nussknacker, Räuchermännchen, aber auch Krippenfiguren, Schwibbögen und Pyramiden.

Der **Lichterengel** war ein Zeichen dafür, dass durch die Botschaft der Engel Licht und Hoffnung in unser Leben kommen – auch in das Leben der Bergleute. Solche Engel tragen immer zwei Kerzen, die zweite Kerze wird dem Bergmann sozusagen symbolisch überreicht, er nimmt das Licht an und trägt es weiter. Die

Figuren werden zur Weihnachtszeit in die Fenster gestellt, damit das Licht auch in die dunklen Straßen fällt. Nach der Tradition stellt die Familie so viele Engel ins Fenster, wie Mädchen in der Familie sind und so viele Bergmannsleuchter wie Jungen zur Familie gehören.

Die wunderschön geschnitzten **Schwibbögen** in den Fenstern gehören ebenfalls zur Erzgebirgskunst. Der an hohen Feiertagen mit Lichtern geschmückte Eingang zum Stollen war das Vorbild für den Schwibbogen.

Auch die **Räuchermännchen** haben einen Bezug zur biblischen Geschichte: Die Heiligen Drei Könige überbrachten dem Jesuskind drei Geschenke: Gold, Myrrhe und Weihrauch. Daher gehört auch der Weihrauch-Duft, der über die Räucherkerzen verbreitet wird, zum Weihnachtsfest dazu. Mitte des 19. Jahrhunderts wurde erstmals ein Räuchermännchen in Seiffen gedrechselt. Im Gegensatz zu den Obrigkeitsdarstellungen der Nussknacker wählten die Spielzeughersteller für die Räuchermänner vertraute Leute aus dem dörflichen Alltag als Vorbilder. So finden wir unter ihnen Feuerwehrmann, Bergmann, Fleischer, Bäcker, Postbote, Schornsteinfeger und viele andere.

Der **Weihnachtsberg** wird auch heute noch in vielen Stuben aufgebaut, dazu muss oft das halbe oder ganze Wohnzimmer ausgeräumt werden. Ein solcher Weihnachtsberg stellt das Weihnachtsgeschehen im Stall von Bethlehem in Verbindung mit dem Alltag des Dorflebens dar: neben Maria, Josef und dem Kind auch den Schmied an seinem Amboss, den Schäfer mit seinen Schafen auf der Weide, die Postkutsche und Kinder auf der Straße – ein Zeichen

dafür, dass sich Weihnachten inmitten unserer Welt ereignet, nicht abgeschieden von unserem alltäglichen Leben, sondern Teil unseres Alltags sein soll. In manchen Orten wird auch auf den Dorfplätzen ein Weihnachtsberg aufgebaut.

Zum erzgebirgischen Brauch gehört auch die **Weihnachtspyramide,** die durch die Wärme der Kerzen in Drehbewegung gebracht wird. Auf der untersten Etage steht die Krippe mit Maria und Josef, diese dreht sich nicht, sondern ist der Mittelpunkt und festes Fundament. Zu den biblischen Figuren, die auf dem Weg zur Krippe sind, schnitzten die Bergleute sich oft selbst mit ihrer ganzen Familie dazu, dargestellt in lebensnahen Beschäftigungen des Alltags. Auf den verschiedenen Etagen drehten sich somit die Hirten, Könige, Engel (diese ganz oben) und eben auch die Bergleute mit ihren Familien. Sie drückten damit aus: Wir gehören dazu, wir sind mit den anderen zusammen auf dem Weg zur Krippe.

Hochburg des Spielzeugmacher-Handwerks ist **Seiffen.** Der Ortsname leitet sich von „seifen" her. Geseift wurde das Zinn, das dort in den Bachläufen gefunden wurde. Als es später aus dem Fels gebrochen werden musste, waren wassergetriebene Pochwerke nötig, um die Erzbrocken zu zerkleinern. Als auch diese Adern erschöpft waren, wurden kurzerhand Drechselwerke an die vorhandenen Pochwerke angeschlossen. So nahm die Herstellung von Tellern, Löffeln, Figuren und Spielwaren 1849 ihren Anfang in Seiffen. Heute wird das Spielzeugdorf Seiffen im Advent alljährlich von Tausenden Besuchern überschwemmt, die das Dorf besuchen, um weihnachtliche Atmosphäre zu genießen und sich mit Qualitätsware von Räuchermännchen bis zum Schwibbogen einzudecken.

✳ Der Herrnhuter Stern – Oberlausitz

Viele kennen und lieben ihn – den Herrnhuter Stern, meistens mit 25 verschieden großen Zacken. Von innen beleuchtet, verbreitet er ein angenehmes warmes Licht, ein Hinweis auf den Stern von Bethlehem. Bis heute ist es in Herrnhut, einem Ort in der Oberlausitz (Sachsen), üblich, den Stern im Kreis der Familie zusammenzubauen und ihn am 1. Advent aufzuhängen. Der Herrnhuter Stern blickt auf eine lange Tradition zurück. Anfang des 18. Jahrhunderts kamen die Böhmisch-Mährischen Brüder, die aufgrund der Gegenreformation Glaubensflüchtlinge geworden waren, auf das Gut von Nikolaus Ludwig Graf von Zinzendorf bei Herrnhut. Er gewährt ihnen Asyl. Die „Brüdergemeine", eine christliche Glaubensgemeinschaft, entstand. Sie gründeten die Handwerkskolonie Oberlausitz. Diese wurde zum Ausgangspunkt einer weltweiten Missionsarbeit. Es war dabei eines der Prinzipien der Herrnhuter Mission, sich Menschen zuzuwenden, um die sich niemand sonst kümmerte. Graf Zinzendorf, der geistliche Leiter der Gemeine in Herrnhut, war davon überzeugt, dass Gott in der ganzen Welt durch seinen Geist wirksam ist, auch unter Menschen, die ihn noch nicht kennen. Die Herrnhuter Missionare sollten den Menschen, mit denen sie in Berührung kamen, deshalb dabei helfen, diesen immer schon unter ihnen wirksamen Gott besser kennenzulernen und zu erfahren, dass er in Jesus Christus Mensch geworden ist, um sie zu erlösen.

Die Kinder der Missionare, die nach Indien, Afrika, Alaska oder in die Karibik entsandt worden waren, kamen in ein Internat nach Herrnhut. 1821 ist der erste Herrnhuter Stern in solch einer Schule gebastelt worden. Ein mathematisch versierter Lehrer, der den Kindern anhand eines Polyeders geographische Kenntnisse vermitteln wollte, kam auf die Idee des Sterns. Bald bastelten die Kinder ihn selbst.

Während der DDR-Zeit waren die Sterne heiß begehrt, denn man konnte sie dort nicht im Laden kaufen, sondern nur „organisieren". Zehn Prozent gingen in den Export, von oben wurde verordnet, wohin der Rest geliefert wurde, meistens in Betriebe.

Große Absatzschwierigkeiten entstanden zur Wendezeit, denn die bisherigen Transportwege des bis dahin als typisches DDR-Produkt heiß begehrten Sterns waren zusammengebrochen. Inzwischen aber hat sich die Situation wieder entspannt. Rund 200 000 Sterne und Bausätze werden jährlich in Handarbeit hergestellt.

✴ Glasbläserei in Lauscha – Thüringen

Ähnlich wie in Seiffen ist auch in Lauscha das ganze Jahr über Weihnachten, denn dieser Ort lebt von der Glasbläserkunst. Die Glashütten stellen hauptsächlich gläsernen Christbaumschmuck her. Die traditionellen Kugeln entstehen hier in Handarbeit ebenso wie Vögel, Zapfen, Glasglöckchen, Sterne und Nikoläuse. Mundgeblasen und handbemalt, der Tradition ebenso wie den neuesten Modetrends verpflichtet wird hier Qualitätsware hergestellt, die auch dem Vergleich mit der Billigware aus Asien problemlos standhalten kann.

1597 wurde Lauscha durch den Bau einer Glashütte gegründet. Diese wurden zu der Mutterglashütte der Glasproduktion im Thüringer Wald.

Nach einer Legende soll ein armer Glasmacher in Lauscha kein Geld für Äpfel und Nüsse gehabt haben, um seinen Weihnachtsbaum damit zu schmücken. Weil er seinen Kindern aber dennoch einen reichlich geschmückten Baum vorführen wollte, setzte er sich vor seine „Lampe", so wird die Flamme des Tischbrenners dort genannt. Er formte in liebevoller Arbeit so den ersten gläsernen Christbaumschmuck für den Hausgebrauch. Bald soll diese Form des Schmucks bei vielen Aufsehen erregt haben. Ob die Christbaumkugel so entstanden ist oder nicht – fest steht, dass sie 1848 zum ersten Mal schriftliche Erwähnung findet. Zunächst war der Schmuck nur regional verbreitet. Durch den deutsch-französischen Krieg 1870/71 kam die Wende. Im Schloss von Versaille wurde eine Weihnachtsfeier für deutsche Verwundete organisiert. Neben Kerzen kamen auch Lauschaer Glaskugeln an den Baum. Der durch die Kugeln vervielfachte Lichterglanz begeisterte die Menschen derart, dass von da an jeder im neuen Deutschen Reich solchen Christbaumschmuck haben wollte.

Bald wurde man auch in Amerika auf die neue Mode aufmerksam und führende Kaufhäuser schickten ihre Einkäufer. Schon 1880 gab es eine Niederlassung von „Woolworth" in dem benachbarten Sonneberg. Bis heute gehen 60 Prozent der Lauschaer Produkte ins Ausland.

✴ Klöpfelnächte in Tirol

Neben den Adventsonntagen sind die Donnerstage vor Weihnachten in Tirol mit einem besonderen Brauch verbunden. An diesen Tagen ziehen die Tiroler Anklöpflergruppen in vielen Gemeinden – vor allem im Unterinntal – von Haus zu Haus. Zentrales Thema dieses Brauches ist die bevorstehende Ankunft des Heilands. In früheren Jahrhunderten praktizierten vor allem Kinder und arme Leute diesen musikalischen Weihnachtsbrauch. Sie zogen von Hof zu Hof und sangen Lieder, die von der kommenden Geburt Christi handeln. Der Inhalt dieser „Aufführungen" bezieht sich auf die biblische Botschaft, wonach gerade die Kranken (Matthäus 9,12), die Armen (Lukas 4,18) und die Kinder (Matthäus 19,14) besondere Gnade erfahren, also die, die nichts vorzuweisen haben und nicht durch Leistung oder eigene Kraft zum Ziel kommen können.

Am Ende der Bergpredigt lehrt Jesus seine Jünger das Beten mit den Worten: „Klopfet an, so wird euch aufgetan." Auch auf dieses Bibel-

Die insgesamt 700 Kerzen an den Pyramiden bringen ein wunderbares festliches Licht in die Kirche. Zwanzig Minuten lang erklingen Weihnachtslieder. Danach ziehen die Lichtträger wieder aus.

Die Tradition des Lichterzuges reicht mindestens bis 1817 zurück. Er wurde eingeführt, weil das sonst übliche Krippenspiel in der großen Kirche – ohne die heutigen Möglichkeiten einer technischen Verstärkung mit Mikrofon und Lautsprecher – nicht zu verstehen gewesen wäre. Die wieder verwendbaren Lichterpyramiden waren zudem eine billigere Alternative zu den Weihnachtsbäumen.

Das Ritual erfordert höchste Aufmerksamkeit für den Brandschutz. Die Ansammlung einer solch großen Anzahl an Kerzen kann schnell zur Gefahr für die Lichtträger werden. Darum dürfen keine Kleidungsstücke mit Nylon getragen, lange Haare müssen hochgesteckt werden. Zu den Gästen der Christvesper gehören darum immer auch einige Feuerwehrleute.

wort gehen die Klöpfelbräuche zurück. Um dies möglichst theatralisch darzustellen, kostümierten sich die Sänger und Musikanten mit Lumpengewändern. Für ihre Brauchdarbietungen erhielten sie Nahrung und etwas Geld. Es war ein ungeschriebenes Gesetz, dass die Hausbesitzer die „Anklöpfler" zu bewirten hatten. Heute sind die Anklöpfler zumeist als Hirten verkleidet. Sie ziehen von Haus zu Haus oder treten bei Adventsveranstaltungen auf und sammeln für einen karitativen Zweck. Im Laufe der Jahrhunderte kam es aber auch zu einer Vermischung mit dem Brauch der Herbergssuche. Und so finden sich heutzutage auch Anklöpflergruppen, in denen Josef und Maria mitgehen, eine Parallele zu den Posadas in Südamerika.

✳ Lichterpyramiden in Bautzen – Cunewalde

In Cunewalde – ebenfalls Oberlausitz – steht die größte Dorfkirche Deutschlands. Sie bietet über 2000 Menschen Platz. Dort ist ein einmaliger Brauch beheimatet. Jedes Jahr an Heiligabend ist die Kirche nur mit Kerzen erleuchtet. Zu den Klängen des Weihnachtsliedes „Vom Himmel hoch" ziehen nach der Predigt 35 Kinder und Jugendliche mit Lichterpyramiden in die Kirche ein. Die Pyramiden sind mit Glaskugeln und jeweils 20 Kerzen bestückt. Die Pyramidenträger stellen sich vor dem Altar auf.

Weihnachtspost aus deutschen Landen

Verschiedenste Orte in Deutschland, in deren Ortsnamen ein Anklang an Weihnachten zu finden ist, haben Weihnachtspostämter errichtet. So z. B. die Stadt Engelskirchen in Nordrhein-Westfalen, Himmelpfort in Brandenburg, Himmelstadt in Bayern, Himmelsthür und Nikolausdorf in Niedersachsen, St. Nikolaus im Saarland. Bis auf Engelskirchen und Nikolausdorf gehen die Namensbezeichnungen auf Klöster zurück, die sich dort im Mittelalter oder früher angesiedelt hatten.

Im Saarland gibt es den einzigen Ort Deutschlands, der sich **Sankt Nikolaus** schreibt – er ist ein Ortsteil von Großrosseln im Saarland. Hier gibt es ein Weihnachtspostamt, das Briefe „an den Nikolaus" beantwortet. Er gilt als die älteste Siedlung im Warndtgebiet. 1270 war dort eine Nikolaus-Kapelle erbaut worden.

Himmelpforten ist besonders in der Weihnachtszeit in aller Munde. Der Ort wird dann zum Christkinddorf. Für zahlreiche Kinder in der ganzen Welt ist der Ort die Postadresse des Weihnachtsmannes. Diese Tradition hält schon seit etwa 40 Jahren an.

Heimat in der Einsamkeit

Einsamkeit

Selten bekommt er Besuch – der alte Bauer Sepp, hoch oben in den Bergen.

Einmal in der Woche kommt ein Bote und bringt ihm Post, Lebensmittel und alles andere, was er braucht.

Sonst ist er allein mit seinem Vieh auf den kärglichen Weiden.

Seit dem Tod seiner Frau hat er sich eigensinnig geweigert, ins Tal zu ziehen.

Er gehört hierher, in sein Haus, zu seinem Vieh, auf seine Alm.

Hier ist seine Heimat.

Er liebt das Wechselspiel der Wolken, die sich immer wieder verändernde Sicht auf die Berge durch Wolken und Sonne.

Er liebt das Pfeifen des Windes, er sieht das Wetter voraus. Hier kennt er sich aus, hier ist er zu Hause. Er will nirgendwo anders wohnen als hier, obwohl ihm das Alter zu schaffen macht. Nun ist er bald achtzig Jahre alt. Er spürt die Knochen, es geht im nicht mehr alles so schnell von der Hand, vieles ist beschwerlicher geworden. – Und doch, er ist gerne allein mit seinen Gedanken und mit Gott. In die Dorfkapelle sonntags hinunterzusteigen, ist zu schwierig geworden.

Früher war er gerne jede Woche zum Gottesdienst ins Tal gewandert, doch jetzt macht ihm das zu viel Mühe.

So ist er auch in seiner Andacht immer allein. Er hält seine Zwiesprache mit dem lieben Gott auf seine Weise, vor einem Kruzifix in der Ecke seiner kleinen Stube. Dort liegt seine Bibel, und obwohl sein Augenlicht schwächer geworden ist, liest er täglich darin.

Doch heute ist Heiligabend. Von seinem Fenster aus sieht er ins Tal hinunter, sieht die Lichter des Dorfes und des großen Hotels. Gerade zur Weihnachtszeit beheimatet es viele gut betuchte Gäste. Einmal im Jahr der Stadt und ihrem Lärm entfliehen, die Stille der Berge genießen und die besondere Atmosphäre der verschneiten Landschaft, in der Kerzenlicht und Lichterketten besonders romantisch zur Geltung kommen.

Sein Vieh hat heute zur Feier des Tages eine Portion mehr bekommen. Nun sitzt Sepp am Kamin und wartet auf das Läuten der Glocken der kleinen Kapelle im Taldorf. Er will auf sie lauschen und dann vor sein Kruzifix treten, die Weihnachtsgeschichte laut hersagen – schon so lange kann er sie auswendig. Auch heute will er sich wieder am Wunder der Heiligen Nacht freuen, in stiller Anbetung seinem Herrn dafür danken.

Das Feuer im Kamin knistert, der Wind pfeift ums Haus. So wartet er – doch ein Geräusch lässt ihn aufhorchen „Das war nicht der Wind", murmelt er leise wie zu sich selbst. Er nimmt die Petroleumlampe vom Tisch und schlurft langsam zur Tür. Einen Augenblick verharrt er lauschend vor ihr, dann reißt er sie plötzlich auf. Vor ihm steht ein Fremder, schwer atmend, frierend, mit unruhigen Augen, die nun den Bauern lauernd abtasten.

Kalt fährt ein Windstoß in die Stube herein. Nachdenklich betrachtet Sepp den Fremden, der da aus der Dunkelheit der Heiligen Nacht zu ihm in die Einöde gekommen ist. „Komm herein", sagt Sepp rau. Er geht voran in die leicht vom Feuer verrauchte Stube, bietet dem Gast einen Stuhl neben dem Fenster an. „Du bist nicht von hier", stellt Sepp fest. „Nein", sagt der andere. Er ist wohl Mitte Dreißig, ein Hüne mit großen Händen, breitschultrig. Immer noch atmet er schwer. „Verirrt?", fragt der Alte „Ja", stößt der Fremde hervor. „Wer sich hier nicht auskennt, sollte im Tal bleiben", murrt Sepp. Sein Blick schweift über den Straßenanzug des jungen Mannes. „Und in solcher Kleidung holt man sich hier oben leicht den Tod." - „Als man mich gestern entlassen hat, gab man mir das, was ich bei der Einlieferung anhatte. Und das war im Sommer, vor anderthalb Jahren schon." Sepp nickt. „Dachte mir schon, dass du aus dem Gefängnis unten kommst. Heute ist Weihnachten, du bist mir willkommen. Bleib – und wir wollen miteinander warten, dass die Glocken anfangen zu läuten. Danach werde ich dir etwas zu essen machen." Der Jüngere erwidert nichts, starrt in die Flammen. In seinem Gesicht arbeitet es, er wird ruhiger, seine Anspannung legt sich. Das Schweigen zwischen den beiden bleibt, aber es wächst nicht zu einer Mauer, sondern wird eher zu einer Brücke, auf der man sich begegnen kann.

Die Glocken verstummen, drunten im Tal singen sie jetzt Weihnachtslieder in der Kirche, feiern die Geburt des Kindes in der Krippe. Sepp erhebt sich wieder, setzt sich mit seinem Gast an den Tisch und bittet ihn, die Weihnachtsgeschichte zu lesen.

Nach anfänglichem Zögern tut er Sepp den Gefallen. Danach fängt Sepp an zu singen, die altbekannten Weihnachtslieder. Da treibt es dem jungen Besucher die Tränen in die Augen, so viele Erinnerungen an vergangene und bessere Zeiten, an Geborgenheit und Heimat drängen an die Oberfläche.

Vor dem Kruzifix brennt eine dicke Kerze. Als die Glocken im Tal zu läuten beginnen, öffnet der Bauer das kleine Fenster, lässt den Nachtwind und mit ihm den feierlichen Klang der Weihnacht herein. Dann beugt Sepp seine Knie vor dem Kruzifix, betet laut und langsam in kindlicher Weise, wie er es schon seit Jahren tut. Er betet auch für den Fremden. Dem ist es peinlich, er will abwehren, doch Sepp winkt ihn mit einer stillen Würde heran und bedeutet ihm, neben ihm zu knien, die Hände zu falten und mit ihm das Vaterunser zu beten.

Sepp klopft ihm tröstend auf die Schulter, dann tischt er ein Festmahl auf: Milch und Käse, Butter, Brot und Rauchfleisch. Der Fremde erträgt diese Freundlichkeit nicht, er springt auf und will zur Tür. „Du bist so gut zu mir, das ertrag ich nicht", stößt er hervor. „Du weißt nicht, was ich im Sinn hatte ..." – „Doch, doch! Du wolltest mich überfallen, aber ich gebe es dir gerne freiwillig. Sei willkommen als mein Gast! Du hast es nicht nötig, so was zu tun. Bleib hier und iss." Der Junge lässt sich zögernd wieder nieder, beginnt zu essen, wird wieder ruhiger, schaut immer wieder verwundert zu Sepp. Dieser beruhigt ihn. „Das hat was zu bedeuten, dass du gerade an Weihnachten zu mir kommst. Bleib hier, wenn du magst – auch nach Weihnachten. Du kannst in der Kammer drüben schlafen. Früher hat hier mein Sohn geschlafen, doch der ist lange tot. Später war es die Herberge meines Knechtes. Doch dem war es zu einsam hier oben. Wenn du willst, kann es dein Platz werden." Nach einer Weile geleitet Sepp ihn in die Kammer. „Hat lange keiner mehr geschlafen hier; aber es wird wohl gehen." Er nickt dem Gast zu und entfernt sich langsam.

Der Junge versteht noch immer nicht ganz, wie ihm geschehen ist. Er hatte Böses im Sinn und wurde freundlich empfangen. Eine Ahnung taucht in ihm auf, was Vergebung und Heimat bedeutet. Schon lange nicht mehr hatte er ein solches Gefühl. Ist es Dankbarkeit oder Freude oder beides zusammen?

Nicht lange danach ruht auch der Alte auf dem Bett, das er seit Jahren auf der breiten Bank neben dem Kamin innehat. Die Bergnacht lugt durch das kleine Fenster zu ihm herein, seine letzten Gedanken vor dem Einschlafen gehen zur Weihnachtsbotschaft: „Ehre sei Gott in der Höhe und Friede den Menschen seines Wohlgefallens."

Nach einer Erzählung von Hans Bahr

Weihnachten wird es dort, wo Menschen wie die Hirten die göttliche Botschaft vernehmen, Christus als den Herrn ihres Lebens annehmen und demütig und dankbar bekennen: Auch mir ist heute der Heiland geboren. Er lädt mich ein, meine große Schwachheit, meinen Schmerz, meine Ängste und meine Einsamkeit, meine tiefe Traurigkeit, ja, sogar meine Sünden als Gabe ihm zu geben.

Pia Stocker

Gebet zum Jahreswechsel

Herr Jesus Christus,
du bist der Herr der Welt und der Herr der Zeit.
Auch meine Zeit steht in deinen Händen,
die vergangene Zeit des alten
und die kommende Zeit des neuen Jahres.

Herr, vor dich bringe ich alles Belastende und Dunkle,
das mich noch ins neue Jahr hineinbegleitet
und gefangen nimmt.

Alle Lasten lade ich bei dir ab
und bringe sie unter deine vergebende Macht.
Keine Schuld ist zu groß,
keine Trennung zu tief,
kein Fehler zu mächtig,
dass du nicht vergeben könntest.

Reinige mein Herz von allen falschen Motiven,
gib mir immer neu die Weisheit,
deinen Willen und Weg mit mir zu erkennen.
Auch im neuen Jahr, damit ich dir dienen
und deinen Namen ehren kann.

Amen.

Der Nachweihnachtsengel

Als ich dieses Jahr meine Pyramide, die Krippe und die 32 Weihnachtsengel wieder einpackte, behielt ich den letzten in der Hand. „Du bleibst", sagte ich. „Du kommst auf meinen Schreibtisch. Ich brauche ein bisschen Weihnachtsfreude für das ganze Jahr!" – „Da hast du aber Glück gehabt", sagte er. – „Wieso?", fragte ich ihn. – „Na ich bin doch der einzige Engel, der reden kann." – „Stimmt!" Jetzt fiel es mir auf. Ein Engel, der reden kann? Das gibt es doch gar nicht. In meiner ganzen Verwandt- und Bekanntschaft ist so etwas noch nie vorgekommen. „Wieso kannst du eigentlich reden? Das gibt es doch gar nicht. Du bist doch aus Holz! - „Das ist eben so. Weil du dir die Weihnachtsfreude mit in das Jahr hineinnehmen willst, deshalb können wir miteinander reden. Übrigens heiße ich Heinrich." – „Heinrich? Bist du denn ein Junge? Du hast doch ein Kleid an." – „Das ist eine Modefrage. Hast du schon einmal einen Engel in Hosen gesehen? Na also."

Seitdem steht Heinrich auf meinem Schreibtisch. In seinen Händen hält er einen goldenen Papierkorb, oder vielmehr einen Müllkorb. Erst dachte ich, es sei ein Kerzenständer, aber da hatte ich mich geirrt, wie ihr gleich sehen werdet. Heinrich steht gewöhnlich still an seinem Platz hinter der rechten Ecke meiner grünen Schreibtischunterlage, direkt vor ein paar Büchern. Und wenn ich mich über etwas ärgere, hält er mir seinen Müllkorb hin und sagt: „Wirf rein." So werfe ich einfach meinen Ärger hinein – und weg ist er. Manchmal ist es ein kleiner Ärger, z. B. wenn ich wieder mal meine Brille oder den Hausschlüssel verlegt habe oder eine fremde Katze in unserer Gartenlaube vier Junge geworfen hat. Es kann aber auch ein großer Ärger, eine große Not oder ein großer Schmerz sein, mit dem ich nicht fertig

werde, wie beispielsweise die unheilbare Krankheit eines 5-jährigen Kindes im Freundeskreis. Wie kann man da helfen und trösten? Ich wusste es nicht. „Wirf rein", sagte Heinrich und ich warf meinen Kummer in seinen Müllkorb.

Eines Tages fiel mir auf, dass Heinrichs Müllkorb immer leer war.

„Wohin bringst du das alles?", fragte ich. – „In die Krippe", sagte er. – „Ist denn so viel Platz in der Krippe?" – Heinrich lachte. „Pass auf! In der Krippe liegt das Kind, das noch kleiner als die Krippe ist." Er nahm seinen Kerzenhalter unter den linken Arm und zeigte mit Daumen und Zeigefinger der rechten Hand, wie klein.

„Denn deinen Kummer lege ich in Wahrheit gar nicht in die Krippe, sondern in das Herz des Kindes. Verstehst du das?"

Lange dachte ich nach, denn das ist schwer zu verstehen. Und trotzdem freute ich mich. Komisch, was? Heinrich runzelte die Stirn. „Das ist gar nicht komisch, sondern die Weihnachtsfreude, verstanden?"

Daraufhin wollte ich Heinrich noch vieles fragen, aber er legte den Finger auf den Mund. „Pst!", sage er. „Nicht reden! Freuen!"

Drum rate ich euch: Behaltet doch mal einen Engel zurück wegen der Weihnachtsfreude. Und spitzt die Ohren! Hört ihr's? „Wirf rein!"

Dietrich Mendt

Heilige Drei Könige

WIR HABEN SEINEN STERN
AUFGEHEN SEHEN –
UND SIND GEKOMMEN,
IHN ANZUBETEN.

Die Weisen aus dem Orient

Die Weisen an der Krippe

Als Jesus geboren war in Bethlehem in Judäa zur Zeit des Königs Herodes, siehe, da kamen Weise aus dem Morgenland nach Jerusalem und sprachen: Wo ist der neugeborene König der Juden? Wir haben seinen Stern gesehen im Morgenland und sind gekommen, ihn anzubeten. Als das der König Herodes hörte, erschrak er und mit ihm ganz Jerusalem, und er ließ zusammenkommen alle Hohenpriester und Schriftgelehrten des Volkes und erforschte von ihnen, wo der Christus geboren werden sollte. Und sie sagten ihm: In Bethlehem in Judäa; denn so steht geschrieben durch den Propheten: »Und du, Bethlehem im jüdischen Lande, bist keineswegs die kleinste unter den Städten in Juda; denn aus dir wird kommen der Fürst, der mein Volk Israel weiden soll.« Da rief Herodes die Weisen heimlich zu sich und erkundete genau von ihnen, wann der Stern erschienen wäre, und schickte sie nach Bethlehem und sprach: Zieht hin und forscht fleißig nach dem Kindlein; und wenn ihr's findet, so sagt mir's wieder, dass auch ich komme und es anbete. Als sie nun den König gehört hatten, zogen sie hin. Und siehe, der Stern, den sie im Morgenland gesehen hatten, ging vor ihnen her, bis er über dem Ort stand, wo das Kindlein war. Als sie den Stern sahen, wurden sie hocherfreut und gingen in das Haus und fanden das Kindlein mit Maria, seiner Mutter, und fielen nieder und beteten es an und taten ihre Schäke auf und schenkten ihm Gold, Weihrauch und Myrrhe (aus Matthäus 2,1–11)

Erscheinungsfest – 6. Januar

Am Erscheinungsfest – griechisch: „Epiphanias" – werden drei Geschehnisse, bei denen Jesus zum ersten Mal öffentlich in Erscheinung trat, gefeiert.

Das Epiphaniasfest, das „Fest der Erscheinung des Herrn", ist das älteste Fest der Kirche, das kalendarisch festgelegt war. Es wurde schon um 300 im Osten, bald darauf auch im Westen als Fest der Geburt von Jesus, der Taufe von Jesus und zur Erinnerung an das Weinwunder zu Kana gefeiert. Bei der Hochzeit in Kana in Galiläa verwandelte Jesus Wasser in Wein. „Epiphanie" ist griechisch und heißt so viel wie „Erscheinung der Herrlichkeit Gottes auf Erden". Noch bevor der 25. Dezember als offizielles Datum der Geburt von Jesus festgelegt wurde und als weiteres Fest an Bedeutung gewann, gab es also das „Erscheinungsfest" zu Ehren von Jesus. Dadurch, dass sich somit zwei große Festtage

um die Geburt von Jesus und sein Erscheinen ranken, die zwölf Tage auseinanderliegen, hat sich unsere Weihnachtszeit auf zwölf Tage ausgedehnt. In der orthodoxen Kirche ist der Tauftag von Jesus bis heute das wichtigste Fest der Weihnachtszeit.

Am Erscheinungstag wird auch die Ankunft der Weisen an der Krippe von Jesus gefeiert. Die Bibel berichtet uns nicht von drei Königen, sondern von Weisen, Magiern, Sterndeutern aus dem Morgenland. Die Namen Caspar, Melchior und Balthasar sind erst aus dem 8. Jahrhundert nach Christus überliefert.
Weil im biblischen Bericht von drei verschiedenen Geschenken die Rede ist, die die Weisen mitgebracht haben, nämlich Gold, Weihrauch und Myrrhe, legte Papst Leo I. auch die Zahl der Weisen auf drei fest.
In der Dreizahl sah man auch die Repräsentanten der damals drei bekannten Erdteile: Asien, Afrika und Europa, entstanden aus den Stämmen der drei Söhne Noahs – Sem, Ham und Japhet. So entwickelten sich die Magier zu den

Vertretern der gesamten Menschheit.
Man sah in ihnen auch die Repräsentanten der drei heidnischen Religionen und der drei Lebensalter:
Melchior, der Greis, als König Europas.
Balthasar, der Mann in der Lebensmitte, als König von Asien.
Caspar, König von Afrika. Er wurde als der jüngste der drei Könige dargestellt und wurde später zum Symbol des listigen Burschen und damit zu der beliebten Volksfigur des „Kaspers", der schließlich dem Theater der Handpuppen seinen Namen gab. Die Zipfelmütze des „Kaspers" ist eine letzte Erinnerung an die spitze phrygische Kopfbedeckung.
In Frankreich und Spanien, in großen Teilen der Schweiz und in kleinen Teilen Österreichs wird am Dreikönigstag ein Gebäck namens Dreikönigskuchen (französisch: Galette des Rois, spanisch: Roscón de Reyes) aufgetischt.

Die Magier – Repräsentanten der Welt

Die Weisen – auf griechisch „Magoi", also „Magier" – kamen aus dem Orient, aus Babylon. Wir nennen sie die „Heiligen Drei Könige", aber sie waren vermutlich Wissenschaftler der Astrologie in diesem hochentwickelten Land.

Schon die Propheten des Alten Testaments haben das Kommen solcher Repräsentanten vorhergesehen. Das Prophetenbuch des Jesaja beschreibt im 60. Kapitel, dass Heiden kommen werden, um anzubeten, dass Könige aus fernen Ländern staunen werden über den neuen Glanz, der über dem Volk Israel aufgeht. Nicht nur Bethlehem geriet damals in Bewegung, sondern die Repräsentanten der Weisheitsnationen der alten Welt machten sich auf, um den neugeborenen König anzubeten.

Doch es ist erstaunlich, dass astrologisch gebildete Männer eines fernen Landes gerade zu dem neugeborenen Kind nach Bethlehem fanden. Das Matthäusevangelium berichtet anschaulich davon: Die Weisen beobachteten eine interessante Sternenkonstellation und zogen daraus – gemäß der Bedeutung der Sternbilder – den Schluss, dass in Israel etwas ganz Einzigartiges geschehen war, dass dort ein neuer besonderer König geboren sein müsse. Darin waren sie sich so sicher, dass sie sich auf den langen Weg machten.
Sie vermuteten den neugeborenen König natürlich im Königspalast. Darum zogen sie zunächst dorthin und versetzten durch ihre Fragen und ihre Beobachtungen den dort regierenden König, Herodes den Großen, in helle Aufregung. Herodes wusste nichts von einer Königsgeburt.

Aber er lebte ständig in großer Angst vor Konkurrenten. In seinen letzten Lebensjahren ließ er einige seiner Söhne ermorden – aus Furcht, sie könnten ihm die Krone nehmen.

Als nun die Magier von Herodes Auskunft erwarteten, ließ Herodes die Schriftgelehrten holen, gebildete Theologen, die sich in ihrer Bibel auskannten. Diese wussten, dass im Prophetenbuch Micha die Geburt eines neuen Königs der Juden vorhergesagt ist. Dort steht: „Aus Bethlehem wird der Messias kommen, der König Israels, den Gott zur Rettung seines Volkes senden wird." Aus demselben Ort also, aus dem auch der König David stammte. So vage die Sternenbotschaft noch für die Weisen war, so deutlich und klar gibt die Bibel den Magiern nun Auskunft. Sie machten sich auf den Weg und fanden Jesus, beteten ihn an und brachten ihm ihre Geschenke.
Herodes hatte natürlich großes Interesse daran, seinen Konkurrenten auszuschalten. Darum bat er die Weisen, unter dem Vorwand, er wolle selbst auch den neugeborenen König anbeten, sie sollten auf ihrem Rückweg wieder bei ihm vorbeikommen und Bericht erstatten. Den Weisen aber erschien im Traum ein Engel Gottes, der sie anwies, auf einem anderen Weg in ihr Land zurückzukehren.
So konnte Herodes seine blutrünstigen Gedanken nicht sofort in die Tat umsetzen. Als er erfuhr, dass die Weisen auf anderem Weg heimgekehrt waren, reagierte er aber umso grausamer: Er ließ alle Kinder Bethlehems, die in den letzten zwei Jahren geboren worden waren, ermorden.
Josef und Maria waren zu dieser Zeit jedoch – auf Anweisung eines Engels – bereits mit Jesus nach Ägypten geflohen.

Der Stern

Viele Jahre wurde behauptet, der Stern über Bethlehem sei eine Legende, eine Erfindung, ein Märchen, um dem Weihnachtsfest die entsprechende Romantik zu verleihen.

Doch inzwischen ist es längst wissenschaftlich erwiesen, dass es diesen „Stern" wirklich gab. Johannes Kepler war der Erste, der die Erscheinung des „Sterns über Bethlehem" astronomisch beweisen konnte.

Am 10. Oktober 1604 beobachtet er, wie die Planeten Jupiter und Saturn sich erstaunlich nahe kommen. Sie stehen so dicht beieinander, dass sie wie ein einziger Stern erscheinen. Eine solche Erscheinung nennt man Konjunktion. Dreimal beobachtet Kepler im Jahr 1604, wie Saturn und Jupiter sich näher kommen, umkreisen, beieinander stehen bleiben. Mit großer Faszination berechnet Kepler, dass eine solche Konjunktion auch im Jahre 7 vor Christus geschah, und er vermutet, dass die beiden Planeten in der Bibel als „Stern von Bethlehem" beschrieben wurden. Durch die dreimalige Annäherung der Planeten entstand über einen Zeitraum von neun Monaten die hell leuchtende Verbindung des „Köngsterns". Für das menschliche Auge sah dies aus wie ein einziger großer Stern. Saturn galt in der Antike, v. a. bei den sternkundigen Babyloniern, als Planet der Juden, Jupiter als der Planet des Herrschafts- oder Königtums. Die Konjunktion fand im Sternzeichen der Fische statt. Die Fische waren das Sternbild des jüdischen Volkes.

Den Vermutungen und Berechnungen Keplers Anfang des 17. Jahrhunderts schenkt man zunächst keinen Glauben.

Erst als der Orientalist Paul Schnabel im Jahr 1925 am Euphrat eine wichtige Entdeckung macht, erinnert man sich auch wieder an die Berechnungen von Johannes Kepler. Paul Schnabel gräbt Tonscherben aus: Schriftstücke einer Sternwarte des damaligen Babylons. Er kann eine Tonscherbe entziffern und findet alle astronomischen Ereignisse des Jahres 7 v. Chr. genau aufgeführt. Die Babylonier waren im Altertum bekannt als hervorragende Sternkundige, Astronomen und Astrologen. Heute kann man mit unseren modernen Techniken diese Konstellation in Planetarien nachkonstruieren und darstellen.

Die in Matthäus 2 genannten Weisen waren vermutlich Sternkundige; sie deuteten diese Konstellation als ein Zeichen eines besonderen Ereignisses und schlossen daraus die Geburt eines neuen Königs im jüdischen Land. So machten sie sich auf den Weg, um den neuen König der Juden kennenzulernen und ihm die Ehre zu erweisen.

Wie lange die Reise der Weisen dauerte, wissen wir nicht – und darum auch nicht, wieviel Zeit zwischen deren Aufbruch und deren Ankunft in Bethlehem verging. Sicher ist, dass die Bahnen von Saturn und Jupiter sich im Zeitraum vom 19. April 7 v. Chr. bis 3. Februar 6 v. Chr. begegneten.

Dass Christus im Jahr 7 vor unserer Zeitrechnung geboren wurde, wissen wir auch aus Vergleichen von außerbiblischen Quellen mit den biblischen Angaben (z. B. über Augustus, Herodes usw.).

Der österreichische Astronom Konradin Ferrari d'Ochieppo behauptete, dass es bei der Ankunft der Weisen in Bethlehem die Erscheinung des „Zodiakallichtes" gegeben habe. Das Zodiakallicht ist ein kegelförmiges Licht, das von der untergegangenen Sonne ausgeht. In den südlichen Breiten ist dies eindrucksvoller zu sehen als bei uns. Ein solches Zodiakallicht könnte wie ein Scheinwerferstrahl die beiden Planeten Jupiter angestrahlt haben, sodass diese wunderbar über Bethlehem geleuchtet haben. Die Weisen hatten sich nach Jerusalem begeben,

um im Königspalast nach dem neugeborenen König zu fragen. Von dort wurden sie durch die Schriftgelehrten nach Bethlehem verwiesen. Wenn die Weisen nun von Jerusalem nach Bethlehem auf der alten Karawanenstraße Richtung Hebron weitergereist waren – zunächst in südlicher, später südwestlicher Richtung, dann muss der „Königsstern" wie eine leuchtende Laterne am Himmel gestanden haben, sodass sie direkt auf ihn zumarschierten. Matthäus berichtet, welche Freude das in ihnen auslöste: Der Stern zog vor ihnen her. Als sie nun den Stern sahen, hatten sie eine überaus große Freude.

KEPLER

Die ersten Weihnachtsgeschenke

Die ersten Weihnachtsgeschenke waren Gold, Weihrauch und Myrrhe.

So erzählt es die Bibel. Da heißt es von den Weisen, später oft als Heilige Drei Könige bezeichnet: „Sie fielen nieder und beteten das Kind an und sie taten ihre Schätze auf und schenkten ihm Gold, Weihrauch und Myrrhe" (nach Matthäus 2,11).

Drei ganz besondere Geschenke waren das, die zur damaligen Zeit auch etwas symbolisierten. Die drei Geschenke gehörten zu den kostbarsten Materialien der damaligen Welt.

Gold war das Geschenk für Könige. Indem die Weisen dem Kind in der Krippe Gold schenkten, erkannten sie diesen Jesus als König an und bezeugten damit, dass ein neuer Herrscher geboren war. Die Weisen zeigten aber auch: Unser Reichtum ist nicht nur für uns selbst da, unser Geld ist nicht anbetungswürdig, sondern dieses Kind in der Krippe. Unsere Schätze haben wir nicht für uns, sondern wir schenken sie weiter. Unser Herz hängen wir nicht an die Reichtümer, sondern an diesen König der Welt.

Weihrauch besteht aus Gummiharz in Form von kleinen Körnern, das seine Wirkung erst entfaltet, wenn man es anzündet. Dann steigt duftender Rauch auf und stimuliert, belebt die Sinne. Weihrauch war schon in der Antike ein Symbol für alles, was unsere Sinne berührt, was unsere Seele bewegt, ein Zeichen für Opfer und Hingabe.

Indem die Weisen Weihrauch zur Krippe brachten, drückten sie damit aus: So wie der Rauch aufsteigt, steigen auch unsere Gebete auf zu dir, so soll auch unsere Seele sich zu dir hinwenden. So wird Weihrauch zum Zeichen des Gebets. In katholischen, orthodoxen, koptischen und armenischen Gottesdiensten gehört der Weihrauch zur Liturgie.

Myrrhe ist ein bitter schmeckender, aber wohlriechender Saft, der aus der Rinde des Balsambaumes in Tränenform heraussickert. Beim Trocknen kristallisieren die Harztränen. In der Antike war Myrrhe als kosmetisches und medizinisches Mittel gebräuchlich. Es diente zur Linderung von Schmerzen. So wurde Jesus vor seiner Kreuzigung Myrrhe-Wein (vgl. Markus 15,23), ein Betäubungsmittel, angeboten. Jesus aber lehnte es ab. Myrrhe war auch ein notwendiges Mittel für die Einbalsamierung eines Leichnams. Die Myrrhe für das Kind in der Krippe ist damit auch ein Hinweis auf das Leiden Christi, ein Vorzeichen auf seinen Tod.
Myrrhe als Geschenk bedeutet, dass wir unser Leid und unsere Schmerzen zu diesem König bringen können, dass wir mit unseren Tränen kommen dürfen. Und Gott wird sie abwischen am Ende der Zeit. Er will uns auch heute durch dieses Kind, das den Weg ins Leid und aus dem Leid heraus kennt, Trost schenken.

Myrrha

Anbetung

Du Kind in der Krippe, dich beten wir an.
Du kommst, um uns zu beschenken.
Du machst uns reich. Du füllst uns mit deiner Liebe.
Du schenkst uns dich selbst, du gibst uns die Würde,
an deine Krippe zu kommen.
Darum feiern wir Weihnachten.
Darum beschenken wir einander.

Unseren Reichtum bringen wir an deine Krippe,
was wir haben und was uns als Besitz anvertraut ist.
Wir danken dir dafür.
Wir bitten dich, bewahre uns davor,
uns in Sorgen um das Materielle zu zerreiben.
Denen, die in finanziellen Nöten sind, sei nahe
und zeig uns, wo und wie wir mit unseren Gütern helfen können.

Wie die Weisen Weihrauch brachten,
bringen wir all das vor dich,
was unsere Seele bewegt:
Freude und Dank,
Niedergeschlagenheit und Sorgen,
Wünsche und Hoffnungen,
Enttäuschungen und Zufriedenheit.
Auch an Weihnachten müssen wir das nicht vor dir verbergen,
sondern können es zu dir bringen.

Auch die Myrrhe unseres Lebens kennst du.
Unsere Tränen und unsere Wunden,
unser Leid und unseren Schmerz.
Wir bringen dir auch das alles.
Nimm es hin, es ist mein Geist und Sinn,
Herz, Seel' und Mut nimm alles hin.
Bei dir sind wir gehalten.

Amen.

Die Sternsinger

Jedes Jahr um den 6. Januar sind die Sternsinger unterwegs. Sie ziehen von Haus zu Haus und singen Lieder vom Stern, vom Kind in der Krippe, von den Weisen aus dem Orient.

Sie sammeln Geld für einen guten Zweck, meistens für Projekte in Entwicklungsländern. Mit weißer Kreide markieren die Sternsinger ihr Kommen über den Eingangstüren der Häuser mit den Buchstaben C+M+B und fügen die entsprechende Jahreszahl hinzu.

C+M+B heißt nicht etwa „Caspar, Melchior, Balthasar", sondern „Christus mansionem benedicat", übersetzt: „Christus segne dieses Haus."

Entstanden ist der Brauch des Sternsingens aus „Heischebräuchen" und aus den Dreikönigs-Umzügen. Früher waren es Soldaten oder Lehrlinge oder Menschen aus armen Verhältnissen, die sich auf diese Weise etwas dazuverdienten. Sie führten kleine Theaterstücke auf,

die vom bösen König Herodes erzählten, von den Weisen und der Flucht der heiligen Familie nach Ägypten.

Die Vortragenden gingen gewöhnlich mit einem Stern umher und hatten sich nach Möglichkeit als Könige gekleidet. Manche Texte der heutigen Sternsinger beruhen noch auf sehr alten Textüberlieferungen aus den Dreikönigsspielen des Mittelalters.

✶ Namensgeber

Auf die Weisen gehen viele Bezeichnungen unserer Gasthäuser oder Hotels zurück: „Gasthaus zum Mohren", der „Dreikönigshof", „Hotel König", „Krone", „Stern" oder auch die Namen der Weisen Kaspar, Melchior oder Balthasar standen Pate für so manche Gasthofs- oder Hotel-Benennung. Die Reisenden auf dem Weg zur Krippe waren die Vorläufer aller späteren Reisenden. Darum benannte man die Unterkünfte sozusagen als gutes Omen nach ihnen.

✶ Reisesegen

Von den Heiligen Drei Königen erbat man sich häufig auch einen Reisesegen. Eine Anzahl lateinischer Formeln dafür sind uns bis heute erhalten. Diese wurden oft auch schriftlich festgehalten auf sogenannten „Dreikönigszetteln", die man früher auf Reisen bei sich trug. Zusammen mit den Initialen C.M.B. fand sich darauf ein gedruckter Reisesegen. Seit dem 15. Jahrhundert waren Dreikönigszettel nachweisbar im Gebrauch. Massenweise wurden sie gedruckt. Sollte eine Jahreszahl angegeben werden, so schrieb man meistens nur die ersten beiden Ziffern darauf, um die Druckplatte möglichst lange verwenden zu können. Die folgenden Jahreszahlen wurden handschriftlich eingetragen.

Der Bär

Als die Geschichte passierte, von der ich erzählen will, war ich gerade erst fünf Jahre alt. Es war ein sehr harter Winter in Russland und das erste Mal, dass ich Weihnachten bei meiner Tante und meinem Onkel, einem wohlhabenden Gutsbesitzer erlebte. Mein Onkel war von knöchriger Gestalt mit stechendem Blick und unerbittlich im Umgang mit seinen Dienern, über die er verfügte wie über Besitzgegenstände. Sie waren ihm auf Gedeih und Verderb ausgeliefert und ihm zu lebenslangen Diensten verpflichtet. Auch ich hatte schon zuvor so manche unangenehme Begegnung mit diesem Onkel erlebt. Einmal sperrte er mich während eines furchtbaren Gewitters, vor dem ich große Angst hatte, auf den Balkon und verschloss die Tür. Damit wollte er mir die Furcht vor dem Gewitter abgewöhnen. Mit derselben Härte ging er auch gegen seine eigenen Kinder vor. Mein Onkel galt als hartherziger, strenger und boshafter Mensch. Viele hatten Angst vor ihm, und das gefiel ihm. Es gehörte zu seinen Grundeinstellungen, dass niemals jemandem irgendeine Schuld verziehen wurde. Auch Tiere waren davon nicht ausge-

nommen. Er wollte von Barmherzigkeit nichts wissen. So herrschte sowohl in seinem Haus als auch in den umliegenden Dörfern, die dem reichen Gutsherren gehörten, ständig freudlose Niedergeschlagenheit, die von den Menschen nach und nach auch auf die Tiere übergegangen war.

Eines seiner liebsten Hobbys war die Hetzjagd mit Hunden. Er jagte Wölfe, Hasen und Füchse. Ein besonderes Faible hatte er für die Jagd auf Bären. Dazu hatte er eine speziell ausgebildete Hundemeute, genannte „Blutegel", die sich so sehr an den Tieren festbissen, dass man sie nicht mehr losreißen konnte. Kein Bär überlebte den Überfall einer solchen Meute. Solch grausame Bärenjagden galten damals als ganz besonderes Vergnügen.

So manches Mal wurden bei solchen Jagden auch ganze Bärennester ausgehoben. Die jungen Bären wurden dann in einem Raum gehalten, der nur wenig Licht von oben einließ. Für die Bärenaufsicht war ein junger etwa 25-jähriger Mann namens Chapronka abgestellt. Er war bekannt für seine Verwegenheit und Waghalsigkeit. Er schlief im Sommer wie im Winter in dem Bärenverlies und war so vertraut mit den Tieren, dass diese ihn des Nachts von allen Seiten zu umringen pflegten und ihre Köpfe auf ihn legten wie auf ein Kissen.

Aus der Schar der gefangenen jungen Bären wurde immer der klügste herausgesucht, der der gelehrigste und zuverlässigste schien und sich durch einen gutmütigen Charakter auszeichnete. Dieser wurde dann von seinen Gefährten getrennt und durfte in Freiheit leben, er konnte im Hof und Park frei herumschlendern.

Dieses Leben in Freiheit wurde einem Bär immer solange gewährt, wie er friedlich war und weder Hühner, Gänse, Kälber noch Menschen anrührte oder belästigte. Ein Bär, der die Ruhe der Gutsbewohner störte, wurde sofort zum Tod verurteilt. Ein solches Urteil bedeutet für den Bären zunächst, dass er in eine tiefe Grube gesperrt und dann unter großem Spektakel zu Tode gejagt wurde. Zuerst wurde die junge blutrünstige Hundemeute, die „Blutegel", auf ihn gehetzt. Sollte es diesen nicht gelingen, ihn zu Tode zu beißen, kamen die älteren und erfahreneren Hunde zum Zug, konnte er auch diesen widerstehen, wurde er schlussendlich von einem ausersehenen Schützen erschossen. Noch niemals war ein verurteilter Bär all diesen Gefahren entronnen. Und allein die Vorstellung der Folgen, die ein solcher Fall nach sich ziehen musste, war schrecklich: jedem einzelnen Schuldtragenden drohte tödliche Bestrafung.

Es war das Amt des Bärenwärters, jeweils einen solchen Bären auszusuchen, der für ein Leben in Freiheit geeignet schien. Sollte er sich in seiner Wahl geirrt haben, musste auch er dafür Verantwortung tragen.
Gleich beim ersten Mal hatte Chapronka eine gute Wahl getroffen. Der von ihm ausgewählte

Bär namens Mischka lebte nun schon seit 5 Jahren in Freiheit und hatte noch keine einzige Unart begangen. So hatte es auch seit 5 Jahren keine „Bärenhinrichtung" mehr gegeben. Mischka war in dieser Zeit herangewachsen und zu einem riesigen Tier von ungewöhnlicher Kraft, Schönheit und Gewandtheit geworden. Er war auch außerordentlich klug und konnte einige für seine Art merkwürdige Kunststücke: Er lief zum Beispiel geschickt und leicht auf den Hinterbeinen, schlug die Trommel und marschierte wie ein Soldat mit einem großen bemalten Stock, der wie ein Gewehr zugeschnitten war. Aber es bereitete ihm auch großes Vergnügen mit den Bauern zusammen die schwersten Säcke zur Mühle zu schleppen, außerdem hatte er gelernt, sich mit eigenartiger Gewandtheit eine hohe, spitze, mit Pfauenfedern verzierte Bauernmütze, ein Geschenk von Chapronka, auf den Kopf zu stülpen.
Doch auch ihm nahte das Verhängnis – auch in ihm brach die wilde Natur durch. Kurz bevor ich im Haus meines Onkels ankam, hatte der sonst so ruhige Mischka rasch hintereinander mehrere Dummheiten begangen, von denen eine schwerer war als die andere. Zuerst hatte er einer Gans die Flügel abgerissen, dann einem jungen Füllen das Rückgrat gebrochen und schlussendlich sogar noch einen Blinden so schwer angegriffen, dass dieser und sein Führer ins Krankenhaus gebracht werden mussten.

Die Konsequenz war klar: er musste hingerichtet werden. Noch am Abend hatte ihn Chapronka zur Grube gebracht, in der er bis zum Vollzug der Todesstrafe am nächsten Tag bleiben sollte. Dabei hatten sich unendlich rührende Szenen abgespielt. Meine Cousine Anna erzählte, dass Chapronka ihm nicht wie sonst üblich einen Ring durch die Nase gezogen hatte, sondern

nur auf seine Bitte hin „Komm, Mischka", war ihm der Bär treuherzig zu dem Verlies gefolgt. Dabei hatte er seine lächerliche Mütze aufgezogen und den ganzen Weg bis zur Grube Chapronka umarmt. Als er dann in der Grube saß, hatte er die Vorderpfoten wie Hände bittend gefaltet und dazu gestöhnt, gleichsam als weine er. Chapronka hatte sich so schnell wie möglich entfernt, um das klägliche Stöhnen nicht hören zu müssen, da dieses Klagen ihm wehtäte und seinem Herzen unerträglich wäre, so erzählte er der Cousine. Chapronka fügte noch hinzu: „Gott sei Dank, dass ich nicht auch noch auf ihn schießen muss." Dazu waren zwei Scharfschützen ausersehen, für den Fall, dass die Hundemeute ihn nicht zu Tode bringen konnte.

Der Weihnachtstag brach an, gleich am frühen Nachmittag sollte die Hetzjagd beginnen. Diese durfte nicht aufgeschoben werden, da es um diese Jahreszeit ja früh dunkelt, eine Hetzjagd aber in der Dunkelheit nicht möglich ist, weil der Bär sich dann nur zu leicht den Blicken entziehen kann.

Gleich nach dem Essen wurden wir warm angekleidet, auf Schlitten verfrachtet und erreichten nach zehn Minuten die Grube, um die die Schlitten der zahlreichen Weihnachtsgäste im Halbkreis aufgestellt wurden. Die junge Hundemeute verriet heiße Ungeduld und wartete darauf, sich auf den Bären zu stürzen, dessen Witterung sie längst aufgenommen hatten.

Ein Balken wurde in die Grube hinuntergelassen und schräg an die Grubenwand angelehnt, an dem der Bär hinaufklettern sollte. Man erwartete, dass er sofort erscheinen würde, doch Mischka wollte um keinen Preis heraus. Darum warf man brennende Strohballen in die Grube, um ihn dadurch herauszutreiben. Ein betäubendes, rasendes Gebrüll erscholl, in dem etwas wie Stöhnen mitklang – allein, der Bär erschien immer noch nicht. Onkel ärgerte sich. Voller Zorn ließ er Chapronka kommen und befahl ihm, in die Grube hinunterzusteigen und den Bären herauszuholen. Chapronka nahm einen Strick, knotete ihn um eine Einkerbung des Balkens und ließ sich daran in die Grube herunter.

Das schreckliche Gebrüll Mischkas verstummte und ging in dumpfes Knurren über. Es klang, als beklagte sich der Bär bei seinem Freund über die grausame Behandlung, die ihm die Menschen zuteilwerden ließen. Danach verstummte auch das Knurren und es herrschte vollkommene Stille. „Er umarmt Chapronka und leckt ihn ab", rief einer derer, die direkt neben der Grube standen.

Vielen tat der Bär inzwischen leid und niemand verspürte mehr wirkliches Vergnügen daran, der Hetze weiter beizuwohnen. Dieser Eindruck wurde noch verstärkt durch das plötzliche Auftauchen Chapronkas mit dem Bären. Dieser war schlecht gelaunt und erschöpft, in seinen finsteren blutunterlaufenen Augen brannten Zorn und Unwillen. Sein Fell war zerzaust und stellenweise versengt. Er trug die Mütze, die Chapronka ihm geschenkt hatte unter dem Arm, auch noch in dieser bedrohlichen Situation hatte er dieses Geschenk bewahrt. Kaum dass er wieder festen Boden unter den Füßen hatte, zog er die Mütze hervor und setzte sie sich auf den Scheitel. Viele mussten bei diesem Anblick lachen, vielen bereitete es jedoch Qual. Einige wandten sich ab, um das schlimme Ende des tapferen Tieres nicht mehr sehen zu müssen. Währenddessen jaulten und tobten die Hunde und hofften darauf, freigelassen zu werden. Chapronka brachte sich in Sicherheit in seinem Versteck am Waldrand. Doch die ganze Bärenjagd ging schief. Mischka schaffte es, sich gegen alle Hunde tapfer zur Wehr zu setzen und schlussendlich Richtung Wald zu fliehen.

Dabei geriet er in das Versteck seines Freundes Chapronka. Er erkannte ihn sofort und leckte ihn mit der Zunge ab. Doch da krachte von der Seite der Schuss des Scharfschützen. Der Bär floh in den Wald, Chapronka fiel besinnungslos nieder. Man hob ihn auf, die Kugel hatte nur den Arm durchschlagen. Doch der Bär war in den Wald entkommen. Nachdem die Jagd mit einem solchen Misserfolg geendet hatte, kehrte der Onkel nach Hause zurück. Er war zornig und noch strenger als gewöhnlich. Und bevor er noch an der Freitreppe vom Pferd abstieg, gab er den Befehl,

am nächsten Tag die Spur des Bären aufzunehmen und ihn einzukreisen.
Doch was würde mit Chapronka geschehen? Wir bangten alle um sein Schicksal. Alle waren der Meinung, dass er Fürchterliches zu erwarten hatte. Chapronka hatte deswegen in den Augen des Onkels die meiste Schuld zu tragen, da er den Bären, als dieser bei ihm war, nicht mit dem Messer getötet hatte, sondern völlig unbeschadet aus seiner Umarmung gelassen hatte.
Es herrschte gedrückte Stimmung unter den Weihnachtsgästen. Auch der Dorfgeistliche Pater Alexej, der zur Weihnachtsmesse auf den Gutshof in den großen Saal gekommen war, vernahm die Ereignisse des Nachmittags mit Besorgnis und seufzte nur: „Betet zu Christus, der heute geboren ward."
Bei diesen Worten bekreuzigte er sich und mit ihm Alle anwesenden, Erwachsene wie Kinder, Herren und Diener. Genau in diesem Moment erschien der Onkel im Saal. Für diesen stand auf einem kleinen persischen Teppich vor dem Christbaum ein besonderer Sessel bereit. Schweigend ließ er sich darauf nieder.

Wir Kinder standen in einem Halbkreis um den Geistlichen, darum richtete dieser an uns nun die Frage, ob wir denn den Sinn des Liedes „Christ ist geboren" verstünden. Da zeigte es sich, dass nicht nur wir Kinder, sondern auch die Erwachsenen nur wenig davon begriffen hatten. Darum begann der Priester uns in einfachen Worten sowohl das Lied als auch das Geschehen der Heiligen Nacht zu erklären. Er sprach vom Wunder, dass Gott sich uns schenkt und dass jeder – so wie damals die Weisen Gold, Weihrauch und Myrrhe brachten – auch heute seine Gabe der Liebe, die Bereitschaft zur Vergebung und zur Versöhnung an die Krippe bringen kann. Die rechte Antwort auf das Wunder der Geburt von Christus sei, „Freund wie Feind Gutes zu tun". Wir alle verstanden, worum es ging, und beteten, dass seine Worte ihr Ziel erreichten.

Plötzlich fiel etwas zu Boden. Es war der Stock des Onkels. Man reichte ihm diesen, er rührte sich nicht. Er saß still da, ein wenig zur Seite geneigt, seine Hand hing über die Lehne herab. Alle Augen hingen an seinem Gesicht. Etwas Ungewöhnliches geschah: er weinte.

Sanft schob der Priester uns Kinder zur Seite und hob schweigend die Hand zum Segen. Der Onkel hob den Kopf, ergriff die Hand des Alten, küsste sie ganz unerwartet und sagte leise: „Danke."

Dann ließ er Chapronka rufen. Dieser erschien, bleich und mit verbundenem Arm. „Hierher", befahl der Onkel und zeigte mit der Hand auf den Teppich vor seinem Sessel. Chapronka trat näher und fiel auf die Knie.

„Steh auf, erhebe dich", sagte der Onkel, „ich verzeihe dir." Und wieder warf sich Chapronka auf den Boden. Mit nervöser erregter Stimme begann der Onkel zu sprechen: „Du hast das Tier geliebt, wie nicht jeder die Menschen zu lieben vermag. Du hast mich dadurch gerührt und an Großmut übertroffen. Ich will dir Gnade erweisen: Ich schenke dir den Freibrief und hundert Rubel auf den Weg, geh, wohin du willst."

„Ich danke, aber ich will nirgendwohin gehen", rief Chapronka.
„Wieso nicht?", verwunderte sich der Onkel. „Was willst du denn?"
„Für Ihre Gnade will ich Ihnen aus freiem Willen noch treuer dienen, als ich es aus Zwang getan habe."

Des Onkels Augen begannen heftig zu zucken, er drückte mit der einen Hand sein weißes Seidentuch auf sie, während er den anderen Arm, sich vorbeugend, um Chapronka legte. Da verstanden wir alle, dass wir uns zu erheben hatten und wir verhüllten ebenfalls unsere Augen.

Wie schön war es, zu fühlen, dass hier etwas zum Ruhme des höchsten Gottes geschehen war und dass an Stelle des finsteren Schreckens nun der Friede in Christi Namen mit seinem Duft den Raum erfüllte.

Auch im Dorf, wohin ein Kessel mit Dünnbier geschickt worden war, ließ sich alsbald die Wirkung des bei uns eingekehrten Geistes spüren. Freudenfeuer wurden angezündet und alle Leute waren heiter und sprachen scherzend miteinander. „Bei uns ist nun geschehen, dass ein Tier auch Christi Ruhm in der Heiligen Stille verkündet."

Mischka wurde nicht weiter verfolgt.

Chapronka bekam seinen Freibrief, trat bald darauf die Stelle des persönlichen Dieners des Onkels an, und wurde ihm zu einem treuen Freund bis an sein Lebensende.

Nach einer Erzählung von Nikolai Lesskow (1831–1895)

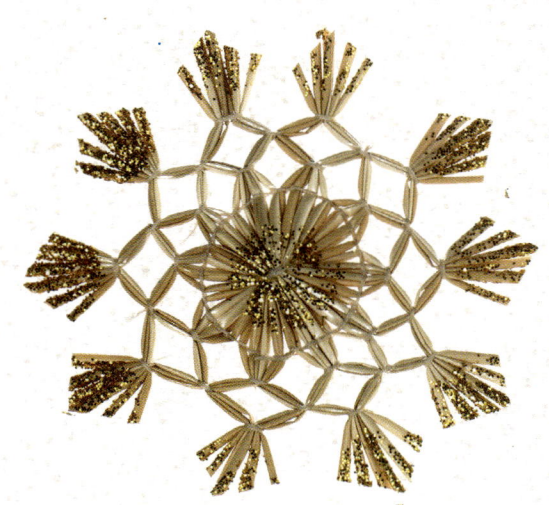

Der Weihnachtsfestkreis

Der Weihnachtsfestkreis endet mit dem 2. Februar.

Dieses Datum wurde aus den biblischen Berichten im Lukasevangelium errechnet. Er liegt im Fest der „Darstellung des Herrn" begründet. Dieses wird vierzig Tage nach Weihnachten als Abschluss der weihnachtlichen Feste gefeiert. Früher hieß dieser Tag auch „Mariä Reinigung" und erinnert an den jüdischen Brauch für Frauen nach der Geburt: Nach den Vorschriften des Alten Testaments galt die Mutter vierzig Tage lang nach der Geburt eines Sohnes als unrein. Die Frau musste ein Reinigungsopfer darbringen, ein Schaf oder, wenn sie dies nicht bezahlen konnte, zwei Tauben. Maria ging zusammen mit Josef zu ihrer „Reinigung" in den Tempel. Da Jesus der erste Sohn war, galt er als Eigentum Gottes und musste von den Eltern ausgelöst werden: So wurde er zum Priester gebracht und vor Gott „dargestellt", Gott gewidmet. Als die Eltern zu diesem Anlass in den Tempel kamen, begegneten sie dem betagten Simeon und der Prophetin Hannah (s. S. 80), die erkannten, dass Jesus kein gewöhnliches Kind war und ihn als den Erlöser Israels bezeugten.

Aus diesem biblischen Ursprung haben sich verschiedene Bräuche entwickelt. Das Fest ist erstmals im 5. Jahrhundert in Jerusalem bezeugt, wurde dann im 7. Jahrhundert in Rom eingeführt. Zunächst rechnete man vom heutigen Epiphaniastag 40 Tage dazu und kam so auf den 14. Februar, den heutigen Valentinstag. Als das Weihnachtsfest auf den 25. Dezember vorverlegt wurde, endete die 40-Tages-Spanne am 2. Februar.

Anlässlich dieses Festes entwickelte sich der Brauch der Kerzenweihe und Lichterprozession, wodurch der Name „Mariä Lichtmess" entstand. Denn an diesem Tag wurden die für das nächste Jahr benötigten Kerzen für die Kirchen und den Hausgebrauch geweiht. Diese wurden zuvor auf den Wachsmärkten gekauft und dann in der Licht(er)mess(e) geweiht. Im Gottesdienst fand dazu eine Lichterprozession statt. In manchen Orten wurden die Kerzen unterschieden: weiße Kerzen für Männer, rote für Frauen. Manchmal wurde ein langer Kerzenstock in die Kirche getragen und geweiht, dann zu Hause zerschnitten und den einzelnen Hausgenossen zugewiesen.

So hatte man Kerzen als Zeichen für Christus, das Licht der Welt, im Haus. Die brennende Kerze war damit immer auch ein Hinweis auf die sich hingebende und verzehrende Liebe von Christus, die das Leben das ganze Jahr über erhellen kann.

Weihnachten – was bleibt

Wie ein Engel
Gott die Ehre geben
den Frieden verkünden
von der Freude erzählen
Wegweiser zu Christus sein

Wie eine Krippe
offen sein für Jesus
den größten Schatz der Welt
ihn beheimaten
dem Erlöser Raum geben

Wie Maria
Ja sagen zu ungewöhnlichen Wegen
sich zur Verfügung stellen und Gott einlassen
das Wunder im Herzen bewegen
die Worte bewahren

Wie Josef
gehorsam sein und handeln
das Schwache schützen
das Heilige hüten
Gott vertrauen

Wie die Hirten
sich auf den Weg machen
der Botschaft glauben
das Wunder erfassen
und davon weitersagen

Wie ein König
Gottes Zeichen erkennen
Mühsal nicht scheuen
freudig ankommen
sich demütig beugen
Kostbares teilen

Fotonachweis

S. 88   Karlsbader Obladen, Bildautor Nr. 1996,
           © Digitalstock

S. 89   Postamt Christkindl, © Christian Houdek

S. 89   sheep group © Tom Ang, Fotolia

S. 90   holly © Ewa Brozek; an old fashioned norwegian
           bird feeder © Doug Olson, Fotolia

S. 91   Portrait of Sinterklaas and Zwarte Piet by Michell
           Zappa, Wikipedia

S. 93   Neapolitanische Krippe, Mitte bis Ende 18. Jahr-
           hundert, Museum für Volkskultur, Schloss Walden-
           buch, © Ulrich Mack

S. 94   Weihnachtsbeleuchtung USA, Bildautor Nr. 1222,
           © Digitalstock

S. 94   orthodox church at night in winter © Pavel Losevsky,
           Fotolia

S. 96   Copyright: Aldo Murillo, Istock International Inc.

S. 98   Herrnhuter Stern © derWehner, Fotolia

S. 99   Foto: Melanie Schmidt, © Trio MedienService

S. 101   Australien Rainforest © Nici Heuke, Fotolia

S. 104   Weihnachtsmarkt Gotha, Bildautor Nr. 3830;
           © Digitalstock

S. 104   Weihnachtsmarktstand, Bildautor Nr. 1996,
           © Digitalstock

S. 105   Erfurt Weihnachtsmarkt, Bildautor Nr. 6200,
           © Digitalstock

S. 106   plum © Eldin Muratovic, Fotolia

S. 107   Walnut fruit and shield © lush, Fotolia

S. 108   Zimtstangen © Christian Jung, Fotolia

S. 109   Rosinen © Sandra Brunsch; Fotolia

S. 109   Mandorle © spinetta, Fotolia

S. 110   Altar Jakobuskirche Bernhausen, © Ulrich Mack

S. 112   Krippe im Paradiesgärtlein, um 1900, Museum für
           Volkskultur, Schloss Waldenbuch, © Ulrich Mack

S. 114   Weihnachtsschmuck, Bildautor Nr. 1996,
           © Digitalstock

S. 115   Red apple set © Leonid Nyshko, Fotolia

S. 116   Weihnachtskugeln © kiki, Fotolia

S. 117   Weihnachtsbaum mit Strohsternen © Udo Weber,
           Fotolia

S. 119   Haus am Meer © dibue, Fotolia

S. 124/125 Krippenhaus 1995 (Privatbesitz Merz), Landes-
           kirchliches Museum Ludwigsburg, Ausstellung „Alte
           und neue Weihnachtskrippen", © Ulrich Mack

S. 126   Wand-Kastenkrippe, 2. Hälfte 19. Jahrhundert,
           Museum für Volkskultur, Schloss Waldenbuch,
           © Ulrich Mack

S. 130/131 von Kind getöpferte Krippe unter
           Weihnachtsbaum, © Ulrich Mack

S. 133   Ostereier 11 © Thaut Images, Fotolia

S. 135   © lastdays1, Stockxpert

S. 138/139 Schloss Albrechtsberg © to-fo, Fotolia

S. 140   Weihnachtliches © Engelchen, Fotolia

S. 143   „Bilderatlas zur Geschichte der deutschen National-
           literatur" von Gustav Könnecke. Marburg: Elwert
           1895, gemeinfrei, Wikipedia

S. 146   Luther im Kreis seiner Familie / Spang, © akg-images

S. 146   Stille Nacht Kapelle, © Ulrich Mack

S. 148   Noten 2, Bildautor Nr. 1845, © Digitalstock

S. 150   Nordsee am Abend © Susanne Brand, Fotolia

S. 155   winterhorse © astoria, Fotolia

S. 158   Gift Box © Irina Fischer, Fotolia

S. 160/161 Abstract Sun © Dan Collier, Fotolia

S. 161   Bethlehem, Hirtenfeld, © Jörg Zink

S. 162/163 Christmas Flower orange © garteneidechse, Fotolia

S. 166   noel © emmanuel geng, Fotolia

S. 168   Ofen eines Glasbläser, Bildautor Nr. 598,
           © Digitalstock

S. 170   © epd-bild / Marius Zippe

S. 171   Weihnachtspost © Ewe Degiampietro, Fotolia

S. 173   gröbnerjoch © Raymond Thill, Fotolia

S. 174/175 pontisches gebirge in Trabzon © Ilhan Balta, Fotolia

S. 177   Engel, © Ulrich Mack

S. 178/179 crèche de noel © Terre de Sienne, Fotolia

S. 180/181 Copyright G. Campbell, Shutterstock

S. 182   Heiligen Drei Könige / Hinterglasmalerei,
           © akg-images

S. 183   Drei Könige, Gemälde im Lübecker Dom,
           © Ulrich Mack

S. 185   Kopie eines verlorengegangenen Originals von
           1610 im Benediktinerkloster in Krems, Wikipedia

S. 185   „Zodiakallicht" am Abendhimmel nach einer Zeich-
           nung von Étienne Léopold Trouvelot (1827-1895),
           Wikipedia

S. 186   Myrrhe, © Ulrich Mack

S. 188/189 weihnachtlicher Kirchenchor © Patrizier-Design,
           Fotolia

S. 190   Braunbär © Martina Berg, Fotolia

S. 193   Winterwald bei Freudenstadt, © Ulrich Mack

S. 196   bougies allumées © Delphine Poggianti, Fotolia

Quellennachweis

S. 8   Quelle unbekannt

S. 70/71   Lutherbibel, revidierter Text 1984, durchgesehene
            Ausgabe in neuer Rechtschreibung,
            © 1999 Deutsche Bibelgesellschaft, Stuttgart

S. 72   Helmut Thielicke

S. 77   Anna Hennersperger, aus: Wolfgang Tripp,
            Wo Himmel und Erde sich verbünden. Wege zur
            Menschwerdung. Ein Begleiter durch den Advent
            mit Bildern von Sieger Köder, © Schwabenverlag,
            Ostfildern 2004, S. 41

S. 86f.   Pfr. i.R. Werner Eiss

S. 128   Dom Helder Camara, bras. Bischof

S. 141   Jochen Klepper: Weihnachtslied. Aus Ders. „Ziel der
            Zeit" – Die gesammelten Gedichte, Luther-Verlag
            Bielefeld, 7. Auflage 2003

S. 175   Pia Stocker

S. 177   Dietrich Mendt, Von der Erfindung der Weihnachts-
            freude, Evangelische Verlagsanstalt GmbH,
            Berlin 1987

S. 180   Lutherbibel, revidierter Text 1984,
            durchgesehene Ausgabe in neuer Rechtschreibung,
            © 1999 Deutsche Bibelgesellschaft, Stuttgart

Die Quellen und Hinweise wurden sorgfältig geprüft.
Eine Haftung für eventuelle Schäden kann jedoch nicht
übernommen werden.
Trotz intensiver Recherche konnten nicht alle Urheber und
Quellen zweifelsfrei festgestellt werden. Für Hinweise ist der
Verlag dankbar.

Impressum

Bestell-Nr. 394.756
ISBN 978-3-7751-4756-9

© Copyright 2008 by Hänssler Verlag
im SCM-Verlag GmbH & Co. KG, 71088 Holzgerlingen
Internet: www.haenssler-verlag.de
E-Mail: info@haenssler.de
Gesamtgestaltung: krausswerbeagentur.de, Herrenberg
Titelbild: istockphoto
Druck und Bindung: TESINSKA TISKARNA, a. s.
Printed in the Czech Republic